本书系广东省教育科学"十三五"规划
课题"粤港澳大湾区家长教育三维课程
开发研究——以宝安区家长教育为例分
析"研究成果（2020WQYB089）

中小学家庭教育指导师用书

涂南萍 / 主编

中国出版集团　现代出版社

图书在版编目(CIP)数据

中小学家庭教育指导师用书 / 涂南萍主编. — 北京：
现代出版社，2020.5

　ISBN 978-7-5143-8561-8

　Ⅰ.①中… Ⅱ.①涂… Ⅲ.①中小学生－家庭教育－
教学参考资料 Ⅳ.①G782

　中国版本图书馆CIP数据核字（2020）第068090号

中小学家庭教育指导师用书

主　　编　涂南萍

责任编辑　张桂玲

出版发行　现代出版社

地　　址　北京市安定门外安华里504号

邮政编码　100011

电　　话　010-64267325 64245264

网　　址　www.1980xd.com

电子邮箱　xiandai@cnpitc.com.cn

印　　制　北京政采印刷服务有限公司

开　　本　710mm×1000mm　1/16

印　　张　17

字　　数　284千

版　　次　2022年6月第1版　　2022年6月第1次印刷

书　　号　ISBN 978-7-5143-8561-8

定　　价　45.00元

编 委 会

目录

课程标准

一、前言

习近平总书记在全国教育大会上指出，家庭是人生的第一所学校，家长是孩子的第一任老师，要给孩子讲好"人生第一课"，帮助扣好人生第一粒扣子。2015年，教育部面向教育系统印发了《教育部关于加强家庭教育工作的指导意见》，做出了将指导家庭教育工作正式列入教育系统工作序列的重要决策，明确提出家校合作的目标，切实把学校教育、家庭教育、社会教育结合起来，构建多渠道、多形式的家校合作体系。《教育部关于加强家庭教育工作的指导意见》指出，进一步明确家长在家庭教育中的主体责任，充分发挥学校在家庭教育中的重要作用。

近年来，深圳市宝安区致力于打造"湾区核心、智创高地、共享家园"，2019年8月发布《中共中央国务院关于支持深圳建设中国特色社会主义先行示范区的意见》，重视高端人才的集聚与培育，坚持将教育优先发展作为第一战略。学校教育的基础是家庭教育，家庭教育的基础是家长教育，但是家长依靠自发自觉的提升不足以满足时代的要求。从2016年起，我们在对宝安区家长教育情况调研的基础上，研发以学校为实施主体的中小学家长教育课程，以满足家长学校培训的需要。

1. 课程性质

"家庭教育指导"课程是一门以家庭生活组织者为对象，向他们提供组织家庭生活的科学知识和技能，培养正确的生活态度与价值观，形成准确地理解和有效地履行自己职责的能力，以实现家庭幸福的课程。

2. 课程基本理念

在课程目标上注重提升家长自身素质，提高家长胜任角色的能力，从情感、观念、知识、技能入手，通过家长自身素质的提升，改善家庭教育现状，以促进孩子的健康发展。

在课程内容和结构上重视基础性，针对社会需求、家长需求和学生发展需求，精选知识与技能，培养家长的科学态度，对家长角色的充分认识。

在课程实施上注重实践性，精选现实生活中出现的场景和问题，以满足需求和解决问题为导向，使家长能够在课程中学以致用。

在课程评价上强调开放化、个性化、动态化，体现评价的激励功能，关注过程价值，注重家长差异，帮助家长认识自我和孩子，有合理的预期与定位。

3. 课程内容与结构说明

根据《全国家庭教育指导大纲》与其他国家家长教育纲要，结合义务教育阶段学生发展需求，"新时代好家长——中小学家庭教育指导师用书"课程由三大系统构成：

（1）身心了解课程，主要解决家长了解孩子的问题，以学段为单位，认识孩子的身体、心理发展情况。主要理论依据和涉及领域包括：发展心理学、性健康教育、青春期教育等。家长通过学习，可以提升对孩子进行"体"的教育的能力。

（2）教养方式课程，主要解决家长自我提升问题，以学段为单位，帮助家长在人人具有平等意识的社会里，更新理念，改进方式。主要理论依据和涉及领域包括：阿德勒个体心理学、积极心理学、正面管教、萨提亚沟通模式、教练技术等。家长通过学习，可以提升对孩子进行"德"与"劳"的教育的能力。

（3）学业支持课程，主要解决家长帮助孩子的问题，聚焦适应未来的核心素养，帮助家长掌握每个年级孩子的学习智力发展情况及学习特点，掌握培养孩子学习习惯和训练孩子学习方法的有效方法，为孩子在学业与职业生涯发展中做好充分准备。主要理论依据和涉及领域包括：学习科学、脑科学、行为科学、生涯发展理论等。着重引导家长对孩子进行"智"与"美"的教育。

二、课程目标

1. 课程总目标

（1）提升自身素养，树立正确的教育观念与态度，创造和谐的家庭教育氛围，发挥家长对子女教育所起的示范、导向作用。

（2）承担家庭教育主体责任，掌握科学的育儿知识与技能，培养研究孩子的能力，根据儿童身心发展规律开展相应的教育活动，正确把握不同年龄阶段的教育重点，针对孩子的特点采取相应的措施。

（3）提升家校合育效果，"家庭教育指导"课程实施主体为学校，指导对象为学生家长，以课程为载体，促进家校相互配合、相互支持，双方各司其职，不越位，不缺位，共同为孩子的发展助力。

2. 课程具体目标

（1）身心了解课程主要解决家长了解孩子的问题。以学段为单位，帮助家长了解孩子的身心发展规律，协助孩子完成在每个年龄阶段生命发展的任务，塑造孩子的健康人格。

（2）教养方式课程帮助家长在人人具有平等意识的社会里，更新家教理念，改进家教方式，着眼于解决家庭中常见的亲子矛盾，促进家庭成员之间构建和谐关系，增强家庭融合力。

（3）学业支持课程致力于解决家长帮助孩子的问题，聚焦适应未来的核心素养，帮助家长掌握每个年级孩子的学习智力发展情况及学习特点，学会培养孩子学习习惯和训练孩子学习方法的有效方法。

三、实施建议

（一）教学建议

本课程的教学应根据教学对象（义务教育阶段学生家长）的知识与文化背景以及现有的家庭教育观念和水平的不同，在使学生家长初步了解与掌握一些家庭教育知识的同时，培养学生家长在家庭教育中树立理性的态度与寻求专业帮助和指导的意识。

1. 讲师用心对待

由于教学对象的特殊性，决定了授课教师对课程必须具备一定的专业性，这样才能与学生家长建立信任关系，取得预期的教学效果。首先，建议授课教师先学后教，教师本人必须具备较高的家庭教育指导能力，并及时更新自身的家庭教育理念。其次，教师在授课前，可以通过调查了解、查阅资料文献等方式对课程内容、学生学段特点、学生家长相关背景有深入了解。

教师用心做好充分的准备，有利于提高课程实施的效果。

2. 关注家长需求

学生家长迫切需要解决的问题，正好可以反映家长在家庭教育方面的学习需求。越是迫切的需求，越能激发家长学习与改变的动力，因此各家长学校在采用本课程安排课时的时候，应充分关注家长的困惑、欲解决的问题，进而在本课程体系内的三大维度之间选择与授课对象需求相符合的主题。我们也鼓励广大教材使用者通过自身教育实践进一步完善本课程体系。

3. 结合本校特色

宝安区地域广阔，处于区域中心地段与边沿地段的学校、家长背景可能存在一定差异；各校之间培养理念的不同、文化氛围的不同，也使得课程使用"校本化"的必要性更为突出。本课程的教材和课件是教师授课的参考范本，但教师应根据本校文化构建的需要、学生培养的需要，适当对本课程进行一定的修改和完善，创造性地使用本课程。

4. 丰富组织形式

由于学生家长参加课程的时间一般是下午、晚上、周末等工作之余的时间，容易出现疲惫、走神的现象，故而授课教师应丰富课堂组织形式。通过游戏、体验式活动、角色扮演、看视频、互动提问等形式，激发学生家长的参与热情，提高其专注程度，从而达到较好的学习效果。

5. 重视家长反馈

每门课程结束后，教师或学校相关部门要积极主动地了解家长的学习情况、对课程的满意程度和改进建议。通过沟通，在获取课程反馈以改进课程的同时，进一步与家长建立良好的合作关系。

（二）评价建议

课程教学应设计三个维度的评价：一是对授课教师的教学准备情况的评价，二是对课堂教学效果的评价，三是听课家长对课程本身及教学的评价。

1. 关于教学准备的评价

授课教师根据教材的编排内容，在充分分析教学对象情况的前提下，认真构思教学过程，精心设计教学环节，做好教学详案、教学课件等前期准备工作。如果有现场互动、问卷以及表演等环节，更需要授课教师提前做好相关资料以及场景模拟的准备，并做好课堂教学预设和预案。该评价应该在教师授课前时段进行。

2. 关于教学效果的评价

课堂教学是本教材实施的最核心步骤，也是本教材最直接的目标指向。授课教师将教材内容进行个性化布局和设计后，在家长面前做到有效再现，是教材内容得以传递和对家长进行科学指导的关键。本部分评价主要包括教师语言表达、教学环节设计合理性、课堂学习氛围的营造、教材内容的把握等方面，课程实施主体应对教师的课堂教学效果进行综合评价。

3. 关于家长对课程教学的评价

教材实施的对象对课堂教学以及教材内容本身的反馈，是本教材得以进一步改进和完善的重要参考，也是本教材的教学目标之一，通过与家长沟通对课程教学的评价反馈，增强家长对教材的关注度，同时达到双向互动的目的。听课家长的评价反馈大致应该从以下几个方面设计：

（1）对授课教师本身的素养或者印象的评价，如教师的形象和气质、教师的亲和力等。

（2）对授课内容实用性和可操作性的评价。在学完课程之后，家长认为指导方法在实际教育过程中有一定的实用性，可以在自己的孩子身上起到一定的教育效果，这是我们教材实施的最终目标。

（3）家长对教学情况的总体性评价及满意度反馈。每节课每一个课例均应在授课结束后，让家长进行满意度反馈和总体评价，做到评价的即时性和整体性。

（三）课程资源开发建议

本课程的内容涉及家庭教育指导的多个领域，教师在授课活动中不但需要了解相关学段学生的身心发展特点，把握听课家长的受教育情况及工作背景、听课心态等方面的内容，而且需要具备较为科学、先进的家庭教育理念以及较强的家庭教育指导能力。这就要求授课教师不仅自身要有较宽的知识面和较强的沟通能力，还要善于挖掘生活中的资源。

"家庭教育指导"课程的相关资源是非常丰富的，校内师生、社区、互联网等渠道都具有可开发利用的资源。学校可以与家长委员会、社区工作站、区妇联、关工委、家庭教育指导中心、心理健康教育指导中心等相关部门建立密切的联系，聘请家庭教育指导、心理健康教育指导等方面的专业人员来校开设讲座或辅导活动，在集中授课的基础上开展一些有针对性的家长沙龙、亲子拓展活动和个别辅导。

教学参考

身心了解

了解生命诞生和生殖系统

戴花妹

【课例简介】

了解生命诞生和生殖系统，初步建立健康的性观念、性保护意识，能够用科学的态度和方法与孩子进行相关知识的交流。

【教学目标】

（1）初步了解性教育的相关知识，认识性健康教育对孩子心理健康发展的重要性，让父母引导孩子认识自己身体和懂得保护自己。

（2）通过学习使父母了解传统保守的性教育观念与做法对孩子身心造成的伤害，从而重视引导孩子认识自己生命的诞生过程，渗透正确的性知识与价值观，使孩子了解生命是真爱的结果与生命的宝贵。

（3）让父母初步了解性发展的四个层面和不同时期的性发展任务。

【教学重点】

引导家长认识到性健康教育对于孩子健康成长的重要影响，改变传统保守的观念，并有意识地引导孩子认识自己的身体，以便能更好地为孩子的身心健康发展保驾护航。

【教学对象】

低、中年级学生家长。

【教学资源】

《小威向前冲》及《我从哪里来》视频。

【教学时间】

60分钟。

【教学过程】

（一）导入

1. 小调查

（1）有没有给孩子讲过生命从哪里来？

（2）孩子几岁时适合开始性教育？

（3）您认为该由谁来负责对孩子进行性教育？

家，是孩子的避风港；父母，是孩子来到这个世界的通道。我们带他们来到这里，我们便有责任护他们周全，引导他们向着光明的方向前行。

我们教他们生存的技能，教他们待人接物的方式，教他们学习社会本领，教他们未来人生可能会用到的所有知识，希望他们在前行的路上少一些挫折，或者即使遇到挫折也可以勇敢前行。

台湾地区青年作家林奕含在她的自传体小说《房思琪的初恋乐园》中这样写道：

刚刚在饭桌上，思琪用面包涂奶油的口气对妈妈说："我们的家教好像什么都有，就是没有性教育。"

妈妈诧异地看着她，回答："什么性教育？性教育是给那些需要性的人，所谓教育不就是这样吗？"

思琪一时间明白了，在这个故事中父母将永远缺席，他们旷课了，却自以为是还没开学。

而现实家庭里的确有很多父母的性教育都旷课了，父母羞于谈性，视性为洪水猛兽，以性教育为耻，书店里甚至连正常的性教育书也被迫下架。

明明有些事情我们可以提前预防，明明可以大胆一些、坦荡一些去面对自己的羞涩与羞耻，明明我们就可以帮助孩子学习与性相关的知识以避免那些重挫孩子人生的性侵事件、猥亵事件……

为人父母就是要在这个并不完美、并不善良的世界里尽最大可能保护自己的孩子，尽早地给孩子进行性教育，让他们学会保护自己。

2. 为什么会出现这些行为

（1）有男生画男生正在小便的图，隐隐约约看到画了生殖器。

（2）两位男生亲嘴。

（3）儿子对自己的生殖器很好奇，喜欢玩，有时给公众看、给朋友看。

（4）在玩的时候男生会恶作剧地将其中一个孩子的裤子脱掉，几个小男生将其中一个同伴推进女厕所，或者将女生推进男厕所。

小结：这些现象反映出孩子性心理的滞后、性伦理的偏差，对性产生了好奇，却缺乏隐私观念，不懂得互相尊重和保护自己。

3. 什么叫性教育

实际上，性教育有狭义和广义之分。狭义的性教育是指传授关于性生理、性心理、性的社会文化内涵以及维护性健康、预防性疾病等方面的知识。而广义的性教育还包括传授关于性别意识、性别社会化与性别平等的知识，包括关于爱情、择偶、婚前准备与婚姻调适以及家庭生活等全面而系统的人生科学知识。

性教育包括四个层面：性别教育、爱与生命的教育、情感与责任的教育以及道德与法制的教育。

（二）传统性教育的错误做法及其后果

案例呈现：

一个妈妈的困惑

孩子喜欢看有关动物世界的图书，知道动物要生宝宝就要交配，但他可能也不知道具体的交配是什么行为，只是知道了这个词而已。有一天他忽然问我，人要生宝宝是不是也要交配？我只好告诉他，"交配"这个词特指动物生宝宝的行为，不能用来描写人类。他似懂非懂地没有继续追问，其实这也是我的困惑：应该如何正面、科学地给孩子解释人类的生育行为呢？

孩子从3岁左右就会向父母提出一个问题：我从哪里来？这是孩子追寻自己如何诞生的开始，这个追寻一直要到孩子完全理解人类个体生命的孕育和出生才会结束，这个过程会持续多年。

1. 传统的错误做法和可能造成的后果（表1）

孩子只是想知道自己是如何来到这个世界的，而父母往往把孩子的这个问题与成年人的性生活联系到一起而觉得尴尬。于是，父母编造各种谎言来欺骗孩子："从垃圾桶里捡来的""从山上捡来的""从月球上来的""从石头里蹦出来的""从土里挖出来的""从下水道冲下来的"。而且，谎言还"与时俱进"，近年来，还有说孩子是"充话费送的""快递公司送来的"……父母自以为聪明的谎言，没有让孩子感受到生命的神圣与宝贵，没有感受到父母创造生命的爱与痛，却让他们认为生命等同于垃圾桶里的垃圾、商店里出售的商品、马桶里的大便、随意送人的廉价礼品……

表1

父母的做法	孩子的感受
不闻不问	无助、孤独
回避、转移	迷惑、好奇
撒谎、欺骗	怀疑、气愤
指责、打骂	伤心、自卑
阻止、压抑	郁闷、失望

2. 这些做法会给孩子带来怎样的心理伤害

伤害一：如果父母告诉孩子"你是外星球来的"，孩子不知道自己的亲生父母是谁，自己的生命来自哪一对男人和女人，这让孩子很没有归属感。

伤害二："你是从垃圾桶捡来的"，这样的答案让孩子失去了高贵感。孩子想到自己的生命如同一件弃物，像垃圾一样被扔掉，孩子又如何能够感受自己生命的宝贵呢？

伤害三："你是从河里捞起来的"，这样的答案让孩子失去了尊严。因为自己不被亲生父母爱才会被扔进了河里，这会让孩子感觉自己的生命是没有价值的。

伤害四："你是从商店里买来的"，这样的答案让孩子失去了安全感。既然亲生父母可以把我卖掉，现在的父母是不是还会卖掉我呢？孩子担心自己会不会像一件有价值的物品继续被卖掉。

伤害五：孩子失去对父母的信任。一旦孩子长大后知道了自己是父母亲生的孩子，会因为父母对自己的欺骗而失去对父母的信任。

伤害六：孩子学会说谎。孩子若发现父母对自己说谎，会认为对他人说谎是可以的，也学着父母的样子去欺骗他人。

伤害七：孩子失去了对生命的敬畏。在自己的生命中掺杂了谎言和低价值感，孩子会失去对生命的敬畏。

案例呈现：

有一个30多岁的男人，他一直不明白自己的亲生父亲为什么要欺骗他，说他是从垃圾桶捡来的。在小时候，他一遇到垃圾桶就要看看里面有没有婴儿。在家附近的垃圾桶旁，他常常看到一个捡垃圾的女人，他甚至怀疑那个女人就是自己的亲妈。每次看到这个捡垃圾的女人，他都会莫名其妙地心动，想上前问问自己是不是她的孩子，为什么要把自己扔在垃圾桶里。即便长大之后，他也一直对这个问题没有释怀。

（三）如何对孩子的生命观进行正确引导

1. 父母要对孩子的生命观进行正确引领

孩子对自己生命的探索局限在生理层面，他们在物质层面上关注生命如何形成，对于自己的生命来源，无论从书里还是从和同伴的交流中，他们获得的信息更多的是生命的物质形成过程，却缺失了爱的情感与个体生命形成的关系方面的知识。当父母在为孩子解答"我从哪里来"这个问题的时候，正是让孩子懂得爱自己、爱父母，懂得生命的宝贵的教育机会。

父母在回答孩子这个问题的时候，应将孩子关注的生命形成知识与爱在孩子生命形成中的作用融合在一起，在为孩子解答知识的同时，注入对生命的情感和爱，这两个层次的解答才能够满足孩子对自己生命答案的追寻。在这个过程中，父母要给孩子构建的生命观是：生命源于爱，而非源于性。

2. 因势利导，坦然处之

对于儿童的性提问，家长应因势利导，要做到以下几点：

（1）父母应采取自然、温和的态度，坦诚回答，不要欺骗，也不要详细回答。

（2）父母应用科学名词解释男女的生殖器，并告诉他们如何保护它，不能随便玩弄。

（3）回答应该坚决、果断、明了，不要引申，不要联想。

（4）父母应轻描淡写地回答，不要不好意思，不要有神秘感。

总之，在回答孩子的性问题时，家长要对孩子进行科普讲解，在语言、表情上要恰到好处，自然大方，表现出这类问题其实很普通，不值得深究。

3. 和孩子一起看性教育科普动画短片，让性知识不再神秘

父母可以和孩子一起观看《小威向前冲》的视频，从而让孩子了解生命孕育过程的情境，让孩子坦然面对源于爱而降临人世的美妙隐喻，放下不必要的好奇心。

（四）介绍生殖器官的卫生

1. 女孩儿、男孩儿生殖器官的卫生保护

女孩儿生殖器卫生应注意：

（1）大便后应从前往后擦拭。

（2）清洗外阴时应先洗尿道口和阴道口处，后洗肛门处。

男孩儿生殖器卫生应注意：

（1）包皮长的孩子，应该把包皮翻开清洗。

（2）如果包皮过紧，应尽快到医院检查。

2. 生殖器官的保护

生殖器官是我们身体的隐私部位，要遵循"三不原则"：

（1）不能随便说。

（2）不能随便看。

（3）不能随便摸。

另附推荐儿童性教育绘本阅读：《小威向前冲》《乳房的故事》《小鸡鸡的故事》《我们的身体》。

（五）结语

每一个孩子都像一粒种子，在母体中萌生，而后孕育发芽；在空气中伸枝展叶，而后开花结果。儿童性教育是一首完整的生命之歌，它不是让孩子谈性色变，对外界随时处于一种防御状态，而是让每一个孩子都认识到自己的不同，并将这种不同视为父母相爱最美好的礼物。

科学开发大脑，有效提升专注力

——了解低年级学生的身心发展与需求

戴花妹

【课例简介】

了解一、二年级学生的身体发展特征和心理发展特点，对他们的行为与表现有客观的评判，能根据他们的发展需求提供正确的指导。

【教学目标】

（1）了解一、二年级学生的身体发展特征和心理发展特点。

（2）对学生发展情况有客观的评价，能根据学生的发展需求提供正确的指导。

【教学重点】

引导家长认识低年级学生身心发展的特征，并有意识地开发和保护学生的大脑，培养学生的专注力，以便学生能在身心全面发展的基础上游刃有余地投入学习和生活。

【教学对象】

低年级学生家长。

【教学资源】

《健脑操》视频。

【教学时间】

60分钟。

【教学过程】

（一）案例导入

案例呈现：

非非上小学了，常常丢三落四的，今天丢一块橡皮，明天丢一支铅笔，有时候连做好的作业本也不知道丢哪里去了。而且，非非背诵古诗的时候不能被打断，否则就得从头再来。例如，他可以流利地背诵"春眠不觉晓，处处闻啼鸟。夜来风雨声，花落知多少"，但如果妈妈问他"夜来风雨声"后面是哪句，他就要停下来想半天，或者从头捋一遍，然后才能背出"花落知多少"来。这个时候的非非说话漏风，玩玩具的时候特别投入，大人叫他也听不见，声音似乎被他自动屏蔽了一样。非非的父母既奇怪又担心：这孩子是脑子不太好，还是性格太自我啦？会不会影响将来的发展？

亲爱的家长，您觉得非非的表现正常吗？您的孩子也有类似的情况吗？您是否也担心孩子的身体发育和性情变化呢？

（二）身体与成人还有许多不同之处

1. 眼睛和牙齿

眼球前后径短，适于远视，但晶状体弹性大，有较强的调节能力，可以看很近的物体。但不要让孩子长时间看书、看电视，以免晶状体紧张、疲劳，造成近视。6—7岁的孩子乳牙开始脱落，恒牙开始萌出。父母要关心孩子的换牙情况。

2. 大脑和神经

进入小学阶段，大脑的发育速度不如婴幼儿期那么快。但小学生大脑的发育仍快于身体其他部位的发育。例如，一年级（6岁）时，大脑约重1200克；到了二、三年级（7—8岁）时，大脑约重1400克，已接近成人脑重。

大脑中负责接收信息的神经元和负责传递信息的神经递质变得越来越"挑剔"，只负责传输某一类型的信息，成为"专业工作者"。因此，孩子的行动、思维越来越灵活，反应越来越快。

虽然低年级学生大脑的生理机能已经能够承担相应的学习任务了，但还不够成熟，无法像成人的大脑那样持久地从事某项活动，因为儿童的大脑容易疲劳。

3. 骨骼和肌肉

低年级学生全身的骨骼还没有完全闭合，骨骼的数量比成人多。成人全身有206块，他们则有217或218块。同时，儿童的骨骼软未定型，也易变形，如果平时不注意走路与坐立的姿势，容易造成脊柱异常歪曲、斜肩等毛病，影响体形。

学生的肌肉较成人柔软，缺乏爆发力和持久力，特别是手指小肌肉尚不发达，容易疲劳，因而写字时间不宜过长，写一会儿应休息一下再写。例如，一年级的学生写字时，不仅速度慢，而且不工整。这一阶段的儿童不宜做强度太大、时间太久的体育运动，在训练写字、弹琴等这些小肌肉运动的动作时，要注意动作的规范性。

4. 身高和思维

孩子的身高增长速度比较均匀，大约每年增长5—6厘米。在这个阶段，不论男孩儿还是女孩儿，如果每年身高增长不足4厘米的话，就说明有影响孩子生长的不利因素存在，父母应认真对待。

一年级学生的思维还没有完全脱离幼儿园时期的思维方式，特别是第一学期，还是幼儿思维方式的延续。他们的思维非常具体、形象，善于机械记忆，不考虑文章中的意义而死记硬背，理解记忆的能力还很差。进入二年级，学生的思维仍以具体、形象的思维为主，但对图像的认知和推理能力有了长足的进步。如果父母仔细观察，会发现二年级的学生可以专注地玩拼图和积木。尽管他们说不出为什么，但就是知道这块图片应该跟那块图片拼到一起，这样得到的动物或者房子的图案才是对的。

知道了这个阶段儿童思维发展的重要特点，父母也许就能够理解低年级的学生为什么对动画片那么挚爱了。动画片中的人物都比较简单，色彩明快并且动作、感情都不复杂，而且其中没有多少需要深入思考、理解的抽象概念，这种表现方式更符合儿童的成长节奏。

（三）心理由逐渐适应学校生活到真正投入学习

一年级学生刚入学不久，对小学生活既有新鲜感，但又不习惯，因而一时难以适应；对学习有好奇感，却很难做到专心听讲、独立完成作业；很乐意和同学进行接触、交谈，却不懂礼貌，部分学生也会产生自私心理；特别信任老师，相信老师的话，重视老师的行为和评价；很多人生活不能自理，没有相应的劳动习惯，对其父母的依赖性很强；注意力不集中，情绪变化无常，容易疲倦；行为摇摆不定，不善于控制，容易冲动和特别敏感；对成功的喜悦和失败的痛苦都很强烈；有当好学生的愿望，只是不熟悉学校的生活，不了解学校的常规，常会无意中做错事。他们渴望参加光荣的少先队组织。他们具有好奇、好动、喜欢模仿等特点。

二年级学生已基本适应小学的学习生活。他们知道学校的规章制度，懂得一些行为常规，而且愿意努力遵守。在上课听讲、完成作业、遵守公共秩序、尊敬师长、简单的自我服务性劳动等方面有了一定的基础，但总体来说，对常规的认识不深刻，动作不到位，行为不规范。他们习惯过集体生活，喜欢和小伙伴一起活动；开始有了自我控制的能力，好表现自己，竞争意识和上进心有所发展，能树立近期的奋斗目标，都想成为好学生，并希望参加少先队的一切活动。好奇、好动、好模仿仍然是其共同的特点。但升入二年级的学生与过去相比，心理变化尤为明显。

1. 集中和控制注意力的能力越来越强

大脑额叶区域的功能与注意力有关，而额叶的发育会一直持续到青春期。由于受到大脑发育的限制，整体上小学生集中和控制注意力的能力较弱，容易分心。随着额叶脑区发展的完善和学习生活的有序开展，二年级学生认真学习的时间一般都能维持20—30分钟。

2. 越来越有自尊心了

儿童在七八岁的时候，很像破茧成蝶的过程，看似波澜不惊，实则孕育着质变。父母会发现一、二年级时孩子在各方面看不出有什么差别，但到三、四年级一下就百花齐放、各有不同了。种种变化既源于他们经历的日渐丰富，也源于体验的逐步深入。二年级的学生变得越来越有自尊心了，父母会较为明显地发现孩子比以前更要强了，并且在做成一件事情后，很希望得到正面评价。而就算失败，他们也不再像一年级时那样哇哇大哭，也许他们只是默默地躲在某处悄悄拭泪。

3. 期待被理性地接纳

小学低年级的学生很看重别人的评价，因为他们会通过这些评价来建立对自己的认识。他们最显著的特点是，对老师有特殊的信任心理，几乎无条件地信任老师，信任程度甚至超过了对家长的信任，常挂在他们嘴边的话是："老师说了……"他们开始评价自己和别人，同时容易受成人的左右。

对二年级的学生来说，被理性地接纳是他们获得重视感的源头。他们会努力去达到成人的标准，他们需要通过自己的努力来确定自己能够胜任这件事情。所以，当学生遇到问题的时候，家长需要正确判断，哪些事情该出手帮助，哪些事情该放手让学生自己完成，让学生做他力所能及的事情，同时提供机会让他们为父母做事。让学生在活动任务中体会到成长、自主带来的成就感和父母的爱与包容所传递的安全感。

比如孩子有一次考试失误了，父母可以跟他分析试卷，听孩子对考试失利原因的总结以及对这次考试的看法，然后跟孩子分析哪些是外部原因，哪些是自身原因，哪些问题自己有能力解决，哪些需要父母的帮助等。总之，孩子的心不能伤，但有问题一定要改，这需要父母做到对事不对人的评价以及有包容和理解的态度，从而让孩子既感受到父母的重视和支持，又体会到自我能力的展现，从而获得安全感和归属感。

（四）陪伴时间有限，父母应抓重点

1. 做好孩子的入学适应

入学适应是指孩子在刚入学后的一段时间内能否较好地适应学校生活。良好的入学适应并非只有学习上的适应，还包括在行为、情绪、人际关系方面的适应以及对学校的态度。在低年级，学习对孩子的挑战较小，而培养习惯、遵守规则、调节情绪、与人相处等对孩子的挑战较大，家长更应该关注后四个方面的入学适应：

（1）不要一味地强调自己的要求，多跟孩子讲上学的好处，帮孩子在思想上做好入学适应。

（2）不要对低年级学生有过高的要求，可以在他们注意力集中时让他们赶快完成作业，认真学习20—30分钟后，让他们走动一下，适度的休息是为了更好地学习。

（3）除学习成绩外，多了解孩子其他方面的适应情况，如调节自己情绪的能力、如何与同学交往等。

（4）通过多种途径，特别是与老师多沟通，了解孩子在学校的表现和适应情况。

总之，在孩子入学初期，孩子有太多方面需要学习、成长。家长也需要在孩子成长的路上，一次又一次地挑战自己，一定要多花时间和孩子、和老师沟

通，让孩子在校园如鱼得水，使其成长的步伐坚定又从容。

2. 做好大脑的保护和开发

众所周知，教育的本质是塑造大脑、开发大脑。低年级阶段，儿童的大脑处于飞速发展阶段，可塑性极强，此时对儿童大脑的保护和开发尤为重要。为此，家长可以采取以下策略：

（1）让孩子的大脑经常"工作"。学习是锻炼大脑的一种方式，鼓励孩子每天保持学习状态，不断拓展自己的知识面，调动多种感官参与思考、记忆，不仅能让大脑得到有效的锻炼，还能促进不同脑区的协调发展。

（2）理解男孩儿的"晚熟"，帮助他们合理地安排时间。越来越多的研究表明，男孩儿与女孩儿的大脑存在较大的差别，男孩的额叶发育速度比女孩儿慢，同时血液中的多巴胺含量较多，导致男孩儿"晚熟"，因此男孩儿容易成为老师和家长眼中的"坏孩子"。作为父母，不要总将男孩儿跟同龄的女孩儿相比，而要更有耐心地教育孩子，帮助男孩儿合理安排时间、保持专注。例如，给男孩儿安排运动时间，如打球、跑步等；要求男孩儿每天在固定时间写作业，塑造注意力集中程度的稳定周期性。

（3）为孩子创造一个情绪稳定的环境。情绪会影响大脑功能的实现，长期处于负面情绪而不能自拔，会抑制大脑的某些功能，尤其是专注能力、问题解决能力等，从而阻碍孩子的大脑发育。因此，一方面父母要鼓励孩子多参加社交活动，让孩子在与同伴玩耍、互动中合作学习；另一方面父母要营造乐观积极的家庭情绪氛围，并在平时教给孩子一些调节情绪的方法。例如，转移注意、宣泄情绪、做心理放松操、直面问题等。

（4）养成良好的作息习惯，保证孩子的睡眠时间。低年级学生需要有充足的睡眠时间，确保每天有9个小时以上。家长可以与孩子一起制定作息时间表并严格执行。为营造一个良好的睡眠环境，家长可以从具体细节着手，如控制孩子对电子产品的使用，睡前半小时不进行剧烈运动，给孩子讲故事，听舒缓音乐帮助孩子安静下来，等等。

3. 培养孩子的专注力

注意是指心理活动对一定事物的指向和集中。我们做任何事情都是从注意开始的。它是人脑加工信息的必经过程，注意的发展情况会对孩子的学习效率、学习质量产生重要影响。低年级学生的专注力不足，一方面与其生理特征有关；另一方面学习材料、活动的有趣程度以及培养方法是否科学有效也同样影响着孩子专注力的发展。

低年级学生的注意力以无意注意为主，容易被其他新奇、有趣、显眼的事物吸引。为此，父母可以从以下几个方面着手：

（1）多一点体谅，少一点责备。这一年龄段的孩子，由于生理的限制，难免出现注意力不集中的现象，请父母不要过度责骂孩子，而应该帮助孩子寻找合适的方法，合理安排时间。

（2）营造相对安静的环境，少一些干扰。由于低年龄段孩子抗干扰能力较差，父母应为孩子准备一个安静的、不被打扰的学习环境，这有助于培养孩子专心的习惯。例如，孩子专注于学习或思考时，关闭电视、避免大声说话、把会诱惑孩子的东西拿走、不在孩子周围转悠等。

（3）合理安排孩子的学习时间，少一些单调、持续的活动。尽量不要让孩子长时间做同一件事情，巧妙地转换学习任务，以帮助孩子集中注意力。例如，家长可以安排孩子前30分钟做语文作业，每间隔15分钟休息3—5分钟，可以先朗读课文，然后抄写生字词，再完成后面的习题，如此由易到难，循序渐进，然后再花30分钟做数学作业。

（4）寻找孩子注意力的日周期规律，按时行事。孩子一天中注意力的集中水平是不同的。例如，孩子在上午注意力集中程度较高，能专注地听课、做作业，但到了午饭后，孩子的注意力集中水平会有所下降，犯困、提不起精神。父母在日常生活中，要用心观察孩子的行为和活动，了解孩子大约在什么时间段容易犯困，在什么时间段老想着跟别人玩，在什么时间段能安静地做作业，然后根据孩子注意力起伏的特点，合理安排时间，认真执行时间安排表。经过一定时间的训练，孩子注意力集中的时间会变得相对有规律。

（5）同一时间只专注一件事，多一些鼓励和肯定。由于小学生一心二用的能力较弱，家长不应该让孩子同时专注两件或两件以上的事情。例如，家长不应该要求低年级学生既听课又做笔记，只要学生能认真听课就可以了。当然，如果教师在课堂上留出时间，让学生把板书抄下来就另当别论了。同时，如果孩子专注做某事，家长应该给予孩子及时的鼓励和肯定，以此激发孩子对学习的兴趣，延长孩子学习时专注的时间。

（6）谨慎判断孩子是否有多动症倾向，如有需要，寻求专业帮助。家长不应轻易认定自己的孩子比较好动，认为坐不住就是患有多动症，应该综合孩子在各方面的表现评价孩子是否有多动症。一般来说，孩子多动现象至少持续6个月以上才能诊断为多动症。

掌握性教育基础知识

——了解小学低年级性教育启蒙课

戴花妹

【课例简介】

本课例我们从性是什么开始讨论，再来讨论性教育的原则和态度。没有正确的理念就不会有正确的方法，解决孩子问题的方法是"术"，而读懂孩子的这个行为背后的心理发展规律是"道"。

【教学时间】

60分钟。

【教学对象】

小学学生家长。

【教学目标】

了解性教育的内涵，正确理解"性"的概念，掌握低年级孩子性教育启蒙策略。

【教学过程】

（一）热身活动"爱要大声说出来"

请三位家长和大家分享一下你对家人的爱。例如：

你最想对你的老婆说什么?

老公在哪一个时刻的行为让你觉得最感动?

孩子做什么的时候让你觉得最温暖?

情人节时,你会采取什么行动来庆祝呢?

过渡:爱是一种能力,需要学习,需要表达,世界上最爱孩子的两种人就是父母和教师,我们有着共同的目标,让我们共同努力。我们平时可能只关心孩子的学业发展、身体发展,而伴随人的一生的重要话题"性的健康成长"却被忽略了。

(二)我们理解的"性"与"性教育"

案例呈现:

亮亮平常喜欢和邻居婷婷玩过家家,有一次,玩着玩着,亮亮对婷婷说:"你是我老婆。"然后两人像模像样地进入洞房。两人躺在床上不知道做什么,忽然亮亮凑上去吻了婷婷一下,没想到婷婷马上哭着跑出去告诉亮亮的妈妈说亮亮欺负她。结果,亮亮便被妈妈打了几个耳光,哭泣不止,但妈妈还是不停地训斥亮亮。

晶晶上幼儿园了,有一天爸爸把她从幼儿园里接回来时,她问:"爸爸,为什么上厕所时,有的小朋友要站着,我却要蹲着呢?"爸爸说:"以后长大了你会自然明白。还有吧,以后上厕所要专心,别去盯别人,那样可不是好孩子。"

大人为什么要生气,为什么不回答孩子的问题呢?

1. 幼儿提出与性有关的问题令成人感到尴尬与困惑

这与我们成人看待性的方式有关,也与我们对性的理解和对性的定义有关。有人会把性看成是成人的话题,不属于儿童,少儿不宜,在这些人的眼中,性指的就是性行为,成人间的性行为,他们觉得不回答是在保护儿童,保护他们不被成人的性行为的潜在危险所侵害。

2. 不回答孩子关于性的问题引发的一系列后果

如果我们以这种方式看待性,以这种沉默的方式不回答孩子的提问,可能会带来什么后果呢?

第一种可能:

首先,他们就会马上意识到这是个错误的问题,在错误的时候问错了人。没有答案的孩子出于好奇心,为了得到答案,就会去其他地方寻找答案。例如，问同龄人、朋友，上网……那么他们就真的找到答案了吗？

第二种可能：

性的欲望在成长期的孩子身上是常见的，但是，孩子从家长的回应当中获取的反应和信息，会让他们觉得谈"性"是一件羞耻的事情。于是，当我们的孩子有性的欲望时，他们会感到羞耻、肮脏、下流、错误……最终，部分孩子甚至在遭遇性侵的时候，感到羞耻而不敢说出来，一生都走不出这片心理阴影。

第三种可能：

身体发育成长过程中，孩子在感觉生理不适时，不知道如何表达，向谁倾诉，甚至在遭遇性侵的时候，不会拒绝，这正是因为他们没有学过如何说"不"，甚至不知道可以说"不"……

（三）正确看待"性"与"性教育"

我们应从更广阔的视野以及从不同的角度来看待性。性是一种本能，是属于所有人的。从出生开始，贯穿人的一生，性的欲望不分年龄，婴儿、幼儿、成人、老人都有性欲望，所以我们可以且需要和孩子谈论性的话题，但是方式要有所不同，同时要考虑社会价值观、文化价值观等。

接下来，我们从亲密关系、性别认同、性健康三个角度来认识性。

1. 性是一种亲密关系

案例呈现：

小学三年级的孩子放学回来，说我爱上了班上的一个女生。家长应该怎么回答引导呢？

"孩子你还小，你不懂，你不应该这样讲的，这是大人的事。"No！

我们可以这样问孩子："好哇，爸爸妈妈也喜欢佳佳，那么可爱，又漂亮懂事，但是如果佳佳明天生病住院了，宝贝，你可以去照顾她吗？"

让孩子思考，结婚除了喜欢之外，还有什么……

"你还小，还没有照顾别人的能力，所以佳佳生病，你无法照顾她。"

"那妈妈如果生病了，爸爸会给妈妈很好的照顾，你看爸妈就不一样，爸妈会相互照顾、相互分享快乐，遇到困难相互帮助，你还得长大、长本事、长能力。"

夫妻间的亲密关系可以帮助孩子认识亲密关系。

性是通过亲密关系来构建的，从小孩子就会看到，父母之间彼此照顾牵挂，相互喜欢分享，包括所有生活当中的方方面面。我们对孩子的性教育，可以说从出生就开始了，夫妻之间的亲密关系是家庭的土壤，也是孩子爱的源泉。

所以，夫妻双方请以共同的怀抱去拥抱你们的爱情，孩子从幼儿到少年，从父母身上获得亲密关系的体验，感受到强大的性构建起来的亲密关系。因此，低年级性教育是从家庭亲密关系开始的，从家庭生活开始的。

2. 性别认同

为什么是男孩儿和女孩儿?

（1）生理认同与心理认同

从生理上区分，用科学术语表述生殖器官，男孩儿就说阴茎、睾丸，女孩儿就说外阴、阴道。它们都是生理器官，就如眼、耳、鼻、舌是一样。国外开展性教育时，给孩子讲认识身体，一直讲下去，最后到生殖器官。孩子通过外在的生殖器官知道自己是男孩儿还是女孩儿，这是生理性别，从心理认可自己的性别，这是心理性别角色认同。

（2）接纳差异，实现社会认同

在社会角色认同里，男孩儿要阳刚、坚强、有担当，女孩儿要温柔贤淑。性别角色上的差异，好还是不好?

我们不希望从性别角色期待上，做一个男孩儿或女孩儿都必须这样，我们希望男孩儿和女孩儿都能够按自己喜欢的方式去成长，如果这个社会角色和社会认同有冲突，可能会给孩子在社会发展当中带来阻碍。

3. 性健康

（1）生殖健康

作为家长，我们可以循序渐进，根据孩子身体的成长和理解力的发展来讲性的话题，如果我们不懂生理知识怎么办? 既然目的是科普知识，那么家长可以买适合孩子看的书，如《十万个为什么》，可以多准备性教育读物本等。

（2）行为健康

性行为健康，从幼儿开始就可以进行教育了。

案例呈现:

二年级几个调皮的小学生在玩闹中，摸一下男同学屁股，脱掉同学裤子，这是性行为心理有问题吗?

这件事发生后，孩子家长很紧张，认为这是性侵，全班还上了一节"如何防性侵"的课，之后几个调皮的孩子追闹中摸了屁股，又回去告诉家长了，家长觉得孩子会在性方面有心理阴影，作为家长，您怎么看？

回答：对于8岁的二年级的儿童来说，摸屁股、脱裤子是属于性游戏，是缺乏隐私教育的必然结果。既不是心理问题，也不是性侵。

上了小学，应该对孩子进行尊重隐私、尊重身体的界限的教育；需要培养孩子对身体接触的判断。好的接触是公开、自愿、舒服的，反之则是不好的接触。不能以是不是隐私部位，来判断身体接触的好坏。

家长定性为性侵，是家长的过度焦虑。家长的过度焦虑和担心会比性侵对孩子的伤害更大。教师应该加强对学生的互相尊重隐私、维护身体的界限的教育。

（3）性的规范

性通过各种途径去尝试、实现，有是否规范的问题。个人行为的自我行为规范——私密、安全、卫生。对别人，我们不能够在别人不愿意的情况去谈论、触摸别人的身体，接触别人的隐私部位。从小就要给孩子灌输保护自己、尊重别人的观念。

规范，在道德和法律框架下，预防性侵害，保护我们安全。

4. 性教育

大卫·鲁本在《性知识大全》中写到，我们每个人都经历了从阴茎到阴道的旅程，每个人都在母亲的子宫里面生活了280天，所以我们没有理由为我们曾经旅行和生活过的地方感到困扰，我们不能狭隘地把性看作一种纯粹的生理行为。性是伴随每个人一生的状态。例如，幼儿需要来自父母的肌肤触摸，小时候要求性别认同平等意识；青春期的时候感受、经历身体的变化，悦纳不同的自己；青年时开始恋爱，学着如何和喜欢的人相处；老年时体验亲密陪伴的美好。总而言之，性是伴随人的一生的状态。

性教育是生命教育、责任感教育、人生观教育、爱的教育，是一种人格教育，是从性的角度来促进孩子全面发展的教育。性教育包括性生理、性心理、性伦理和性价值观教育。

（1）性生理教育内容包括：两性生殖器官的名称、结构、功能，性器官卫生保健知识，月经、遗精等青春期发育知识，自慰、性交、怀孕、避孕知识，人工流产的伤害，艾滋病、性病的防范等。

（2）性心理教育内容包括：性别角色，两性心理差异，青春期心理发展特点，性欲调控，性变态，同性恋等。

（3）性伦理教育内容包括：（性道德与性法律）尊重自己与他人的隐私；性安全知识，如何防范性侵害；异性交往礼仪、沟通技巧；男女平等观念；恋爱、婚姻的权利责任和义务；相关法律等。

（四）低年级学生性教育启蒙策略

1. 亲密关系中以身作则展示爱与责任

家长如果意识到性是一种亲密关系，在日常生活中就要以身作则，家长的亲密关系就是孩子的榜样，性教育不是口头教育，是言传身教。

性教育是家庭教育的一部分，如打电话把对对方的牵挂表达出来，不当着孩子的面争吵，相互约定矛盾不过夜，等等，这都是性教育。共同营造温馨和谐的家庭氛围，是爱的教育，家长要以身作则、相亲相爱。

2. 接受并喜欢孩子的性别，做好榜样

家长应接受并喜欢孩子的性别，给孩子创造一个良好的性别发育的家庭环境。性别有差异，但没有优劣之分，父母应该对孩子的性别持积极的态度。把儿子当女儿养，把女儿当儿子养，给孩子做异性打扮，这样容易造成孩子在性别认同上的混乱，阻碍社会性别的正常发展。

父母是孩子获得社会性别意识的最重要的榜样。有研究表明，如果父母表现出明确的性别分化行为，他们的孩子能更快地知道自己是男孩儿还是女孩儿，也能更快地喜欢那些具有典型性别特征的玩具和活动。

例如，妈妈可以经常引导女儿培养其文静、优雅的举止，照顾小朋友，学习做家务等，体现出女性的特点；而爸爸可以经常和儿子做体育运动，搬运东西等。

3. 运用科学术语和儿童化的语言跟孩子谈"性"

科学的术语能够让孩子脱敏，自然接受，不害羞也不难为情。我们需要避免一开始就说"今天来认识生殖器官"，而是可以说"今天我们来了解我们的身体，学习我们身体不同的器官，这是我们的眼、耳、鼻、舌，这是我们心、肝、脾、胃、肾，这是我们的生殖器官，阴道、阴茎、睾丸等，我们身体的每一个器官都很重要，同样要去爱护它们"。

科学的名称可以使孩子从学习的角度来接受性教育，强化知识而淡化其中的性意义。另外，可以多采用儿童化的语言，运用比喻、图片、游戏（如"医生与病人"）等方式，让孩子了解性知识。

4. 客观、冷静地对待孩子的"性行为"

孩子四五岁的时候，可能会在床沿及桌边蹭、摩、擦外阴，还有比较常见的男孩儿"夹腿症"等。家长不必过于担心，加以引导即可，千万不能训斥孩子。如果家长严厉地斥责孩子，这种不良的体验可能会延伸到孩子的潜意识里，可能导致孩子成年后对性有阴影。

我们可以把孩子带到私密空间中进行性教育。首先，提醒孩子这是隐私部位，不能让别人看见，不能让别人来触摸。其次，在孩子自己的房间，看看他们的手是否干净，注意面带微笑、不生气（非常重要），并且要为孩子保密，给孩子一个正确态度，尊重孩子的生理需求，保护他们的隐私健康，同时教育他们要学会敲门进入大人房间，既保护个人隐私，也尊重别人隐私。最后，对于孩子的"性行为"，我们应该顺其自然。

顺其自然中的"自然"是指孩子表现出来的行为，当孩子出现了与性有关的行为的时候，就进行教育，如果没有出现类似行为，就不用教育，这就是顺其自然。在对孩子没有伤害的情况下，不强加干预或训斥。

（五）澄清关于"性"的偏见

"性教育"是人类一百多年以来，通过大量失败和成功的经验而得出的一些结论。1969年，大卫·鲁本在《性知识大全》书中写到，身为一个医生我对我的病人时常感到困惑，在我所接触的病人中，他们中的每一个人都生活在太空时代，但是把自己的性器官遗留在石器时代了。

随着移动通信技术的进步，孩子很小的时候，就有用电脑获取信息的能力，性教育会不会成为性刺激，已经失去了讨论的空间。未来的孩子会接收到大量的性信息，因为从街头巷尾到互联网都充满性的信号。我们不能只是压制问题。好的教育应是这样，孩子能平稳健康地成长，靠的不是在发生问题后再去补救与解决，而是融合在日常生活中春风化雨般的教育理念。更多家长相信自己一厢情愿的看法，不愿意相信多年研究的成果。我们要做到未雨绸缪，而不要亡羊补牢。

孩子在不同的年龄阶段可能出现不同的性心理和性发展行为，如果我们家长了解这个自然规律，尊重孩子的发展过程，顺应孩子的成长机制，就能当好孩子的第一任性教育老师。

更新性教育科学观念

——了解小学低年级性教育启蒙课

卢 枫

【课例简介】

家长的观念会直接影响对孩子的教育方法、教育行为，在家庭开展性教育，家长需要更新性教育的科学观念。本课从指导家长放下焦虑开始，到帮助家长树立对待性教育的正确态度，在联系性教育的技巧等方面给予家长切实的帮助。

【教学时间】

60分钟。

【教学对象】

小学学生家长。

【教学目标】

了解性教育的原则和态度，掌握引导低年级学生性教育的尺度和方法，运用科学有效的策略引导学生健康成长。

【教学过程】

（一）放下焦虑

案例呈现：

在一次性教育课程上，有一位母亲忧心忡忡地提出了她的问题，她说自己

4岁的儿子，看到她化妆之后，也喜欢上了化妆，有时候对着镜子抹口红，有时候会穿上丝袜，母亲很担心这些行为会对孩子以后成长造成很严重的影响。

各位家长，你们有什么看法？（很多家长都表达了同样的忧虑）有几位母亲当场表示以后不会当着孩子的面化妆了。

笔者非常理解家长的感受，但是不代表这样的做法是正确的。因为即使孩子没看到家长化妆，也可能看到别人化妆；即使没看到穿丝袜，也可能看到穿裙子。如果家长对性教育产生的问题的应对方法从来都是管控、回避、打压和责备等传统方法，那我们每一天都会如履薄冰，因为没有人知道在未来的时间，孩子看到什么行为之后，会对孩子产生什么样的影响。

解决这个问题的方法并不难，只需要简单地转换一下思路。如果有一天你们在看电视的时候，看到一条公益广告，一个孩子在给妈妈洗脚，并且告诉妈妈说，我爱你，你的孩子看完之后说，妈妈，我也爱你，我可不可以给你洗脚？这时候你一定会感觉到温暖。那么，为什么当我们看到孩子在模仿这个行为的时候会感到有趣或者温暖，但是当我们看到孩子涂口红、穿丝袜的时候，就会感到非常的忧虑和紧张。

儿童在发展过程当中，会经常模仿周围的事物，这是我们的大脑在建立一种对周围环境的认知，模仿能力越强，学习效率和能力就越高。其实孩子看到母亲化妆之后涂口红，这些行为的本质与模仿公益广告、给妈妈洗脚没有区别。只是社会给我们建构了一种臆想，那就是孩子接触性一定是不好的，是可能让他们道德败坏的，所以我们才会非常忧虑。当我们用成年人的性去理解孩子的性的时候，就会产生巨大的焦虑，如果家长能够理解这一点，就可以在态度上更加轻松、平和地看待这类现象的发生。

（二）性教育态度

态度决定一切，理念和价值观比教给孩子知识更重要。在现实生活中，我们越回避，就越会增加性的神秘感、罪恶感，孩子对性就越好奇，这样会带来更早的性行为，所以我们自己先要摆脱羞耻感、罪恶感，把性教育当作其他教育。

那么，性教育应具备哪些态度呢？

1. 爱、信任与支持

这是性教育的前提条件。要相信孩子在错误中也能吸取教训，关键看我们如何引导。不管孩子做了什么，都是我们的孩子，孩子犯错误，往往是因为我们某些工作没做好。我们在责备孩子的同时，也应该反思自己的错误。犯错误的孩子最需要我们的支持。给予孩子无条件的爱、信任与支持，是性教育取得成效的前提。

2. 公开且坦然

中国几千年的社会发展，对性基本是否定的，否认性生活中美好、健康的部分，性活动只剩下了繁衍后代的意义。传统观念影响到今天，许多人还是谈性色变，难以摆脱罪恶感。

当我们进行性教育时，孩子首先感受到的是我们的态度。当我们自身扭扭捏捏、羞羞答答、面红耳赤、神秘、焦虑、躲闪、害羞地与孩子谈论性，孩子会觉得性是不好的、不能公开谈的；当我们与孩子坦然、公开地谈论性，孩子就会认为性是人生中一个自然的现象，是可以去了解、探索的。作为家长，要突破自身心理的禁忌，孩子才会敞开心扉、想问就问，我们才能了解孩子真实的情况。

3. 主动且科学

家长作为孩子的第一任性教育老师，需要主动出击，掌握时局。

现代儿童发育年龄普遍提前。社会媒体宣传五花八门、良莠不齐。我们不去占领性教育的主阵地，孩子就会向网络、电影、电视、非法出版物、黄色光盘等学习性知识。

我们要提前了解各年龄段孩子性生理、性心理发展的规律，这有利于在不同阶段有针对性地进行教育。我们要提前让孩子了解身体、心理会产生的变化，做好应对的准备。

性教育中要有科学的态度，不断学习新知识。

我们以前没接受过系统、正规的性教育，知道得不多，要教育孩子先要自己认真学习，把科学的知识用科学的方法教给孩子，没把握的要先搞清楚再教。

4. 平等的态度

别以为孩子什么都不懂，某些知识孩子比我们知道得还多，某些能力孩子比我们还强。居高临下的说教，孩子是不容易接受的。平等的交流探讨，孩子才愿意听，听进去了，才有好的沟通效果；听不进去，我们做的一切都是白费力气。当孩子问的问题你也不清楚时，不妨说实话，同时告诉孩子愿意和孩子一起去探讨这个问题。

综上所述，家长在进行性教育时要秉承支持、坦然、科学、平等的态度。

（三）性教育原则

（1）从孩子的视角、需求和权利出发。

（2）要适时、适度。

（3）循序渐进。

（4）以身作则。

（5）真实全面。

（6）点滴渗透。

（四）家庭性教育的技巧

1. 无影响不干预

有家长提出来，孩子自慰了怎么办？

那我们的原则就是无影响不干预。这个原则可能跟很多人的想法相反，对性教育产生的绝大多数问题以及家长的担忧和焦虑，解决的方法简答则只需三个字，不用管。因为这些行为其实不是问题，也不会演变成问题，只是因为家长自己从小没有接受过良好的性教育，所以会非常地担忧，对性很避讳，主观上认为这些行为是一个问题。

（1）自慰是一种本能

4岁的孩子涂口红，5岁的孩子穿丝袜，6岁的孩子抚摩自己的生殖器，其实这都是儿童在成长发育过程中非常常见的现象。很多婴儿因为本能都会有自慰的行为，有一些家长看到之后会非常用力或粗暴地打断，其实婴儿只是下意识的行为，解决方法就是不用管，让他们去摸。大部分的婴儿会很快地自行停止这些行为，在极少数的情况下，的确有一些婴儿会长时间地抚摩生殖器，这时只需用手去轻轻地抚摩他们的背，用玩具吸引他们的注意力，这个问题就能够很快地得到解决了。

在人的一生中任何时候都可能有自慰的行为，所以对一个婴儿来说，通过抚摩、夹腿、夹被子等行为带来愉悦，与他们未来的道德、行为都没有任何关系。

（2）自慰无须禁止与谴责

对于一个孩子来说，只要这个孩子自慰的行为可控，家长就没有必要去干预，即便真的出于忧虑。有两种情况需要人为的干预：一种情况是孩子自己感觉不舒服、不喜欢；另一种情况是这种行为对孩子健康的生活产生了负面的影响。

案例呈现：

有一个女孩儿在青春期的时候发育得比别人早，胸部慢慢变大，遭到了周围同学的嘲笑，并且同学给她起了很难听的外号，于是女孩儿感受到了羞辱，在长达两年的时间里，不论冬夏每天晚上都穿着厚厚的衣服睡觉。

这个时候就需要人为的介入，来帮助她恢复原来的状态。某一个行为对别人产生了影响，让别人感觉到了不舒服或者不适应，比如说在学校的时候脱人家的裤子，这个时候我们就要学会如何礼貌地对待他人。很多家长经常提出一些问题，如什么时候分床睡觉、分开洗澡？自慰怎么办？其实都可以遵循这个原则理念，社会科学和自然科学不一样，非常多元，没有一个绝对的标准。

2. 善于运用身边的小事进行性教育

坦白地说，即使我们有了正确的性教育观念、理念，知识丰富、正确，这件事也很难做。因为个人价值观一定是在思考、经历中形成的，不能生硬地灌输价值观。好的方式是利用身边小事，在思考、谈论中形成观念，更多地与孩子在一起进行思想碰撞。家长要做的准备就是性教育观念和知识储备，很自然地在生活中遇到事情时进行引导。例如，电视中正在播放两个人相爱，用接吻表达他们的爱，家长应及时引导孩子这是情侣之间爱的表达，是美好的事情。

家长要保持健康、明朗、自信的心态，不要紧张，像回答孩子的其他问题一样有坦然、健康的心态，用平常的语气。

3. 使用图片和书籍做辅助教育

在婴儿的性教育问题上，有时家长会让孩子看父母的身体，教孩子认识身体器官。我们要成为孩子的同伴，平等、尊重地倾听孩子的疑问并认真解答。我们看到的不等于孩子看到的，我们想的不等于孩子想的，家长要站在孩子的角度来看问题，做到诚实、坦然。

（五）家庭性教育的内容

性教育包括四个方面：性生理、性心理、性伦理和性价值观。

性教育是从性的角度来促进孩子的全面成长，是人格成长的一部分，包括认识自我、学习人际关系、对自己和他人负责，甚至安排自己的生活与人生，是人生观、价值观、责任感的全面的教育。

1. 尽早开始和孩子谈论身体部位

教会孩子认识自己的身体部位，这不仅是认知发展，也是身体保护的一部分。在给孩子换尿布时，家长就可以抓住机会告诉孩子私密部位的名称。如果无法做到直呼私密部位的名字，那也要直接说"私密部位"，而不是语言闪烁的"这个""那个"。孩子只有知道自己身体每个部位正确的名称，他们才能更好地保护自己。如果有万一发生，他们也能更好地告诉家长，哪里受到危害，更好地寻求帮助。

2. 教会孩子"隐私"的概念

告诉孩子，私密部位之所以叫作"私密"，就是不能给其他人看的，然后逐渐引入"隐私"的概念。让孩子知道，父母在某些场合可以看他们赤裸的身体，但其他任何人都不能看。医生检查身体时都需要在父母的陪同下，才能看自己的私密部位。除了教会孩子不给碰、不给看自己的私密部位外，家长也要告诉孩子，私密部位是不能被任何人拍照的。如果这点我们没提醒孩子，很多孩子就会觉得拍照是友好的。

3. 教会孩子"界限"的概念

告诉孩子每个人的身体都是自己的领土，我们不能让任何人触摸自己的私密部位，也不能随意触摸他人的私密部位。第二句话尤为关键，也常常是很多家长忽略的，在很多的性侵案例中，一开始都是大人要求孩子触摸他们的私密部位。还要记得提醒孩子，没有人可以给他们看私密部位的照片，这也是很多罪犯惯用的伎俩，通过给孩子看这些照片，让孩子觉得这样的行为是正常的。

总结：弗洛姆说，父母对孩子的爱是世界上最艰难的爱，因为父母对孩子的爱是让孩子远去，让他成长，离你远去时，拥有成熟、独立的思维，能够处理即将面临的各种挑战、风雨。好的性教育是学习成长的思考和对他人负责，是赋权的，而不是管制的、归顺的。

陪孩子安全度过意识觉醒期

——了解小学中年级学生的身心特征和需要

卢 枫

【课例简介】

孩子进入自我意识觉醒期，家长面对的是一个逐渐有着独立意识和独立思考能力的小大人，孩子对事物的分辨和分析能力显著提高，自我中心逐步明确，家长的教育方式与低年级阶段应该有着明显的转变。此课例分析了家庭教育的认识误区，并为家长提供了一些可供参考的教育方法。

【教学时间】

60分钟。

【教学对象】

小学三、四年级学生家长。

【教学目标】

充分认识本阶段学生的身心发展和情感特征，了解家长的认识误区，学会了解孩子的思考和想法，学会培养孩子独立人格的路径和方法。

【教学过程】

（一）热身活动"谁能坚持到最后"（表1）

表1　有这样16组数字

守护者	挑战者
（1）59	（2）68
（3）492	（4）516
（5）5871	（6）9134
（7）97152	（8）37892
（9）304695	（10）761425
（11）084729	（12）6083519
（13）13862574	（14）94631752
（15）584126539	（16）863518947

两位家长分别扮演"守护者"和"挑战者"。从第一组数字开始，守护者快速念出一组数字，由挑战者重复，完全重复正确为通过，并开始下一组；挑战失败则互换角色，看看谁挑战的数字最长。

通过上面的游戏，我们可以大致了解游戏双方的短时记忆容量，即短时间能记住多少内容。心理学研究发现，成人的短时记忆容量为7 ± 2个组块，那三、四年级学生的平均记忆力如何呢？同时他们的身心发展有哪些特征呢？

三、四年级的孩子进入自我意识觉醒期，家长面对的是一个逐渐有着独立意识和独立思考能力的小大人，孩子对事物的分辨和分析能力显著提高，自我中心逐步明确，因而家长的教育方式与低年级阶段应该有着明显的转变。

（二）意识觉醒期的年龄范围与身心发展特点

1. 年龄范围

大概9—10岁。

2. 年龄特征

中年级学生进入自我意识觉醒期，他们的身体和心理也发生了巨大变化。

（1）身体特征

中年级学生正处于两个生长发育高峰之间的相对平稳阶段。身高、体重、大脑和内脏器官已经有明显发育，特别是大脑结构逐步完善。除大脑外，三、四年级学生的各项生理指标只在量上比一、二年学生有所提高，基本没有质的飞跃，仍处于平稳发展之中。但是，他们的大脑却处于迅速发展的时期。

9岁儿童的脑重量1350克，与7岁儿童的脑重量1280克相比，有大幅度的增长，大脑神经的机能进一步加强，特别是大脑内的意识蓬勃发展，使心理活动更趋稳定，明显的表现是，他们比一、二年级的学生更容易集中注意力听课。

（2）行为变化

这个年龄段的儿童注意不稳定、不持久，难于长时间地注意同一件事物，容易为一些新奇、刺激的事物所吸引。他们的语言能力有一定的提高，但却正处在由第一系统向第二系统转换的过渡阶段，常常出现有话说不清的情况。同时，他们的逻辑思维开始迅速发展，他们在接触"好与坏""正确与错误""主要与次要"等概念时，尽管还有些模糊，但已有了初步认识。

（3）情感表现

这个年龄段的儿童情感比较外露、易激动，喜怒哀乐很容易通过面部表情表现出来；热爱班集体，集体的荣誉感、友谊感、责任感、审美感增强。

（4）意识觉醒

这个年龄段是儿童人格的形成阶段，他们有了自己对是非、好坏、善恶的评判标准，有了自尊心，儿童的意识已经在心理活动中占据主导地位，他们有了自己独立的思想。此阶段容易因父母的教育不当导致心理健康问题。

处在这一阶段的小学生，最明显的心理特点是自我意识突然萌发并逐渐增强，其主要表现是，对外界事物有了自己的认识态度，开始尝试自己做出判断。他们不再无条件地信任老师，而且特别关注老师是否公平。

由于这一阶段的小学生在心理上处于"动荡"的过渡时期，不听老师话的现象开始出现，班级工作的难度明显加大。此时，班主任工作的重点是在学生心理的"动荡"中赢得学生的信任。

3. 记忆发展特征

（1）记忆容量的增加

例如，家长可以在家和孩子一起玩一玩"谁能坚持到最后"的游戏，测测孩子的记忆容量。心理学研究发现，小学中年级学生的平均短时记忆容量已有5个数字。家长还可以尝试将数字替换为图片或者不同颜色的彩带，通过不同的方式了解孩子的记忆容量，或者比较孩子的听力记忆与观察记忆，看孩子更擅长哪个方面。

（2）记忆发展的主要特点

从儿童的记忆发展来看，中年级段的学生其记忆容量已接近成人水平，并且记忆类型逐渐从无意识记忆、机械记忆发展为有意识记忆、理解记忆。

① 无意识记忆：无目的记忆。凡是儿童感兴趣的、印象鲜明的事物就容易记住。

② 有意识记忆：有目的记忆。最初是被动的，记忆的目标通常是由成人提出，而后儿童才能主动确定目标进行记忆。

③ 机械记忆：不解其意、简单重复的记忆。

④ 理解记忆：借助已有知识经验，通过思维活动建立对事物的理解，并运用各种策略和方法进行的记忆。

中年级段学生的记忆发展的主要特点：有意识记忆成为记忆的主要方式；理解记忆占主导地位；抽象记忆发展速度超过形象记忆。

（3）记忆策略的发展特征

不断地重复信息有助于加强短时记忆，从而促进短时记忆转化为长时记忆，提高记忆效果，这种记忆法称为复述记忆方法。随着年龄的增长，儿童的复述方式会有所改进。

中年级段学生的记忆策略发展特征就是复述和组织（归类、系列化）。

（4）初步使用组织记忆法

进入中年级，学生开始懂得使用组织记忆法。组织记忆法是指把需要记忆的内容之间的关系进行梳理，便于记忆和提取，从而提高记忆效果。

组织记忆法包括列提纲、对比、类比、找联系等。随着年龄的增长，儿童对于组织记忆法的运用会越来越熟练（表2）。

表2 高中低年级记忆方法

低年级	与学前儿童不同，学生逐渐开始使用组织记忆法，但仍需要依赖成人的引导
中年级	在他人的提示和指导下，学生懂得使用不同的组织记忆法
高年级	学生能自发地运用组织记忆法。例如，在记忆新知识时，学生懂得与旧知识进行联系，方便记忆

（三）家长对意识觉醒期的认识误区

家长案例：

我的孩子总是丢三落四。上学时经常忘记携带学习用品（如画具、课本等），家里的东西也乱放，总是找不着。孩子的记忆力为什么这么不好呢？我觉得很苦恼，我应该怎么办呢？

一般来讲，三、四年级的学生相对一、二年级的学生懂事了很多，孩子的自理能力有很大提高，是家长们普遍认为的相对比较省心的阶段。但是家长在本阶段的家庭教育方面有一些认识上的误区，主要在于对孩子的独立性与记忆力的培养上。

1. 独立性方面的误区

一部分家长认为三、四年级学生长大了、懂事了，对他们应该尽量放手一些，不要管太多，由此导致对孩子缺乏必要的引导与管教。

另一部分家长始终认为孩子还是小大人，对孩子独立人格的培养不够重视。特别是独生子女的家长对孩子过分溺爱，事事包办代替，样样安排妥当，这样会导致孩子不动手、动脑，习惯于依赖。

还有一部分家长对孩子管得过严、限制过多，剥夺了孩子玩的权利和学习的机会。

2. 记忆力方面的误区

三、四年级学生在学习水平方面差距拉大，逐步出现两极分化现象。在学习压力下，有的家长没有意识到孩子自尊心的增强和变化，批评多、鼓励少。有的家长则忽略习惯的细节培养，在记忆等方面关注不够，阻碍了孩子学习能力的提升。

人的情绪状态会影响其智力活动，包括记忆。如果孩子正处于负面情绪状态中，如正在哭泣、烦躁不安等，则是不适合进行记忆学习的。人处于负面情绪状态时，生命动力处于防御和自我保护的状态，孩子的注意力将指向外部的影响源，而不是记忆对象。如果父母通过责备、训斥等方式给孩子施加压力，迫使其更快、更好地记忆，将会事与愿违。

3. 孩子丢三落四是否与记忆力有关

案例中孩子丢三落四，家长非常着急。一般来说，除非是心智问题，否则孩子丢三落四与记忆力关系不大，大多是由于不良习惯造成的。

首先，了解孩子丢三落四的原因。可能的原因很多，归纳如下：第一，可能是孩子不懂珍惜。每当孩子丢三落四后，家长总是马上买回新的东西，让孩子以为东西"来之太易"。第二，可能是孩子缺乏责任心。当家长经常事事代劳，孩子便不会关心东西是否带齐了、东西是否落了等问题。第三，可能是孩子故意忘记，想逃避、抵抗。例如，孩子不想完成作业，于是就把作业本落在学校，这样就不用做作业了。

其次，针对不同原因，家长应引导孩子纠正丢三落四的坏习惯。第一，了解孩子善忘背后的真实原因。当孩子为逃避而找借口忘东西时，家长要跟孩子一起面对问题，一起商量解决的方法。第二，让孩子承担丢三落四的后果。当孩子尝过丢三落四的苦头后，便会意识到这种行为的危害，纠正的愿望会更强烈。第三，教给孩子避免丢三落四的小方法。例如，每次出门前，先检查该带的东西是否带齐；用笔记本记录老师布置的作业，每天晚上检查作业是否已完成。第四，告诉孩子自己的事情自己做，培养孩子的责任心。如让孩子整理自己的东西。

开始时，家长可以指导孩子什么东西该放哪里，什么东西该带着等。几次后，便可让孩子独立负责，养成自己整理东西的好习惯。

（四）如何开展意识觉醒期的教育

本阶段是整个小学阶段比较平稳的发展阶段，是家庭教育介入的最佳时期，因为孩子在本阶段还没有受到青春期发育的困扰。

1. 抓住机遇，培养孩子良好习惯

（1）高效的时间管理

时间管理是孩子自主管理的核心组成部分。能否较好地安排时间、充分利用时间，对孩子的发展影响很大。学优生的时间管理能力明显优于学困生。在小学阶段，家长有必要重视孩子的时间管理能力。

① 制订目标计划：设定目标、制订计划是将梦想变为现实的基础。家长需要从小培养、启发、引导孩子设定在不同的成长阶段自己想要达成的心愿、想法和目标，多让孩子了解社会职业，初步启蒙生涯规划。

② 科学规划时间：家长跟孩子讲解制定时间表的一些步骤，包括明确目标、具体内容、制定每个目标的完成期限、事后反馈完成情况。

在学习时，家长可以和孩子做一个表格（表3），让孩子把内容填写进去，贴在房间的门上，每完成一项就打"√"。

表3 时间计划表

完成时间	具体内容	完成情况
18：00—19：00	完成语文作业（1篇作文）	
19：00—20：00	完成英语背诵	
……	……	

注意：在规划时间的时候，要劳逸结合、合理安排事情的先后顺序。

在周末时，要让孩子以小时为单位自己划分、安排时间，想要做哪些事、各需要多少时间等，然后鼓励、协助孩子去完成他的时间规划。

（2）友善地关爱他人

这个阶段的儿童的自我意识觉醒，独立思考能力提高，容易产生以自我为中心的潜意识行为，不关注他人，不关心他人的感受。

生活中我们要和不同年龄段的、形形色色的人进行交往。例如，我们去超市购物，在很大程度上其实并没有进行有效的交流，只是自选而已。但去菜市场就不一样，在这里我们面对的是活生生的社交对象。

有个孩子很爱吃菜市场门口摊位的凉拌菜，后来孩子因为学习忙了很久没去，再去的时候开店的婆婆就问孩子："最近是不是很累啊？好久没看见你了啊，多给你一勺你爱吃的小菜！"这就是社交中最宝贵的人情味，也是一个人对某个地方产生归属感、安全感的来源之一。

所以，如果孩子周末没有过多的安排，家长可以每周带他们去赶一次周末早市，让他们在新鲜的蔬菜瓜果摊位间，在嘈杂鼎沸的吆喝声、还价声以及问候声中体会人与人之间交往的温度。

（3）合理的体育运动

三、四年级的学生有一定的身体基础，需要进一步发展身体的节奏感、协调性和柔韧性，提高其反应速度、动作灵活性等。

学习与运动是终身的追求，是每个家庭成员都要关注和重视的事情，所以一家人一起合理安排适当的运动计划，每天运动一小时必不可少。

2.让记忆力为孩子插上腾飞的翅膀

一般来说，记忆力的提升和记忆方法的使用有助于孩子提高学习成绩。但是，不同的记忆方法效果因人而异，因此家长要引导孩子思考和选择适合自己的记忆方法（表4）。

表4 小学生记忆方法的发展

	一、二年级	三、四年级	五、六年级
复述	能运用复述，但不懂得运用聚类复述	能自发地使用复述，并逐渐懂得使用聚类复述	已经懂得自发使用聚类复述
组织	逐渐意识到可以使用这一方法，但不能自发使用	在成人提示和指导下，能使用这一方法	能自发地使用这一方法
精细加工	不太会使用这个方法	经过指导后，能在某项具体任务中使用这一方法，但是不能迁移到其他任务中	
表象法	不会使用这个方法，即使进行指导，作用也不大	在孩子记忆时，帮助孩子建立表象，有助于提高孩子的记忆力，但孩子不能自发使用这一方法	

在中年级学生记忆力提升方面，家长可以采取以下策略：

（1）实用的聚类复述法

聚类复述：一种高级的复述方法，是指把需要记忆的内容划分成有意义的组块，再进行复述记忆，并非简单机械地复述。

例如，在记身份证号码"445202199006054963"的时候，可以把身份证号码分成三个组块，"445202"是代表一个地区，"19900605"是代表出生日期，最后只需要记"4963"4位号码，这样分块记忆，可以提高记忆效率。

（2）清晰的组织记忆法

进入中年级以后，在他人的提示和指导下，学生懂得使用不同的组织记忆法。通过组织记忆法，把需要记忆的内容之间的关系进行梳理，便于记忆和提取，从而提高记忆效果。

组织记忆法包括列提纲、对比、类比、找联系等。随着年龄的增长，孩子对于组织记忆法的运用会越来越熟练。

例如，列提纲是指用简要的词句把需要记忆材料的主要内容、次要内容，根据各内容间的关系列出逻辑框架，借助框架的内容来促进记忆。又如，画出知识网络图（图1）。

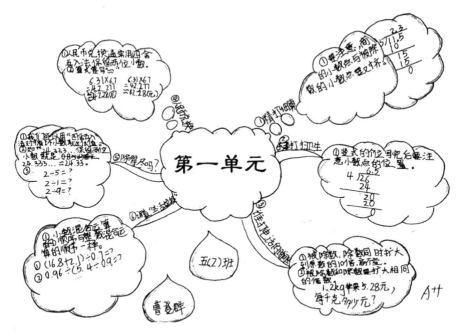

图1　知识网络图

（3）形象的表象记忆法

表象记忆法对于中、高年级的学生更有效，表象记忆法是指通过创建心理表象（如图画、场景）来促进记忆，其优点是信息之间连接在一起，有利于记忆的提取，增强记忆的趣味性。

例如，记忆圆周率3.1415926535897932384626，利用圆周率数字的谐音编顺口溜："山巅一寺一壶酒，尔乐苦煞吾，把酒吃，酒杀尔，杀不死，乐而乐"。

又如，记忆bear，"b"近似"6"，"ear"是耳朵的意思，联想一个图画"6只耳朵的熊"，于是便记住了bear。

3. 创造空间，从小培养独立人格

从儿童心理发展趋势看，随着年龄的增长，心理活动的主动性逐渐发展起来。在本阶段注意培养儿童独立的人格至关重要。

（1）把孩子看成是一个独立的个体

孩子有自己的思想、情感、兴趣、爱好，家长应该尊重孩子的童心童趣，以平等的关系对待孩子，要给孩子以应有的地位和权利，不要强求他们按家长的意愿行动。

（2）培养孩子独立生活的能力

常规教育应包括良好的生活卫生习惯和行为文明习惯两个方面。其中，生活卫生习惯包括洗手、洗脸、洗脚、洗澡、擦鼻涕、吃饭、睡觉以及不随地大小便、不在墙壁上乱涂乱画、不随地吐痰、保持室内清洁卫生等。行为文明习惯包括尊敬长辈、爱护同伴、爱护公物、使用礼貌语言等。

（3）给孩子一定的自由空间

要培养孩子的独立性，就要给孩子提供可以自由、独立活动的环境。著名教育家陶行知先生曾提出对儿童必须实行六大解放，即解放儿童的头脑，使他们能想；解放儿童的手，使他们能干；解放儿童的眼睛，使他们能看；解放儿童的嘴巴，使他们能谈，有提问的自由；解放儿童的空间，使他们到大自然、大社会去扩大眼界，取得丰富的学问；解放儿童的时间，使他们有一些空闲的时间干一点他们高兴干的事。家长对孩子的主见要循循善诱，切忌扼杀。

4. 让鼓励、激励成为孩子成长的助力器

（1）遇到错误多尝试

给孩子犯错、改错的机会，不要自以为是地批评。此阶段孩子的自主性和独立意识增强，有自己的主意和想法，难免会有一些做得不对的地方，犯一些小错误，作为家长应该多给孩子犯错、改错的机会。

（2）谈心沟通交朋友

增加与孩子谈心沟通的机会，与孩子交朋友。家长要及时了解孩子的想法，调整自己的教育策略，与孩子一起完成一件事情，一起面对困惑，一起分享成功的喜悦。

（3）多鼓励少批评

多鼓励少批评，让激励成为教育习惯。家长应多用激励的语言，少用甚至不用伤害孩子自尊心的话语，给孩子心灵上以鼓励和支持。

陪孩子从容应对青春期

——了解高年级学生身心发展特征及需求

涂南萍

【课例简介】

帮助家长科学认识青春期孩子的身心发展特征，树立正确引导孩子青春期教育的理念。明白青春期孩子叛逆、情绪波动大多是受其身心发展的影响。让家长学习了解青春期孩子的身心发展的一些特征，并指导家长学会一些与青春期孩子沟通交流的方法与技巧，陪伴、帮助青春期的孩子顺利度过青春期。

【教学目标】

（1）引导家长科学、正确地看待青春期孩子的身心特征，帮助家长认识青春期教育在家庭教育中的重要性。

（2）科学引导青春期的孩子正确认识自我、合理调节情绪、学会与他人沟通等，掌握青春期教育的原则。

【教学重点】

引导家长科学、正确地看待青春期孩子的身心特点。

【教学资源】

《青春期，遇见"公元前"父母》（姬晓安）教育故事。

【教学对象】

小学高年级学生家长。

【教学过程】

（一）案例导入

方方进入六年级后，特别爱美，脾气变大了，经常莫名其妙地发火，放学回家，一句话不说，砰的一声把自己关在房间里。家长问其原因，还嫌家长烦，并说："心情不好，别理我！"

这些现象常常弄得家长不知所措。你们是否也有过类似的经历？这就是青春期孩子的典型表现。那么，青春期的孩子有哪些特点？

（二）了解青春期的年龄范围与特征

1. 年龄范围

10—19岁。众多研究表明，最近的一两个世纪，青春期开始的年龄不断提前。女孩儿的发育加速期一般开始于10岁，男孩儿一般开始于12岁。目前，世界卫生组织将青春期的年龄范围定为10—20岁，我国定为11—18岁。可见，小学高年级学生正处于青春期初期，也是儿童青春期开始的关键时期。

2. 青春期的特征

（1）身体变化：身高、体重、大脑和内脏器官的发育，孩子外在形象的改变。

（2）生理标志：女孩儿月经到来，男孩儿初次遗精。

（3）心理、性情感的发育：青春期的孩子心理将发生迅猛的变化，渴望成熟、独立，变得敏感、要强。他们开始意识到两性差别，会出现性幻想，与异性交往会出现尴尬或者朦胧的爱慕情感。

（三）认识青春期的必要性

1. 家长面对"疾风骤雨"情绪的孩子不知所措

很多家长不了解青春期孩子的心理特点，常与孩子产生矛盾，常抱怨孩子不听话。作为教师，常听到家长说孩子到了五、六年级后，不爱说话了，脾气变大了，还经常莫名其妙地发火，一言不合，扭头就走，或砰的一声关上了自己的房门，常常弄得家长不知所措。

2. 许多家长面对叛逆期孩子感到着急、焦虑、烦恼

叛逆是青春期的标签，这个时候的孩子经常与家长对着干，家长说东，他偏往西，在家也不愿意跟家长说点什么，就觉得家长很烦、很啰唆，并且常

与家长言语顶撞。家长又觉得孩子有点能耐不听话了，敢于挑战"权威"了，觉得孩子太不懂事、太不像话了，不好好教育、收拾怎么得了，因此，与孩子"干起来"。这样下去，孩子的叛逆心理、叛逆行为更为严重，亲子关系更加僵化了。

对青春期孩子身心特征缺乏了解的家长，往往容易与孩子产生矛盾，造成亲子关系不和谐、孩子情绪不稳定、叛逆心理严重、学习成绩不稳定等后果。

（四）青春期的孩子有哪些特征

1. 进入青春期，孩子的身体进入第二次发育

由于发育加速，青春期孩子的身上将发生很多变化。体内机能逐渐健全，心肺功能以及脑和神经系统都在这一时期发育成熟。女孩儿在16—17岁，男孩儿在17—18岁肺活量已经达到成人水平，而大脑在13—14岁已基本成熟。

在性激素的刺激下，孩子的身体逐渐出现第二性征的变化，性发育成熟（标志是女生的月经初潮和男生的初次遗精）。例如，女生乳房隆起，骨盆变宽，臀部变大，皮下脂肪增厚，阴毛、腋毛先后出现；男生喉结突起，声音变粗，长胡须，阴毛、腋毛先后出现。

孩子的骨骼与肌肉也会明显发育。这一时期是孩子自乳儿期（0—1岁）后又一个身高与体重发育的高峰时期。孩子身高每年平均增长7—10厘米，体重每年平均增加约3—3.5千克。女孩儿从9岁起便开始进入生长发育的突增阶段，男孩儿比女孩儿晚1—2年，14—15岁以后，男孩儿身高、体重超过女孩儿。

2. 青春期的孩子心理将发生迅猛的变化，渴望成熟独立，变得敏感、要强

身体的迅速发育会引起孩子心理的变化。进入青春期，孩子有自我成熟的强烈感受，觉得自己已经长大，希望成人把他们当作大人。有的孩子甚至吸烟、喝酒，认为这是成人的权利，他们亦应得到。孩子渴望成熟、独立的心理一方面促进他们独立性与实践能力的迅速发展；另一方面也产生消极的一面，孩子容易出现越轨行为。孩子与别人相处时，变得敏感和要强。他们希望别人尊重自己的权利、个性和尊严。但由于过高估计自己的行为，他们在遭遇挫折后容易变得自卑，并对其他方面的发展产生影响。

3. 孩子意识到两性差别，会出现性幻想，与异性交往会出现尴尬或者朦胧的爱慕情感

青春期的孩子开始意识到两性差别与两性关系。他们出现了程度不同的性幻想、性冲动，对异性的态度和看法也产生变化，会对异性产生好感、好奇、热情、爱慕等情感。而现实环境中关于两性关系的内容，会使青春期孩子的心理躁动加剧。此时，若缺乏性心理方面的教育，孩子易产生一些问题行为。

由于生理的成熟特别是性生理以及第二性征的成熟，青春期孩子对与异性交往的看法和态度会发生改变，如与异性相处时容易焦虑、感到不自然。在学校里，高年级学生更多的是与同性别的同学一起玩，异性朋友有所减少。由于孩子认识上不太成熟，对于"爱"的概念模糊不清，加上媒体等对爱情的渲染，许多孩子容易把男女生之间的友谊、对优秀的异性的仰慕之情当作爱情。这阻碍了孩子与异性的正常交往。与异性交往是孩子正常人际交往中的一部分，它能促进孩子心理健康的发展，包括自我同性的培养、心理需求的满足等。切勿生硬地切断孩子对异性的"朦胧爱意"，而是应当给予适当的引导和转化。另外，由于心理素质发育不成熟，孩子还不能正确对待与异性相处的问题，此时，孩子遇到感情的困扰，也较少向父母或老师倾诉，害怕别人知道，更多地向同伴倾诉。

4. 小学期间进行性教育是最为合适的

身体的发育激起了小学生对性的好奇和注意，他们心中有很多疑惑。因此，在小学期间进行性健康教育是最为合适的，甚至有专家认为接受性健康教育的最佳起始年龄是6—7岁。

5. 青春期的孩子，情绪反应剧烈，容易冲动

家长要知道孩子一时冲动下说出的话只是当时的想法，并不代表他们一贯的观点和态度，也可能是孩子口是心非。家长不要把孩子一时的说法严重化，采取一些行动去制止孩子。

（五）对于青春期孩子的教育策略

1. 了解青春期孩子的特点和变化，也让孩子了解青春期的特点和变化

购买一些相关的书籍或者浏览相关的资料，了解青春期孩子身心的特点和变化，清楚孩子要经历的变化。这样，家长才能知道如何更好地与孩子相处，引导孩子顺利地进入青春期并度过青春期。

家长除了需要了解青春期孩子的特点和变化之外，还应告诉孩子青春期到来后他们会经历什么变化，包括身体和心理的变化。家长可以给孩子购买一些相关的图书，也可以与孩子一起观看相关的教育短片。

2. 调整与孩子相处的方式，尊重孩子

将管理权和控制权慢慢过渡到孩子的手上，让孩子学习自我管理。家长与孩子相处的方式也需要进行一定的调整。以往的"命令""规定"都应该减少，简单来说，就是将监督的距离增大，更多的是与孩子一起商量，尊重孩子，听从孩子的意见。

关于家里的一些事情，家长可以试着跟孩子说，试着跟孩子商量，让孩子参与到家庭事务中。例如，家里需要换一台电视机、需要给爷爷买生日礼物，这些都可以听听孩子的意见。可能家长觉得这些都是小事，孩子还不懂，但一旦家长做了，孩子就能感受到家长的尊重。

3. 正确认识并积极引导男孩儿与女孩儿之间的交往，不要轻易扣上"早恋"的帽子

转变自己的观念，男孩儿、女孩儿在相处过程中彼此产生好感是很正常、很纯真的事。这种好感并非爱情，家长对此不必大惊小怪，更不要粗暴地干涉甚至辱骂。孩子有喜欢的人，说明孩子有正确的审美观，追求美好的事物；孩子被别人喜欢，说明孩子优秀，获得了其他人的肯定和欣赏。当发现孩子"暗恋"别人时，家长应引导孩子正确地看待这件事，发挥其积极的影响。

例如，跟孩子说"你最喜欢你们班哪个同学？""你为什么喜欢他/她呢？""你可以向他/她学习，取长补短，等你也变得更加优秀的时候，自然会找到相互喜欢的人。""大家都喜欢跟与自己相似的人玩，等你跟他/她一样优秀的时候，你们就能成为好朋友了。"引导孩子学习对方的优秀之处，追求优秀。

4. 转变对性教育的态度，坦然回答孩子的问题

家长要理解孩子对性好奇是正常发育的现象，对性教育持开放的心态。如果孩子向家长提问一些跟性、生殖器有关的问题，家长千万不要过于惊讶，不应责备孩子"整天不知道在想什么""这些事你从哪里听来的""你还小，没必要知道这个"……

面对孩子有关性的问题，家长应轻松坦然地回答，不回避、不敷衍、不说善意的谎言。家长对性相关的内容遮遮掩掩，反而让孩子误以为性是阴暗的东西。家长有义务把正确的知识教给孩子，避免孩子通过其他途径接受错误的信息，给幼小的心灵留下阴影。

5. 接纳孩子的情绪，对孩子的情绪产生共情很重要

接纳孩子的情绪，当孩子出现愤怒、失落等不良情绪时，家长应尽量对他的情绪产生共情，不要说"你怎么能这样呢""你这样太不应该了"之类的话，可以对孩子说"你是不是很难过""你现在很伤心是吧""你不高兴我可以理解"等。家长还可以通过眼神、表情等给孩子传递一种信息，让孩子感觉到自己有情绪波动是正常的，自己的负面情绪也是被接受的。这样，孩子就不会压抑自己的负面情绪，慢慢学会正视并处理自己的负面情绪。

6. 控制自己的情绪，不要和孩子"硬碰硬"

面对青春期情绪多变的孩子，有的家长很容易也变得冲动，跟孩子发生冲突。家长一定要注意控制自己的情绪，不要和青春期的孩子"硬碰硬"。当孩子发脾气时，家长要先给自己心理暗示："这是孩子的正常表现，不要着急，不要发火。"家长给孩子一些自由和空间，相信孩子自己能处理好，不要一开始就唠叨，说类似"又怎么了""你怎么总是这样……"的话，让孩子自己处理负面情绪，如果孩子处理不好，再想办法帮助孩子。

当家长确实一时控制不了，跟孩子起冲突、发脾气后，家长可以这样做：先跟孩子道歉，说"对不起，妈妈不应该跟你发脾气，是妈妈今天心情不好"。然后再引导孩子说自己的心情，"你刚刚跟妈妈发脾气，是不是今天发生什么了？你愿意跟妈妈说说吗？如果愿意，咱们一起聊一聊；如果你想自己一个人待会儿，那妈妈就出去，你自己好好想想。好吗？"当你这样说的时候，孩子会感觉自己的情绪得到了理解和接受，一般会愿意跟你倾诉的。即使孩子不愿意说，他也能感觉到被理解，这是一个好的开始。当孩子讲述完之后，可以复述一下："我听你说的事情是这样子的……对吗？"之后可以询问："你当时的想法是什么？""你现在的感受呢？"通过回答你的问话，孩子会表达焦虑和不安，既得到情绪的宣泄，也会懂得有些问题也许不像他想的那样严重，从而平缓情绪。最后，家长要让孩子明白他在这件事情中应当承担的责任。"不管怎样，吵架是两个人的错，所以你和妈妈今天都做错了，我们都要好好检讨下。"这样，孩子不会无限制地纵容自己的坏脾气，或者把负面情绪转嫁到父母身上。以后遇到类似的情绪问题时，孩子会明白情绪不好有自己的一方面原因，同时会更愿意跟家长沟通，有利于负面情绪的疏导。

（六）结语

青春期是上天赐予孩子的一份厚礼，让他们积聚能量从中找寻到真正的自我。然而，作为家长的我们却担忧不知天高地厚的孩子在此期间做错事、走错路。所以，我们学习青春期的相关知识，了解孩子的身心发展特点，掌握与青春期孩子相处的方法，定能从容自信地陪孩子度过这段看似暴风骤雨的青春期。

青春心语

青春期，遇见"公元前"父母

姬晓安

青春期是人生的一个薄冰期。尤其是女孩儿，心思更加细腻，情绪更加起伏不定，就像走在快要解冻的脆弱冰面上，随时都有可能"咔嚓"裂开一个洞，跌进去，被坏情绪浸得满身冰凉。

在这种起伏不定的善变情绪中，发生冲突最多的人，自然就是自己的父母。

第一次与父母发生摩擦之后，这种不快可能会越来越多，像电光石火一样，在心中"呼呼地燃起小火苗"。其实，你并不是不爱自己的父母了，但也确定是对他们感到不满。你每一天都在认识新事物，不断发现新鲜、有趣的东西。而父母几乎没有一件事是与自己没有分歧的，对于你想做的事，父母往往赞同的少，反对的却很多。

这个阶段，女孩儿最怕的是被父母打扰。宁可上网聊天、打电话，也不愿意理父母。女孩儿认为，父母就是"公元前"的人，让他们真正理解自己的想法，简直是天方夜谭，搞不好自己还会白白受一顿数落。你觉得自己必须走一条不同于父母的路，但却还不知道这条路在何处。

我在青春期的时候，为了对抗父母的窥视可真是绞尽脑汁——我坚决地认为他们在窥视我。那时，我最喜欢的事是把自己反锁在屋子里。

其实我一个人躲在房间里，无非就是戴着耳机听听音乐、翻翻小说、写写日记什么的。但只要父母一进屋，在我身后走来走去，我就如坐针毡。我怀疑他们故意进进出出，装作找东西，其实就是来窥视我。有时候，我恨不得能在头上顶一棵隐形草。

有一次，我坐在桌前看书时无意间一回头，妈妈正透过门上的玻璃窗看着我。不知道她当时是有意还是无意，我却如临大敌。我发挥所有的智慧来对付这块玻璃，在桌上放了一面镜子，让它对着玻璃窗，谁的脸在玻璃上一露，立刻被我尽收眼底。但心里并不踏实，因为我做不到每时每刻盯着镜子。终于有一天，我找了个借口，在玻璃上贴了一张画。

除了反窥视之外，我还觉得自己越来越忍受不了父母的指责。那些话听到耳朵里，厌倦得简直想去死。当时自己不知道，情绪起伏的一个原因，是体内荷尔蒙的作用。而无辜的父母，只不过是做了荷尔蒙的替罪羊。等到你慢慢过了青春期，就会发现，其实父母也不是那么落伍，那么愚蠢，那么不可理喻，那么面目可憎。

等到你长大了，有了自己的生活，可能会离开父母，远走他乡。独身行路的时候，你才终于明白，在这个世界上，只有家才是永远的依靠，只有父母才是不变的守候。

到那一天时，你会想：当年，与"公元前"父母狭路相逢的时候，如果自己能稍微侧侧身，该有多好啊！

——《青年文摘》2011（2）：13

畅谈性与情，你我要先行

——了解小学高年级学生的生理发展和需要

严怡婷

【课例简介】

帮助家长科学认识青春期早期孩子的身心、行为以及性发展的特征，树立科学、正确引导孩子青春期启蒙教育的理念，明白青春期启蒙教育内容不能滞后于孩子性发展。家长要善于寻找"可教时机"，教育内容要有科学性和情感性等原则，掌握相关的知识与技巧，坦然面对青春期的孩子，并为之做好充分的准备，拥有帮助孩子正确打开青春期大门的钥匙，陪伴孩子安全度过青春期。

【教学目标】

结合青春期孩子的身心、行为以及性发展的特征帮助家长正确看待孩子的变化，认识到青春期启蒙教育的重要性和必要性，树立科学引导孩子青春期启蒙教育的理念，掌握青春期启蒙教育的原则。

【教学对象】

小学高年级学生家长。

【教学过程】

（一）青春期的年龄范围与特征

1.年龄范围

10—19岁。

2. 青春期标志

（1）身体变化：身高、体重、大脑和内脏器官的发育，孩子外在形象的改变。

（2）生理标志：女孩儿月经到来，男孩儿初次遗精。

（3）性情感的发育：男孩儿、女孩儿在荷尔蒙的作用下，开始对异性产生好奇心，情窦初开，有自恋、单相思、性梦、性幻想等心理活动。

（二）青春期性教育的必要性

1. 家校缺少青春期性教育

大部分家长在青春期不曾接受过专业的性教育，轮到自己成为青春期孩子的父母，自然也不知道怎样向孩子讲解性问题；部分家长怕讲了会"教唆"孩子；也有些家长认为这种事是"无师自通"，不用讲。

大部分家长会认为，孩子交给学校了，这类问题自然就由教师去讲。可实际上，绝大多数学校迄今都未开设孩子真正需要的性健康教育课。原因包括：应试教育的压力大，考试课程在课表上都挤满了；缺少专业或训练有素的性健康教育的师资；性教育中的有些内容带有个性化和隐私性，由于每个人的遗传、健康、营养、所处的环境等因素不同，到达青春期的年龄也不一样，所以难以做到像语、数、英等学科那样进行标准化教学。

2. 与性相关的媒体影响极大

家长不讲、教师不讲，孩子头脑中那些特殊的问号、对性的好奇和性压力带来的困扰就只能求助于媒体了。如今，性化的媒体、商业化的媒体，性的内容无处不在。就算是正规的电视台、电台、报纸、杂志，哪有不涉及性的？电视剧中少不了拥抱、接吻等；至于那些非法出版物、色情网站，其内容就更不用说了。

3. 婚前性行为呈低龄化

近年来，在妇产科门诊做人工流产的女性，越来越多是未成年少女，且还在低龄化。如今，十一二岁做人流已不再是新鲜事。人流手术室的医生普遍反映，少女做人流绝大多数是独自偷偷来的，父母不知，老师不晓。少女稚嫩的生殖器官受到了人流手术的伤害，甚至经受大月份引产的损毁，致使其伤痕累累的子宫今后难以孕育胎儿或者致使胎儿不能健康发育。一同偷吃禁果的男孩儿会担心、自责、懊悔、羞耻一生，甚至会留下心理障碍，还有不少会影响到将来的婚姻生活。

缺乏青春期启蒙教育的后果还有容易遭到性骚扰、性侵害、性暴力，产生性消极、染上性疾病和自我悦纳与认同障碍等。

（三）父母开展青春期性教育的策略

1. 教育内容不宜提前唤醒

提前唤醒是指在教育中，成人为孩子提供的性教育内容超出了孩子年龄阶段的认识和探索能力，让孩子提前探索下一个年龄阶段才感兴趣的性知识和性活动，这样会影响或破坏孩子性心理的正常发展。

2. 教育时机不能滞后

当教育滞后于孩子的性发展时，孩子就会自己想办法获得对求知欲望的满足，主动通过图书、网络、同伴等渠道去获得性知识，甚至会偷偷摸摸获取性知识，这是最危险的。

3. 善于寻找可教时机

在性教育中，我们要"跟着孩子的步伐走"，寻找自然又容易为孩子提供性信息的时机，如正在看的电视或电影中出现了性画面时告诉孩子这是成人表达爱的一种方式；一起阅读一本书时告诉孩子艺术与色情的区别；在路上开着车，从收音机里听到一个有关性骚扰的故事时教孩子如何预防性侵害；听到关于治疗艾滋病的新方法时，可以趁机和孩子谈一点有关艾滋病的相关知识……这些都是非常好的教育时机，父母还可以坦诚地向孩子讲述自己年轻时的经历、经验与教训，让孩子加以评点。

4. 内容必须具备科学性和情感性

很多家长表示没有科学的性知识，自己不知道怎么讲，或者不知如何把握引导的"度"。这就需要我们学习相关知识，上网查找相关资料，阅读专业书籍，每一个知识点必须是精准的，否则就是对孩子的误导。

对于青春期的相关内容，不能只停留在知识层面上，还要有情感上的升华。当孩子的问题已经涉及生命的诞生方面，家长要从生命的伟大和神圣方面去引导，告诉孩子你就是那颗最强壮、最优秀、跑得最快的精子所成就的生命，是最棒的，因为你在妈妈肚子里就已经战胜了四五亿个对手。让孩子为自己能来到这个世界感到庆幸，为自己的生命感到骄傲与自豪。

5. 父母应该注意的问题

在孩子成长过程中，孩子向父母中的一方提问，无论是父亲还是母亲，都有责任回答孩子的问题，不能因为自己与孩子的性别不同而推卸。但对于青春期的孩子来说，部分身体发育方面的问题应尽量由同性的一方来教育，因为同性别的成人有自己亲身的经历，能够有经验与孩子分享，这样的交流更有效果。

（1）母亲如何给女儿谈月经

① 告诉孩子月经是女孩子进入青春期的标志，是我们生命的里程碑，预示着女孩身体健康、发育正常，是值得庆贺的事情。

② 女儿第一次来月经，家人可以举办温馨的仪式，祝福女儿长大。另外要告诉孩子月经产生的原理。

③ 进行责任感教育：女孩儿来月经后，就具备了生育能力，如果与男孩子发生生殖器官的接触，就有可能会怀上孩子。所以，母亲应教导女儿学会控制自己的性冲动，并学会保护自己，为自己的行为负责等。

（2）父亲如何与儿子谈遗精

① 创造一个适合聊天的环境，"儿子，爸爸在你这个年龄的时候，身体就会出现一些变化，比如有一天早上起床时，发现内裤上有一些黏黏的液体，这就是我们身体里流出的精液，医学上叫作'遗精'。遗精是男孩儿长大的标志，是非常正常的，不知道你有这个变化了吗？"说完停下来看儿子有何反

应，如果儿子回答自己也有遗精，你可以接着说："爸爸要祝贺你长大成人了。"如果儿子的回应是自己还没有出现遗精，你可以接着说："如果现在还没有，总有一天你也会像爸爸一样，长大成人的。"

②告诉他遗精后的卫生处理：清洁生殖器官和换洗内裤，因为精液容易滋生细菌，会引起生殖器官的感染。

③对儿子进行责任感教育的升华：男孩子有了遗精后，就意味着身体开始产生殖细胞，具备了生育能力，如果与女孩子有了生殖器官的接触，就可能使女孩子怀孕，这是未成年男孩子不能够承担的责任。所以，父亲应教导儿子面对青春期的性冲动，需要三思而后行，要做对自己与他人负责任的事情。

（3）帮助孩子建构性道德

不要用成人的道德标准来衡量孩子的行为。如果成人对孩子进行人格和道德的评判，就会让孩子感受到自己的行为、情绪冲动与性有关，自己就是一个没有道德的坏孩子，导致孩子对性产生不健康的羞耻感。这个不健康的羞耻感会伴随孩子一生。

（四）结语

孟子曰："食色，性也。"性是每个人的自然需求，孩子到了这个阶段，我们应该引导他们悦纳生命的成长、提高思想认识，有方法、有节奏地做好青春期启蒙教育，为孩子的健康成长保驾护航，也为其终身"性"福奠定基础。

孩子自主能力的高速发展之路

——了解初中生的身心特征和需要

卢 枫

【课例简介】

青春期的迷茫是每个孩子在成长的过程中都会遇到的。建立自我同一性是青少年时期最重要的任务，家长要鼓励孩子自我探索，让孩子尽快达成自我同一性、自我评价。初中阶段，学生的自我评价不稳定，容易过度自卑或盲目自信，同时自主性增强，家长和教师的管束不仅容易让初中生产生抵触情绪，也很难达到预期的效果。因此，让初中生学会自我管理非常必要，建立合理目标、提高自控能力是培养自我管理能力的关键。

【教学时间】

60分钟。

【教学对象】

初中学生家长。

【教学目标】

充分认识初中生的身心特征和需要，了解自我同一性、自我评价、自我管理的概念，掌握培养学生自主能力的策略，培养学生获得幸福的能力。

【教学过程】

（一）热身活动

案例呈现：

方方这一段时间迷上了武侠小说。每天回到家总是马马虎虎地把作业做完，随便吃一点饭就钻进了小说里。小说的内容实在是精彩，方方晚上总会看到很晚，有时候还会在爸爸妈妈睡着之后偷偷起来接着看。这样一来，方方白天总是一副没睡醒的样子，上课完全听不进去老师讲的内容，成绩变得越来越差。好朋友圆圆注意到了这一点，就劝方方说道："小说好看也不能总看哪，我们现在的任务是好好学习知识，应该管理好自己，在该做的事情已经做好后再看小说嘛！"方方知道圆圆说得有道理，也知道应该管住自己，可就是做不到，他感到非常惭愧。

作为家长，这时我们该怎么办？

（二）初中生的年龄范围与身心发展特点

1. 年龄范围

13—15岁。

2. 年龄特征

初中生生理发育驶入快车道，他们的身体和心理发生了巨大变化。

（1）身体特征

初中阶段的孩子一年最多可以长高10厘米，这是除了婴儿期之外身高增长速度最快的时期。四肢和头部骨骼的增长速度快于躯干，这使得孩子看起来身体比例不太协调。同时，四肢的快速增长也使得孩子对四肢的控制能力不是很好，有时显得笨手笨脚的。

（2）大脑发育

初中阶段是大脑迅速发展的时期，大脑发育使孩子的反应速度和精确性提高。这个阶段，孩子有些脑区发育尚不成熟，导致孩子控制冲动的能力较差、喜欢冒险。大脑发育不平衡导致孩子情绪多变。

（3）情绪发展（图1）

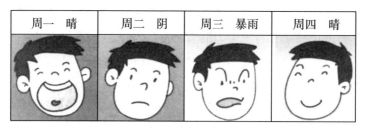

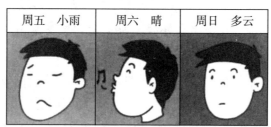

图1　一周情绪图

青春期被称作情绪的"疾风骤雨"期，这个阶段的孩子情绪多变，一会儿高兴，一会儿难过，一会儿开心，一会儿沮丧，常常让家长不知所措。所以，理解孩子的情绪、帮助孩子学会处理不良情绪很重要。

（4）男女生成长的里程碑——月经与遗精

大多数女孩儿会在七年级迎来她人生中的第一次月经，这是女孩儿成长中的一个里程碑，令她们印象深刻。是否对月经初潮有所准备，对女孩儿的心理适应会产生很大的影响。如果父母能够帮助孩子正视月经周期所带来的身体的美妙变化,那么孩子就有可能对月经的来临抱着欢迎与释然的态度。

男孩儿第一次遗精的年龄一般比女孩儿初潮出现的年龄大两岁左右。相对于月经初潮对女孩儿的影响,遗精给男孩儿造成的影响似乎要小得多。但事实上,这是因为我们对青春期男孩儿的关注比女孩要少得多。让七年级男生提前对遗精有所了解和准备,会有助于他们的心理适应。

(三)提升初中生自主管理能力

青春期的迷茫每个人都会经历,这正是自我同一性的表现,是青少年形成完善人格、良好适应社会、实现自身价值的重要阶段。

1. 自我同一性

(1)自我同一性与自我同一性危机

自我同一性的本意是证明身份,是指个体尝试着把与自己有关的各方面综合起来,形成一个自己决定的、协调一致的、不同于他人的自我,是对"我是谁""我将来的发展方向"以及"我如何适应社会"等问题的主观感受和意识。

自我同一性危机是指儿童在童年时期会形成暂时的同一性,进入青春期之后,身体发育带来的成人感,使中学生对童年期形成的同一性产生怀疑,他们开始重新认识自我,思考自己在社会中的地位和作用。在这个过程中,青少年对自我和自己的生活方式感到困惑,自我意识产生混乱,这就是自我同一性危机。

(2)判断孩子处于何种自我同一性状态

初中阶段,很少有人进入自我同一性达成的阶段,大部分孩子会进行自我的探索,但也有部分孩子一直没有探索自我或过早地停止这种探索行为。不探索或者过早停止探索都是不好的,家长需要判断孩子处于何种自我同一性状态,了解孩子的自我同一性发展状况。四种自我同一性状态的表现如下(表1),家长可以尝试让孩子回答以下问题或细心观察,判断孩子处于哪种自我同一性状态。

表1 四种自我同一性的表现

自我同一性 状态	表现
自我同一性 松散	我并不关心自己要选择什么生活方式，我觉得任何生活方式都没有意思
	我不知道自己适合什么工作，没做太多考虑
	我没有形成特定的人生观，我只想过得快乐些
	我没有真正的朋友，但我觉得无所谓
自我同一性 早闭	我原本对未来有很多畅想，但我选择按照父母希望的方式去生活
	我只跟父母喜欢的同学做朋友
	我一般只做父母赞同的事情，父母反对的，我不会去尝试
自我同一性 延缓	我在努力尝试，确定我有什么样的能力，明确我将来适合什么工作
	我正在寻求适合自己的生活方式，但还未找到
	我尝试跟不同类型的同学交往，我会思考什么样的朋友更适合我，思考友谊对我的意义
	我正在进行各种尝试，希望找到自己真正喜欢的兴趣和活动
自我同一性 达成	经过一段时间的探索和选择，现在我知道自己将来的职业发展方向
	我已经找到真正适合自己的生活方式
	选择朋友的标准有很多，我认为应该选择价值观相同的人作为自己的朋友
	经过不断尝试，我找到了一些我真正喜欢独自从事或跟朋友一起从事的活动

（3）鼓励孩子独立自主

如果孩子一直没有开始自我探索，那么作为家长，就要采取一些措施，唤醒孩子对自我的探索、思考自己人生的意识。例如，未来想成为什么样的人。

而对于自我同一性早闭的孩子，家长则是不能太过强势、过分强调成人的想法，需要尽量少束缚孩子，鼓励孩子独立思考、自主做事，让孩子进入自我同一性延缓状态。

（4）给予孩子恰当的期望

父母需要给予孩子恰当的、努力即可达成的期望。期望不能过高，让孩子无法达成；也不能过低，使孩子失去奋斗的动力。例如，家长可以根据孩子的学习情况，给孩子制定稍高、但努力即可达成的学习目标期望，以激励孩子好好学习。

家长不能过于强调自己的期望，要让孩子明白，家长的期望是从家长的角度所给予的希望，是家长的观点和立场，允许孩子有不同的意见，进行不同的尝试。例如，高中分文理科时，家长希望孩子学理科，但家长不能过于强调自己的期望，应该向孩子说明自己这样期望的原因，如理科有利于找工作，然后跟孩子沟通，了解孩子的兴趣，尊重孩子的选择。

2. 自我评价

（1）自我评价是心理健康的重要指标

自我评价是心理健康的指标之一，关系到个人的自我接纳程度。

这个阶段的孩子往往对理想自我期望较高，但现实自我与理想自我的差距很大。当他们在为理想自我努力的过程中遇到困难时，会认为理想自我无法达到，对自己产生怀疑，否定自己，导致消极的自我评价，并伴随较多的自卑感、情绪消沉、孤僻、抑郁等。

（2）初中生自我评价的特点

初中生正处于青春期，是自我意识和自尊意识形成的关键期，每个人的自我意识与自尊意识形成的速度快慢不一，经历的阶段各有不同。进入初中，孩子在适应中遇到的困难如学业压力、人际压力、家庭压力等，这些都会导致自我评价下降，个体的自我评价差异较大。

随着社会的迅速发展，男女平等的观念正渐渐深入人心，女性都有机会去发现自己、欣赏自己。但是相对而言，女生的自我评价更多地依赖于他人，如父母、老师、朋友，设计更多的人际关系和情感联系，因此女孩儿的自我评价普遍低于男孩儿（图2）。

此外，对于初中生来说，学校与教师更应该关注他们的心理健康，让他们正视在青春期遇到的各种生理、心理变化及情绪波动，帮助他们树立正确的人生观和价值观。

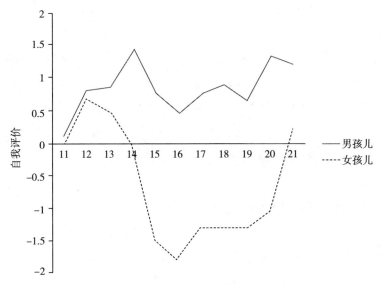

图2　初中阶段男孩儿和女孩儿的自我评价水平随年龄的变化情况

（3）影响初中生自我评价的因素

根据《核心自我评价量表》《青少年生活满意度量表》《快乐感量表》《幸福感自我评定量表》等的问卷调查结果，统计初中生核心自我评价与主观幸福感的基本情况（表2）。

表2　初中生核心自我评价与主观幸福感的基本情况（M±SD）

项目	男（n=191）	女（n=199）	初一 （n=200）	初二 （n=190）	总数 （n=390）
核心自我评价	37.75 ± 6.06	36.97 ± 6.55	38.19 ± 6.05	36.47 ± 6.48	37.35 ± 6.32
总体幸福感	8.00 ± 1.657	7.96 ± 1.889	8.10 ± 1.825	7.85 ± 1.721	7.98 ± 1.77
友谊满意感	5.753 ± 1.103	5.937 ± 0.974	5.924 ± 0.954	5.766 ± 1.123	5.847 ± 1.041
家庭满意感	5.937 ± 1.178	5.624 ± 1.216	5.678 ± 1.159	5.325 ± 1.223	5.506 ± 1.202
自由满意感	4.620 ± 1.401	4.706 ± 1.310	4.580 ± 1.294	4.752 ± 1.412	4.664 ± 1.354
学校满意感	4.399 ± 0.829	4.421 ± 0.684	4.490 ± 0.767	4.327 ± 0.740	4.411 ± 0.758
环境满意感	4.247 ± 0.878	4.361 ± 0.772	4.333 ± 0.776	4.276 ± 0.878	4.305 ± 0.827
学业满意感	4.173 ± 1.245	4.169 ± 1.300	4.294 ± 1.240	4.041 ± 1.291	4.171 ± 1.271
总体满意感	173.72 ± 28.868	177.81 ± 27.820	178.48 ± 27.553	172.99 ± 29.021	175.81 ± 28.375
积极情绪	24.65 ± 7.802	26.17 ± 6.983	25.78 ± 7.220	25.05 ± 7.635	25.42 ± 7.424
消极情绪	20.91 ± 7.637	20.13 ± 7.058	20.38 ± 6.596	20.65 ± 8.079	20.52 ± 7.348

　　从整体来看，初中生在生活满意度中友谊因素的得分最高，其次是家庭、自由、学校及环境因素，学业因素的得分最低；从情绪体验来看，初中生的积极情绪得分总体高于消极情绪得分，说明与消极情绪相比，初中生更多地体验到了积极情绪。由表2可见，影响初中生自我评价的重要因素有家庭、环境、学校、友谊关系、消极情绪。

　　（4）测测孩子的自我评价情况（图3）

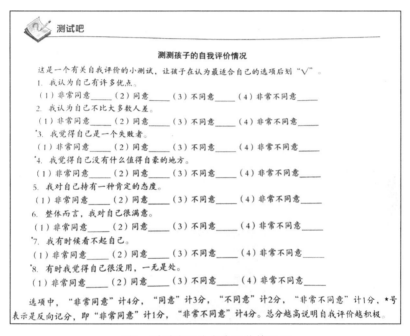

图3　测测孩子的自我评价情况图

　　家长可以让孩子做一个有关自我评价的小测试，了解孩子的自我评价情况。这个自我评价的小测试，一方面让家长了解孩子的自我评价情况，可以有针对性地帮助孩子；另一方面也让孩子了解自己的自我评价情况，尤其对自我评价低的孩子，要让孩子明白他的自我评价是消极的，告诉孩子其实不是这样的，他没有自己认为的那样差。

3. 自我管理

　　（1）初中生需要自我管理

　　自我管理是指个体主动调整自己的心理活动和行为，控制不当冲动，克服不利情境，积极寻求发展，获得良好适应的心理品质。初中阶段正是孩子自主意识发展迅速并急切想表现出来的时期，孩子希望进行自我管理。

初中生要求独立自主，不愿完全按照教师和家长的指示做事情，辩证思维能力提高，有自我反思的能力，他们需要实践自己的想法并自我检验、自我反思。自我管理后进行自我反思可以改进孩子对自己的管理，从而形成良性循环。

自我管理给初中生一种对于自己发展的控制感，初中生在自我管理的过程中取得的点滴成功也会增强他们的自信，让他们得到一种满足感。

（2）建立合理目标，制订详细计划

初中生自控能力不足，容易受到外界环境的影响，容易受到各种因素的干扰，导致自我管理的效果不佳。为自己建立合理的目标是有效自我管理的第一步。

合理的目标包括长期目标和短期目标。长期目标有助于初中生超越眼前的情境、各种不愉快和分心的诱惑，使他们更专注于学业，因此取得比其他学生更好的成绩。不断实现一系列的短期目标，会让学生增加自信，更有动力。

合理的目标要比教师或家长给予指示时的目标稍微低一点，这样既在初中生的能力范围之内保证他们可以完成，获得一定的自信和继续自我管理的动力，又可以避免目标定得过低，任务完成得太粗糙。

（3）用提醒、抽查等方式监督孩子

初中生自控能力还不足，再加上一直有家长和教师事无巨细的指导，初中生刚开始自我管理的时候往往会出现拖延和放松的情况。此外，初中生对问题的复杂程度估计不足，在自我管理的过程中可能会遇到一些困难。

为了保证孩子自我管理的质量，提高孩子自我管理的能力，家长应监督孩子的自我管理过程。为了避免孩子对于家长干涉的反感，家长要注意，提醒和抽查都不能太频繁，最好表现得不经意一些。在吃饭和闲聊的时候，家长可以讲一些自己或别人身上的例子，让孩子明白自我管理中可能出现的各种问题，表明自己很愿意跟孩子一起讨论并解决这些问题，鼓励孩子在需要时向自己求助，同时也说明遇到问题是很正常的，并不能说明孩子能力不够，帮孩子消除顾虑。

（四）初中生家长教育策略——培养孩子获得幸福的能力

1. 帮助孩子形成正确的身体意象，正确评价自己

身体意象对孩子自我评价的形成有非常重要的影响，家长要帮助孩子形成正确的身体意象，正确评价自己，让孩子更有自信。

首先，要了解孩子在身体意象方面的自我评价是否得当。如果孩子过于注重自己的外貌或者对自己的外貌总是不满、抱怨，家长就应该引起关注，家长要引导孩子形成正确的身体意象，正确评价自己。例如，有的孩子会抱怨"我太胖了""要是我能再高点就好了""我腿怎么这么短"，这些都是孩子在身体意象方面消极自我评价的表现。

其次，帮助孩子做一点小小的改变，提高孩子在身体意象方面的自我评价。例如，帮助孩子在穿着上稍加注意，换个发型，或者教给孩子一点搭配上的小技巧，让孩子看到自己的变化。同时赞美孩子，肯定他的变化，提高孩子的自信，形成孩子在身体意象方面的积极自我评价。

2. 营造家庭氛围，调整家庭系统

爱因斯坦的父亲很开朗，母亲很贤惠，修养很高。爱因斯坦4岁时还不大会说话，要是有些家长早就急了，而他的母亲却耐心地说："你看他的大眼睛多么明亮，他那可爱的小脑袋一歪，能想出很多的怪主意呢。"果然不久，小爱因斯坦会讲话了，不过开头总爱停顿，原来他是先在心里暗自说，直到说得不错时才大声说。了解情况后，他的母亲终于放心了。

孩子最渴望父母能真正走进他们的心里，了解自己的选择与追求。他们都有自尊心，作为家长要尊重他们，维护他们的自尊心，要给予他们更多倾听的时间。

诺贝尔的父亲是一位优秀的建筑师，他喜欢发明创造，也鼓励孩子去创造。不论孩子的想法多么幼稚，做出来的东西多么可笑，他从来不轻视他们，总是一本正经地和他们讨论，耐心地指出优缺点并提出改进措施。我们要知道孩子难免会犯一些错误，对孩子的错误要理解，理解他们的幼稚，理解他们缺乏常识，理解他们把握不准行为的呈现方式。宽容往往会让孩子醒悟，宽容也能促进我们与孩子的心灵沟通。

家长对孩子的表扬要及时，要多用欣赏、赞美的眼光和口气，哪怕是一个小小的优点也要鼓励他们。

列宁的父亲是一个富有正义感的教师，母亲博学多才、才华出众，不仅懂音乐，还精通多国语言，她非常关心孩子的学习和品德教育。列宁就是在这样一个既有教养又和睦的家庭中无忧无虑地长大的。

在幸福的家庭中成长起来的孩子，成年后能幸福生活的比在不幸的家庭中成长起来的孩子要多得多。

3. 过健康、有趣、负责的生活

健康的生活方式能够帮助孩子在养成良好生活方式的同时，养成良好的学习方式，其中最重要的是形成一定的学习、生活、娱乐的规律。

当前有很多初中生身体素质差、出现肥胖等情况，因此想要保持健康的身体，应该根据自己的身体情况选择合适的锻炼方式，逐渐养成每天坚持锻炼的习惯。充足的睡眠是身体健康的重要保障，一般来说，晚上10点前进入睡眠是较为合理的，这样在11点之后可进入深度睡眠，以给身体充足的时间进行代谢，也保证第二天能够有充足的精力。

对于初中生来说，实际遇到的困难往往集中于学习问题、交友问题、与父母沟通的问题上，而处于青春期的孩子容易钻牛角尖，产生比较极端的想法，因此，初中生应时刻保持积极乐观的生活、学习态度。

综上所述，初中生在成长的关键阶段应注重合理的饮食、充足的睡眠，并加强锻炼，合理安排学习时间，以确保身体健康；注重培养积极乐观的生活态度，多交朋友，选择恰当的解压方式，以确保心理健康。

4. 引导孩子进行自我探索

自我探索是指个体为达成自我同一性，寻找适合自己的目标、价值观和理想而做出的在时间、精力等方面的投入。个体在这个过程中需要从多种选择中做出抉择，以便做出有意义的投入。自我探索的结果称为承诺，是指个体对自我做出了相应的选择并确定下来，如确定自己的职业选择，确定自己的价值观判断。

例如，在自我探索的过程中，男孩儿会通过观察周围的同性来思考如何成为一个男人。其中，对男孩儿产生影响最大的人是父亲。这就对父亲提出了更多的要求，父亲要把男孩儿当成一个男人来对待，做孩子的朋友，多与男孩儿沟通。当男孩儿遇到问题时，父亲要从父亲和男人的角度提出建议；父亲自己遇到问题时，也可以跟孩子谈谈，让男孩理解作为男人的责任和压力。

男孩儿会更多地思考"我以后究竟要做什么"的问题，职业发展可能是他们最在意的方面。父亲可以跟孩子谈谈理想，跟孩子一起找到切实可行的理想和通往理想的道路。特别是对于刚上初中的孩子，理想有时就像空中楼阁，跟孩子谈理想有助于把孩子从自我同一性松散的状态中拉出来，让他们尽早投入对自己人生的各种探索和尝试中。

（五）结语

青春期的迷茫是每个孩子在成长的过程中都会遇到的。家长要鼓励孩子自我探索，让孩子尽快达成自我同一性、自我评价。让初中生学会自我管理非常必要，建立合理目标、提高自控能力是培养自我管理能力的关键。

愿我们的孩子都能长成参天大树！

正确看待初中生异性交往现象

钟超瑾

【课例简介】

了解初中生的身心发展特点，对初中生的异性交往行为有充分的认识，能指导初中生把握异性交往的尺度，从中获得身心健康和人格发展的营养，也为其成年后的婚恋生活奠定良好的基础。

【教学目标】

（1）了解初中生异性交往的规律和需求。

（2）引导家长积极应对孩子正常的异性同伴交往，能指导孩子在爱中学习与成长。

（3）提升家长对孩子的认识和尊重，营造一个和谐的家庭氛围，为孩子未来的幸福婚恋生活奠基。

【教学重点】

引导家长认识到初中生异性交往的特征及需求，积极应对孩子的情感变化，掌握引导孩子正常交往的方法，以便为和谐家庭及幸福生活奠定基础。

【教学对象】

初中学生家长。

【教学资源】

"测测孩子的早恋倾向"测试题。

【教学时间】

60分钟。

【教学过程】

（一）案例导入

1. 案例讨论

案例呈现：

作为班长的小萱成绩优秀，积极热情，但初一期末的时候，家长发现小萱的行为有点异常，在家写作业时不能集中注意力，爱打扮，时不时有男生打电话找她。妈妈趁小萱上学，翻看小萱的日记，得知小萱和班上某同学在交往。爸爸知道情况后，勃然大怒，严厉地批评了小萱。往后一段时间，小萱父母经常轮番对小萱进行批评教育，冲突激烈的时候，爸爸气得拿棍子打小萱。在这种高压教育下，小萱情绪低落，变得寡言少语，成绩持续下滑，后来小萱竟然选择了离家出走，对抗家长。

是什么导致了小萱和父母之间的冲突呢？您怎么看待小萱父母的教育行为？根据小萱的行为和心理变化，您对自己的孩子有过类似的担忧吗？

2. 案例解析

这是一个很典型也很失败的家庭教育案例，仅从家长的教育方式角度来看，在教育孩子的过程中，家长不当的教育行为和方式是造成当前问题的根本原因。

（1）偷看孩子日记，出现棍棒体罚的过激行为。

（2）亲子谈话中只有批评和指责，同时自身情绪调控能力差，一旦引起情绪冲突，又不懂得如何控制。

（3）不了解孩子当前的身心发展特点，不能根据孩子的成长规律调整自己的教育方式。

小萱的父母正因为采用了这些不恰当的教育方式，才造成了亲子之间感情上出现裂缝。那么，家长可能会问，如何才是正确的处理方式呢？

其实，很多家长最担心的就是孩子无法把握异性交往的尺度，出现早恋现象，影响孩子的情绪和正常的学习与生活。但是，正常的异性交往对孩子的发展是十分必要的，有利于孩子的身心健康和人格发展，也为其成年后的婚恋生活奠定良好的基础。要想帮孩子把握好异性交往的"度"，我们先得从了解孩子的异性交往特点开始。

（二）初中生异性交往的特点

1. 异性交往具有不同时期，从朦胧期向钟情期发展

异性交往具有不同的时期，不同年龄的孩子可能处于不同的异性交往阶段，具有不同的异性交往特征。

（1）朦胧期：女生9—11岁，男生10—12岁（大约小学四、五年级至初一）。此时，孩子开始明确自己的性别角色，对性别差异非常敏感。男生、女生在一起时会感到拘束、害羞，往往采取疏远和躲避的态度。例如，小学高年级的男生跟女生基本不会一起玩，也不会一起讨论学习问题。如果有男生、女生走得稍微近一些，就会有同学悄悄议论谁喜欢谁的问题。

（2）爱慕期：女生11—13岁，男生12—14岁（大约是初中一、二年级）。此时，男生、女生在一起觉得有意思，开始同异性谈话与交流，并且开始注意自己的服饰、举止，想给异性留下好印象。然而，此时异性之间的好感是泛泛的，没有具体对象。例如，孩子上初中后会突然开始注意打扮，女生聚在一起常常会讨论班里哪个男生最帅，统一的校服也要努力穿出特色，吸引异性的眼球。

（3）初恋期：女生13—15岁，男生14—16岁（大约是初二到高一）。此时，男生和女生的性机能发育基本成熟，内心开始萌发初恋的"幼芽"，如果发现喜爱的异性，会给予特别的注意和关心，感情上希望多接触、多交往，而理智上又有种种顾虑。这个时期，异性同学的一个眼神、一个微笑、一个动作或者一次活动中的出色表现都会成为一种巨大的吸引力，让他们沉醉其中。这时候的学生特别注意自己的外貌和打扮，见到喜欢的异性会心神不定。此时，对异性的好感仍不是完全一对一的。

（4）钟情期：大约进入高二以后。此时，有的学生会很专一地倾慕、爱恋某个异性。他们出于对浪漫爱情的向往而把自己塑造成"痴情男女"，一旦相爱，便不顾一切。由于涉世未深，对人生没有充分的认识，往往陷入其中难以自拔，一旦受挫，会意志消沉，产生厌世心理。有的学生还可能走上放纵自己的道路，甚至轻生。

2. 适度的异性交往有益于孩子的发展

（1）异性交往能促进孩子自我概念的形成和自我同一性的发展。通过与异性的交往，孩子更加清楚自己的性别角色及在社会中的地位，对自己的认识更加深刻。例如，有良好异性交往的男孩儿会变得更加绅士，注意照顾身边的女性。同时，他们会更加愿意担负责任，能够对自己和别人负责。

（2）异性交往不仅像同性交往一样可以提高孩子的心理健康水平，而且异性的承认和接受还可以提高孩子的自信，使孩子更容易表现出友好、谦虚的品质，更容易适应环境。

（3）异性交往能帮助孩子练习与异性交往的技能，为日后获得成熟的爱情奠定基础。有良好异性交往的孩子更懂得与异性交往的诀窍。例如，要给男孩儿留面子，女孩儿较真儿的时候要先安慰后讲道理，等等。这些技巧也使得孩子成年后的异性交往比较顺利，更容易跟喜欢的人相处，获得爱情。

（4）异性交往给孩子提供听取不同角度的意见的机会。由于男性和女性思维方式的不同，对于很多问题异性会有完全不同的看法。异性在一起讨论问题，给了孩子获取多方面建议的机会。例如，女孩儿跟好朋友产生矛盾的时候，喜欢一个人生闷气、不理对方，一段时间都无法解决矛盾，心情压抑。而男孩儿可能会给她建议有什么问题直接说出来，这样更有利于矛盾的解决。

（5）孩子与异性同学进行交往还可能获得学习上的帮助。由于性格及智力发展上的差异，女孩儿一般更擅长文科，而男孩儿理科成绩更好。异性同学可以互相帮助学习自己不擅长的科目。例如，女孩儿费尽心思解不出来的物理题，男孩儿画个图很快就做出来了，还有可能教给女孩儿自己总结出来的规律和窍门。

3. 孩子早恋动机各不相同，家长需要把把脉

初中生早恋其实是一种相对正常的现象。据不完全统计，初一学生中5%会对异性产生好感或发生早恋，初三会增加到16%～20%。但是，初中生的心理尚不成熟，自我控制能力较差，不容易把握异性交往的尺度，导致情绪波动，影响正常的学习生活，这也是家长和教师对早恋尤为担忧的根源。

初中生早恋主要有这五个方面动机：对爱的渴求、好奇心理、虚荣心理、叛逆心理和从众心理。

（1）对爱的渴求。有的初中生在家庭中缺少父母情感上的关爱和支持，内心觉得孤独，缺乏安全感，渴望从异性身上得到相应的情感补偿。

（2）好奇心理。对异性产生强烈的好奇心，是青春期的孩子随着性意识的发展而产生的一种心理现象。初中生对异性变得很敏感，渴望了解异性的心理和生理，为了满足这种好奇心，就想结交异性朋友，建立"恋爱"关系。

（3）虚荣心理。有的初中生把获得异性好感和与异性交往当作对自己容貌、能力等的肯定，尤其是一些在学校表现平平的学生，他们平常默默无闻，得不到老师和同学的重视，缺乏成就感。如果这时候有异性对他们表示爱慕，他们很有可能为了引起大家的关注而早恋。

（4）叛逆心理。有的初中生因为叛逆，越是大人反对的，越是要做，尤其是在二人尚未确定关系的时候，如果大人强烈反对，孩子极有可能在叛逆心理的作用下将异性关系发展成早恋关系。

（5）从众心理。有的初中生孩子看到周围的朋友都早恋，出于羡慕或者与大家一致的同伴压力而早恋。

陷入早恋的初中生，一般都有一些显著的变化。有的突然变得爱打扮，特别关注自己的外表；有的情绪起伏大，有时兴奋，有时抑郁，有时走神，有时烦躁；有的学习态度不积极，作业应付，成绩下降；还有的背着家长打电话，不愿意告知出门原因。作为家长，发现孩子有早恋问题，首先要理性看待这件事，通过观察孩子的行为表现去琢磨孩子背后的动机，切忌草木皆兵，如临大敌，情绪失控。

（三）换个方式来对待，父母可以这样做

1. 支持孩子与异性同伴的正常交往

家长要支持孩子与异性同伴的正常交往，既不能听之任之，也不能捕风捉影。例如，家长可以鼓励孩子积极参加课外活动，与一同参加活动的异性同伴互帮互助；也可以鼓励孩子在组成学习小组时接纳几个异性同学，充分发挥男女生各自的优势。在孩子与异性好友相处存在困惑时，家长需要及时给予关心和指导。例如，家长可以建议孩子跟好朋友坦诚地聊一聊，特别是在存在误会时，选择比较直接的方式寻求朋友的支持和谅解比较有效。

2. 根据孩子的身心特点，相机进行教育和引导

（1）对于处在朦胧期的孩子，家长要引导他们正视自己的性别角色，在与异性同龄孩子的交往中要大方、诚恳，克服拘束、害羞的心理。例如，可以给孩子树立熟悉的同性成人榜样，告诉孩子作为男性/女性遇到问题时应采取的恰当的反应方式和需要承担的社会责任。

（2）对于处在爱慕期的孩子，家长要教育孩子尊重异性和自我尊重，注意自身的仪表和文明礼貌。另外，家长也要引导孩子注意异性交往过程中的一些礼节。例如，家长告诉孩子看人时表情要友好，尤其不能一直盯着异性同学看，避免尴尬。

（3）对于处在初恋期的孩子，家长要教育引导他们多参与集体活动，尽量不要与异性同学单独相处，避免萌发初恋之情；教育孩子与异性交往时注意自己的言行，不随便打闹，不动手动脚。例如，家长要让孩子在跟异性朋友相处时注意开玩笑的分寸，特别是男生，不能讲黄色笑话。如果家长确定孩子早恋了，不要强硬压制，而应从中立的角度，给孩子解释早恋的不利影响，以过来人的经验告诉孩子怎样处理恋爱关系、避免受伤害。同时引导孩子带着责任感恋爱，告诉孩子只有自己变得更好，才能配得上对方，只有两个人一起努力，才能有一个光明、稳定的未来。

（4）对于处在钟情期的孩子，特别是萌发对异性朋友爱慕的孩子，家长可以建议他们为了自己和对方的长远发展以及这份感情的好结果，暂时搁置"爱情"，维持好朋友的相处模式，全身心投入学习和集体生活。例如，家长可以从长远婚恋的角度来跟孩子分析现在开始恋爱的诸多隐患，建议孩子上大学之后再开始正式恋爱，目前继续考察自己和对方对感情的认真程度。

3. 父母要规范自己的言行，给孩子积极的影响

家长在日常生活中要表现出对对方的真诚关心与人格尊重，营造一个和谐的家庭氛围。例如，家长在孩子面前不要说带有性别歧视的话，如"女人头发长见识短""男人都特别坏，没有好东西"之类。家长在孩子面前不要做过分亲密的动作，不要穿过于暴露的衣服。无论在什么场合，家长都要注意文明礼貌，尊重异性，给孩子树立良好的榜样。

总之，处理孩子异性交往和早恋问题，家长是关键。家长不同的教育方式，对孩子、对家庭产生的影响会截然不同，甚至对亲子关系产生深远的影响。初中生正值青春期，是人生中最美好也最多变的阶段，格外需要正向情感，家长应和风细雨地耐心指导，在理解的基础上真诚对待，让青春期的孩子安全地度过离这美丽的危险阶段。

附：

测测孩子的早恋倾向

观察孩子的日常表现，对以下问题做出判断，如果有半数或以上回答"是"，则孩子可能存在早恋倾向。

1. 是否突然变得爱打扮？

2. 是否常对着镜子左顾右盼？

3. 是否要求父母添置时髦衣裳？

4. 学习成绩是否突然有明显下降？

5. 回家写作业是否心不在焉？

6. 活泼好动的孩子是否变得沉默起来？

7. 是否无缘无故与家人生疏起来？

8. 是否红着脸说谎？

9. 是否回家后一个人躲在房间里？

10. 是否情绪起伏大，有时兴奋、有时忧郁、有时烦躁不安？

11. 是否偷看一些描写爱情的文艺作品？

12. 是否对电影、电视中的爱情镜头特别关注？

13. 是否喜欢打听男女之间的事情，对儿女情长的故事尤其感兴趣？

14. 是否偷偷写东西，看到家长又急忙掩饰？

15. 是否对某异性的名字特别敏感？

16. 是否常有异性打来的电话？

17. 是否经常有一些来路不明的小礼物？

18. 是否偷偷买一些小礼物，不久又无影无踪？

19. 是否无意间谈起公园、溜冰场、音乐茶座等一些场所？

建起防性侵的保护屏障

戴花妹

【课例简介】

通过理论讲解、案例分析和沟通互动，让家长了解儿童性保护的常识，懂得如何指导孩子在危机来临时采取有效的应对措施，加强防范意识。

【教学目标】

（1）使家长了解性骚扰和性侵害会给身心造成的伤害，正确认识防性侵教育的重要性。

（2）了解哪些情况属于性侵害，如何避免性侵害的发生以及教会孩子掌握保护自己身体的方法。

【教学重点】

引导家长增强防性侵意识以及开展防性侵家庭教育。

【教学资源】

"危险自测表"调查问卷。

【教学过程】

（一）案例导入

2017年4月27日，台湾地区女作家林奕含在自己的住所上吊自杀，年仅26岁。她的父母在她去世后发表声明，说明林奕含患抑郁症的主要原因是其少时被补习老师实施了诱奸。

被性侵对一个人的身心所造成的伤害有可能影响其一生。今天的父母对于孩子的性保护问题重视得远远不够。中国人民公安大学曾经对全国各地数千名中小学生做过一次调查，发现性侵害案件的隐案率是1∶7。也就是说，如果有1起性侵害案件被揭露出来，背后还有7起不为人知的案件。为此，作为父母的我们，需要了解性侵害的常识，给孩子建立起防性侵的保护屏障。

（二）什么是性侵害

对于儿童性侵害的定义，联合国世界卫生组织（WHO）规定，儿童性侵害是指儿童卷入、参加不能够完全理解的性活动，或因不具备相关知识而同意的性活动，或因发育程度限制而无法知情同意的性活动，或破坏法律或社会禁忌的性活动。侵害者因其年龄或身心发育程度相对处于强势地位，他（她）既可以是成年人，也可以是儿童；既可以是承担照顾责任、被儿童信任的熟人，也可以是以暴力相胁的陌生人。侵害者与儿童的性活动只是为了满足侵害者自身的需要，包括：①利用或强迫儿童从事任何性活动，包括娼妓活动；②剥削、利用儿童进行色情表演或观看色情材料。该定义强调侵害者与儿童之间的权力差距，将性活动扩展到了非身体接触，强调性侵害不仅侵害了儿童的身体界限感，更侵害了儿童支配自己身体的权力与意志。

龙迪博士在其著作《性之耻还是伤之痛》中对性侵害做出的界定是：18岁及18岁以下的未成年人（男性或女性）在威逼利诱下，卷入任何违背个人意愿的性活动，或在非知情同意的情况下参与性活动。"性活动"包括带有性含义的身体接触，如抚摸身体、抚摸生殖器以及体腔插入等，也包括裸露身体、观看裸体、拍摄裸照、观看色情录像或图片等非身体接触。侵害者可以是陌生人，或是受害者熟悉的、处于权威地位的家人、老师、亲属和熟人，也可以是同龄人或陌生人。

无论是联合国世界卫生组织对儿童性侵害的定义，还是龙迪博士对儿童性侵害的定义，都是建立在"侵害者以满足自身性需要为目的"的基础上的，这是大家容易理解的"显性性侵害"。

而另一类对儿童的性侵害，侵害者不是以满足自身性需要为目的，而是在无主观性侵害儿童的情况下，如在照顾儿童生活或者对儿童表达爱意的方式中出现了性侵害儿童的行为。这一类性侵害被美国学者约翰·布雷萧在其著作《家庭会伤人》中被称为"隐性性侵害"，这让我们对儿童性侵害有了更多角度的研究。当成人的行为破坏了儿童的身体界限感和儿童的性心理正常发展轨迹，隐性性侵害就发生了。例如，成年人帮助6岁以上的孩子清洗生殖器、以逗弄孩子的生殖器来表达对孩子的爱意、父母做爱没有回避孩子等。侵害者也并不知道这些行为对孩子带来了性侵害。

（三）什么人可能会对孩子造成性侵害

1. 把孩子托付给熟人并不安全

在人们过去的观念中，熟人是家庭社会支持系统中的重要一员，父母有事不能照顾孩子，家里的老人又帮不上忙的时候，父母往往会把孩子托付给熟人。然而，据有关方面调查统计发现，对儿童进行性侵害的犯罪嫌疑人中有85%以上是儿童认识的人，陌生人性侵害儿童的仅占15%。

数据显示，对孩子进行性侵害的大多不是陌生人，通常是孩子熟悉、信任、尊重、亲近和依赖的人。侵害者与孩子处在不平等的权力关系中，如亲人、邻居、老师、父母的朋友等。孩子对这些人没有防范意识，而侵害者利用其权势侵害和剥夺受害孩子自由支配自己身体的权力与意志。

有人曾经对120名11—12岁的孩子进行调查，请他们描述出什么样的人会对儿童进行性侵害。在孩子们的描述中，没有一个孩子认为父母、亲人、师者、父母的朋友、隔壁邻居的叔叔会对自己进行性侵害。他们认为对自己进行性侵害的人都是长相丑陋凶狠、无业人员、失恋者、被异性冷落者、心理变态者。一些孩子这样描述侵害者："他长得非常丑，头发稀少、脸上有疤痕、小眼、塌鼻子、大嘴巴、高大、手很大、脚很大、耳朵也很大。"孩子会将侵害者脸谱化，使孩子对真正的罪犯缺乏防范。

所以，父母要尽可能将孩子留在身边，不要轻易把孩子托付给某一个熟人看管，不管是同性还是异性。同时，父母要告诉孩子：任何人都有可能性侵害儿童，不论年龄、性别、职业，侵害者可能是孩子的亲人、父母的朋友、隔壁邻居、学校老师。但是，这个世界上绝大多数的人是爱孩子的，伤害孩子的只是极少数的那一部分人。所以，孩子要懂得辨别好的接触和不好的接触，如果遭遇性侵害，知道如何应对才能够保护自己。

2. 男孩也会成为性侵害的对象

过去，都是家里有女儿的父母担心自己的孩子有被性侵害的危险。随着越来越多男孩被性侵害事件的发生，这一传统观念已经被颠覆。2012年，香港护苗基金会对17所中学共5055位学生的调查显示，男童遭受性侵害的数量较女童还要多17%。因此，在性教育和防范性侵害方面，男孩儿一样需要受到重视。家有男孩儿，父母同样要对他进行防性侵害的教育。

3. 对照问卷，测测可能存在的风险值

危险自测表

（1）孩子尤其是女孩子经常一个人在家。

（2）把女孩儿交给半熟脸看管。

（3）异性教师对学生有猥亵行为，不相信教师会对学生做出不轨的行为，认为教师这个高尚的职业不可能有猥亵行为的发生。

（4）接受陌生人给的好吃的东西，和陌生人去玩。

（5）女孩儿突然不爱上学，外阴部异常。

（6）邻居大叔对小女孩儿过分亲热。

以上六条，每条五分。有一条存在，为较大危险隐患，如果达二十分以上，进入红色预警，必须马上消除。

（四）应对性侵害的具体措施

1. 让孩子清楚地知道哪些是性侵害行为

父母要告诉孩子，如果有人对自己有如下行为，是不对的：

（1）把孩子带到一个隐秘的地方，叫孩子脱下衣服或裤子，摸孩子的胸部或生殖器。

（2）让孩子摸对方身体的某个地方（胸部、生殖器），或让孩子看他的裸体或隐私部位。

（3）带孩子看有很多成人裸体镜头的电影或者视频。

（4）用他身体的某个部位（生殖器或者嘴巴）接触孩子身体的隐私部位。

（5）在公交车、电影院等公共场所摸孩子身体的隐私部位。

2. 教孩子学会区分好的接触和不好的接触

父母要告诉孩子：我们人类会用身体接触来表达爱意，在生活中我们会用亲吻、拥抱表达我们的亲密关系，父母的朋友、同事在表达对孩子喜爱的时候也会与孩子有身体的接触，这样的身体接触让我们感受到爱与被爱，是好的接触。

如果成人与我们身体接触的时候，成人身体的某个部位（手、生殖器）在孩子身体的隐私部位反复触摸或者摩擦，这就是不好的接触。当孩子遭遇不好的接触时，要立即想办法离开这个成人并把事情告诉父母。

3. 教孩子有效的应对措施

父母要让孩子明白，一旦遭遇性侵害，可以做到以下几点：

（1）在公共场所（如在公园、公交车、地铁里等）遇到性侵害时，不要忍气吞声、姑息迁就，而要理直气壮地严词警告、大声呵斥、大声呼救——"请你把手拿开！""请你放尊重一点，不然我报警了！""有流氓！抓流氓！"……或者直接拨打报警电话。

（2）在与他人的接触中，如果判断出了是不好的接触，尽快冷静下来，然后想办法机智地离开。

（3）不要激怒侵害者，不然会给自己带来生命危险。如果力量无法与侵害者抗衡，也没有机会逃离，在万般无奈的情况下先顺从罪犯，保护好自己的生命安全。

（4）如果被性侵害，要做三件事情：立即告诉父母、报警、到医院检查身体情况。

（5）如果自己受到惊吓，一时间产生焦虑、恐惧等情绪，甚至出现严重的退缩、回避行为，要积极寻求心理咨询专家或者心理医生的帮助，减轻心理压力，避免造成心理创伤。

4. 建起保护网，警惕对孩子造成二次伤害

在性侵害事件中，侵害者对孩子造成了第一次伤害，如果父母对孩子被性侵事件抱有错误的态度，会对孩子造成二次伤害。这次伤害也许比第一次伤害更严重。因此，父母应该转变观念，建起保护网，保护受伤害的孩子。

（1）被性侵害不是孩子的错

性侵害事件发生后，父母往往会感到伤心、愤怒、恐惧、不知所措等，甚至会把这种不良情绪迁移到孩子身上，会说是因为孩子有问题才导致性侵害事件的发生，以至于责问孩子："你为什么要吃他给的糖""你为什么不跟小朋友一起回家""你为什么不跑"等。父母要切记：被性侵害不是孩子的错，家长不要批评和指责孩子，而要给予孩子安慰和疏导，鼓励孩子勇敢面对。如果一定要追究责任，父母也是主要责任人。

（2）孩子是性侵害事件中受伤害最重的人

性侵害事件一旦发生，父母往往会想到面子、想到孩子的纯洁被玷污、想

到孩子成年后的婚姻怎么办……而忽视了眼前孩子的痛苦。出了事情，父母要做的第一件事应当是安抚孩子，让孩子对此问题有正确的认知，有必要的话还应给孩子找心理治疗机构进行心理康复。这样的工作做得越好，父母所担心的事情才会越少发生。

（3）不要让孩子反复陈述受侵害的经过

当父母把孩子受侵害的事件诉诸法律后，有些媒体会提出采访的要求。此时，父母应当做的唯一正确的事情是拒绝，因为让孩子重复述说事情的经过，甚至有些媒体为了吸引眼球不顾及孩子的感受，会提出一些伤害到孩子的问题，这会让孩子受到二次伤害。

（五）结语

1. 低年级相关绘本阅读推荐

《不要随便跟陌生人走》《不要随便亲我》《不要随便摸我》（图1）。

图1 绘本图

2. 小结

每一个孩子都是父母的掌上明珠，无论是男孩儿还是女孩儿，都是每个家庭最珍贵的宝贝，我们相信，父母为了孩子的健康成长付出了大量的心血。建起防性侵的保护屏障是我们义不容辞的责任，让我们共同努力，为孩子的健康成长撑起一片蔚蓝晴空。

📇 教养方式

教养的基础：和善而坚定

徐巧双

【教学对象】

幼儿园至初中学生家长。

【教学目标】

本课程利用活动体验的方式，使家长切身感受自己的教养风格存在的长短板，进而悟出适合现代社会的教养方式应该是"和善而坚定"。本课是一节理论基础课，可以跟其他课例结合使用。

【教学过程】

（一）破冰互动

教师欢迎家长入场，简短介绍自己。

活动：请大家报数1—4，组成四人小组，这四人是你今天参加活动的小伙伴。请小组成员按顺序相互介绍：①姓名、年龄、子女情况、兴趣爱好；②如果选一种颜色，你喜欢哪种？为什么？

（二）导入主题

（1）提出问题并在小组内讨论：我们目前在教养孩子的过程中遇到了哪些挑战？讨论并写下答案。

各小组分享我们的讨论结果。由1—2个小组念出答案，其他人可以进行补充。请助教老师在题板上写下来。

（如果有提前做好的PPT，可以请听众直接说出答案，然后逐一在PPT上呈现教师做好的答案。说：大家看看，我们当前是不是遇到了这些类似的问题？答案可能是：顶嘴、撒谎、懒惰、不爱学习、贪玩、玩游戏、坏脾气等。）

问大家：目前您的孩子有以上一种或两种情况的，请举手。教师可以自己把手举起来。提醒大家：大家可以环顾四周，看看你周围有多少人跟你的情况一样？这就是你今天来到这里的目的，看来我们每个家庭的孩子都或多或少出现了以上问题。

（2）提出问题并讨论：我们希望教养出一个什么样的孩子？

各小组分享我们的讨论结果。由1—2个小组念出答案，其他人可以进行补充。请助教老师在题板上写下来。

（如果有提前做好的PPT，可以请听众直接说出答案，然后逐一在PPT上呈现教师做好的答案。说：大家看看，我们是不是希望培养出这样的孩子？答案可能是：开朗、阳光、善良、有责任心、自律、合作等。）

问大家：希望培养出具有这些性格的孩子的，请举手。（这个时候，能很好地唤醒家长对孩子的培养目标）

（三）理念呈现与理解

1. 问题引入

大家都希望培养出一个性格好、能力强的孩子。但是，如何才能培养出一个这样的孩子呢？首先我们来看看教养方式。

互动：我们常用的教养方式有哪些？都分别有什么样的成果？（请大家举手回答）如果氛围好，可以先请大家小组讨论之后再回答。

2. 对"和善与坚定"的理解

按照父母对待孩子的方式和处理事情的方式，可以分为两个维度：一是和善的程度，或者说态度的温和程度；二是坚定的程度，就是当父母遇到原则性的问题时，坚持的程度如何，是非常坚定，一点都不能动摇呢，还是只要孩子一有要求，就马上改变？我们把和善的两个极端称为低和善与高和善；把坚定的两个极端称为高坚定与低坚定。让我们来看一看，这四个象限的家庭都分别有什么特征？

假设这四个家庭都在同一个小区，现在是晚饭时间，我们透过四个家庭的窗户去看看，呈现在我们眼前的将是哪一幕。

第一象限：低和善、高坚定的家庭。

妈妈做好了晚餐。两个孩子乖乖地去洗手。这个家庭的规定是，饭前一定要洗手，要用洗手液洗三遍。孩子们规规矩矩地洗完后，到厨房帮父母拿碗筷、摆餐具，等父母坐下后才端端正正地坐下。爸爸说："现在可以吃饭了！"孩子们拿起筷子开始吃饭。每个人吃饭的时候不能说话，因为爸爸说过，食不言，寝不语。孩子们知道吃菜的时候只能夹自己面前的菜，不能越过别人去夹对面的菜。今天晚上妈妈做的牛肉有点炖过头了，咬不动，但是孩子们一声不吭，因为爸爸说过孩子不许挑吃、挑穿，不许给长辈提任何意见。吃饭的时候不仅不能说话，也不可以发出任何声音，更不许用筷子敲碗。吃饭不能喝饮料，爸爸说过最好的饮料是白开水。孩子不可以吃任何垃圾食品，薯片、汽水、冰激凌是不能出现的。吃完饭，孩子们乖乖地把碗放好，迅速进入各自的房间做作业。9点半，全家熄灯睡觉。

现在让我们来看看第四象限，跟第一象限完全相反的一家：高和善、低坚定。

妈妈做好了饭菜，爸爸叫孩子们吃饭。孩子们很不情愿地离开电视机，噘着嘴巴坐到餐桌前。这家的晚餐，妈妈也做了牛肉。老大夹了一块牛肉，"呀"的一声叫了出来："妈妈，这牛肉太难吃了，一点都咬不动！你是怎么搞的？我希望你重新做一个土豆烧牛肉。"妈妈很抱歉地说："哎呀，对不起宝贝，妈妈煮的时间长了一点，没想到真的不好吃。但是今天晚上牛肉已经煮完了，明天妈妈再重新给你做好吗？"孩子生气地说："不行！我就要今天晚上吃！现在你必须、马上去重新做！要不然我就不吃晚饭了！哼！"妈妈很为难，但是她还是脱下围裙打算去楼下的超市重新买一份牛肉再给孩子做一次，因为她实在无法忍受孩子不吃晚饭就睡觉。好不容易晚饭结束了，孩子们各自要求看不同的动画片。家长建议孩子们先做作业，但是拗不过孩子们再三要求和保证，说是看一会儿电视就去写作业。最后的结果是，孩子们的作业到了晚上12点钟也没写完，爸爸妈妈决定帮孩子们写一张请假条，告诉老师晚上孩子病了，所以作业没做完，请老师网开一面。

接下来，我们看看第三象限：低和善、低坚定的家庭。

通过他们开着的窗子我们可以看到，爸爸妈妈不在家，孩子一边看电视，一边吃着外卖。原来这家的父母工作非常忙，常常出差，孩子在家想吃什么就去点外卖，需要家长签字的作业就自己签，跟父母的沟通常常是通过电话说三两句话就完了。孩子吃完东西，本来是想写作业的，但是电视剧实在太好看了，于是就多看了一会儿。早上孩子迟到了，作业也没写完。老师也没办法，因为常常联系不上孩子的父母。

现在我们来看最后一个家庭，也就是高和善、高坚定的家庭。

妈妈做好了晚餐，爸爸愉快地叫孩子们出来吃饭。孩子们去厨房洗了手，帮父母摆好了餐具，高高兴兴地坐着准备吃饭。大宝也咬了一块肉，发现有点咬不动。大宝对妈妈说："妈妈，这个牛肉有点硬哎！"妈妈说："是吗？可能是我煮得久了一点的缘故。今天下班回来稍微有点晚，想着赶快给你们做饭，火候没掌握好。"大宝说："哎呀，真是挺可惜的。咱们家还有牛肉吗？你可以再煮一次吗？"妈妈说："没有了哦。这是最后一块。今天妈妈有些累了，你们将就着吃吧，明天我可以再煮一次。"孩子们答应了，愉快地吃着饭，讨论着白天的趣事。吃完饭，大宝主动要求洗碗，小宝擦桌子，爸爸夸奖两个孩子能体谅妈妈的辛苦，主动帮忙做家务。妈妈也很开心。吃完饭，孩子们要求看一会儿电视再写作业，爸爸问："我们的约定是什么？"孩子们想起来，如果是在8点半之前做完作业的话，就可以看半小时电视；如果超过8点半，就不能看了。于是，孩子们乖乖地去做作业。

现在，四个不同的家庭我们都看完了，请大家根据这两个维度组成的四个象限讨论一下，各个象限的家庭可能培养出什么样的孩子？

3. 小组活动讨论

分小组完成和善与坚定四个象限可能培养出的孩子的优缺点。每组选派代表上台分享，请助教老师在题板上写下来（图1）。其他小组可以补充。

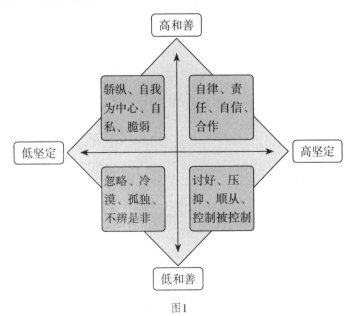

图1

（如果讲师有做PPT，也可以逐一呈现。）

4. 理解实操练习

家长的下列说法或者做法分别属于哪种教养方式？

好了好了，听你的，不要闹了。

只要你开心，怎样都行。

他怎么敢指责你？老妈替你去讨个说法！谁敢让我们家宝贝不高兴，我就让他不高兴！

我没工夫管你，你自己看着办吧。

时间不够，我要走了，你能搞定的，没问题。

小孩子懂什么！不许多嘴多舌！

我数到三！

你放着，我来做。

你觉得这样做有什么好处？有什么不好？怎样才可以做得更好？

我爱你宝贝。但是对于这个要求，答案是：不行。

我知道你还想看一会儿电视，但是咱们接下来应该做什么啦？咱们是不是要开始写作业啦？

你是现在开始写作业呢，还是5分钟之后开始写？

你居然敢不写作业！谁给你这么大的胆子？

按照咱们的约定，我们现在应该出发了。但是你还没有准备好，我可以再等你5分钟。如果5分钟以后你还没办法出门，我要自己走了。

5. 小组讨论理解

在你的家庭教养中，你是哪种教养方式？跟你的小组成员分享。每人一分钟。

6. 具体案例讨论

孩子长大了，有一天他的上司或者老板对他说："我要对你说件事，这是为了你好。以后不要再提什么合理化建议，你只管把你的工作做好就行了。我不是花钱雇你来提建议的，我是雇你来干活的。"

你觉得孩子会有什么反应？各个象限的孩子会如何应对这件事情？

（四）引导及升华

（1）请回忆你和孩子最近的一次不愉快，孩子拒绝了你的要求，描述一下发生了什么？谁说了什么？做了什么？然后发生了什么？

（2）看看自己的所说所做，请列出哪些做法是坚定但不和善的，再列出哪些做法是和善但不坚定的。

（3）试着走进孩子的世界，猜猜他是怎么想的、怎么感受的、怎么决定的。

（五）结语

引导参会家长得出结论：要想教养出我们期望的孩子，我们必须要做到和善与坚定并行。虽然成功之路是崎岖的，但是只要我们坚定地前进，就一定会到达我们想要去的彼岸。

家长如何帮助孩子建立规则

戴花妹

【教学对象】

小学学生家长。

【教学目标】

通过讲解和体验分享，让家长理解培养孩子规则意识的重要意义，帮助家长掌握理念和方法，在家庭教育生活中运用和实践。

【教学过程】

（一）情境引入

很感谢学校给我这样的机会，跟大家一起探讨一些育儿常识，也很感谢大家愿意与我共度一段时光。我跟大家一样，有一个共同的身份，那就是家长。希望今天我们的交流学习能给您和您的家庭带来一点点启发和帮助。

"不以规矩，不能成方圆。"儒家孟子告诫我们万事万物都遵循着一定的法则。

老子也曾说："天网恢恢，疏而不漏。"这里强调的是社会规则、法律法规。

中国有句俗语，"国有国法，家有家规"。自古以来，我们是很注重家风家规的建设与传承的。

心理学专家也表示，9岁是帮助孩子建立规则意识的关键期。

游戏结束。

（二）课程概要

今天我们会从以下四个方面跟大家做一些交流：

（1）规则是什么？

（2）为什么要建立规则？

（3）建立规则要注意什么？

（4）怎样建立规则？

（三）认识规则

"规则"一词在《现代汉语词典（第7版）》第491页，是这么定义的：规定出来供大家共同遵守的制度或章程。落实到家长，家规变成了全家人共同制定并践行的习惯。中国古代有许多优良家规，如"静以修身，俭以养德，非淡泊无以明志，非宁静无以致远"是诸葛亮告诫儿子诸葛瞻的话。"积财千万，不如薄技在身"是颜之推在《颜氏家训·勉学》里留给子孙的话。北宋政治家、史学家、文学家欧阳修教导儿子说："玉不琢，不成器；人不学，不知道"。这里的"道"，既有自然之道，也有为人之道；到了明末清初编入《三字经》就变成"玉不琢，不成器。人不学，不知义"。

我们古人给儿孙写封信，写本薄书，对儿孙训导几句，规矩就立好了，还载入史册，成了千古流芳的文化遗产。可是在21世纪的今天，帮助孩子建立规则，就没有那么容易了。时代在变化，在封建大家庭里，长辈有着至高无上的地位，同时信息传递也不发达，车马邮件都慢，思想容易统一，言行容易受到约束；现代社会人人平等，科技发展让信息大爆炸，最典型的特点是小学四、五年级的学生使用智能手机、平板电脑等科技产品的水平普遍比成人高，很多小学生的知识面非常广，有些方面成人甚至要请教小孩，成人尤其是老人在孩子心中的权威变得越来越弱。当你已经感觉到变化所带来的压力，那么改变以往对孩子的认知以及调整与孩子的沟通方式、重塑对规则建立的认识就变得尤为重要。

（四）建立规则的意义

1. 规则让孩子有尊严感

只有家里所有人都遵守的行为准则才能被称为"规则"。尽管其中有些内容可能是对孩子的行为更有针对性，但父母也只是帮助者，而不是警察、检察官，更不是执法者。

前不久，我参加了宝安区第十八届家庭教育宣传周启动仪式，会上中国儿童文学作家童喜喜女士表达了这样一个理念：父母孩子一样大。怎么可能？我跟孩子一样大？可细听之下，觉得她真是了不起。她的理由有两个：

（1）在每个孩子诞生之前，我们其实都是普通的男女青年，我们并不是父母。待到孩子呱呱坠地，我们才荣升为父母。

（2）即使是你生了二宝，你仍然跟这个孩子一样大。因为没有两个生命一样，因此没有两个人所接受的家庭教育完全一样，甚至往往同样一个家庭，两个不同的孩子，接受着不同的家庭教育，性格也各有不同。而且，即便再生，也只是你的父母身份刷新一遍罢了，中国有句古话："一龙生九子，九子各不同"。

这个理念提醒我们，要用平等的眼光看待孩子，并和孩子一起成长。"被充分看见"的孩子，容易建立规则，也有尊严感。

2. 规则是指导行为的边界线

儿童天生是需要规则的，如果外部世界没有规则，父母放纵孩子，周围的人破坏规则，又或者父母给孩子制定规则，自己却破坏规则，这些都会让孩子内心困惑，产生一种不安全、不确定的感觉，变得无所适从，心理健康受到阻碍。例如，有个小孩去别人家做客，把水倒进小女孩儿的钢琴琴键里，小女孩儿很生气，希望他妈妈管管，结果妈妈在一旁护短，不就是洒了点儿水吗？擦擦就好了，然后恼羞成怒地带着孩子回家了。没多久，这个妈妈又带着孩子去一个高端购物中心，那儿正在进行乐器展销，大堂中摆了一台价值千万的古董钢琴，主办方介绍说这台钢琴全世界只有三台，只展示不销售。孩子上前就把手里的可乐浇到了钢琴上。商家可没那么好说话，立即把这个家长告上了法庭，结果家长赔了19.8万元。这个代价是非常大的。

3. 规则让孩子最大限度地自由

越来越多的父母认为家庭教育要尊重孩子的天性，让孩子自由成长。于是担心建立规则的同时会不会伤害到孩子。

其实，自由发展的底线是不伤害自己、不伤害别人、不伤害环境。制定规则的目的是保障每个人生活的秩序感，赢得他人的合作，最终培养自主、自律的品格和能力。

（五）规则制定的SMART原则

建立规则意识，是孩子的内在需求，也是孩子将来适应外部社会的普遍要求。那么，建立规则时要注意什么呢？

我们先来看看美国前总统奥巴马的九条家规，看看他的家规有什么优点或特点，有什么是值得我们学习的？

请一位家长带大家读一遍：

（1）不能有无理的抱怨、争吵或者惹人讨厌的取笑。

（2）一定要铺床，不能只是看上去整洁而已。

（3）自己的事情自己做。例如，自己冲麦片或倒牛奶，自己叠被子，自己设置闹钟，自己起床并穿衣服。

（4）保持玩具房的整洁。

（5）帮父母分担家务，每周1美元。

（6）每逢生日或是圣诞节，没有豪华的礼物和华丽的舞会。

（7）每晚8点30分准时熄灯。

（8）安排充实的课余生活：玛利亚跳舞、排戏、弹钢琴、打网球、玩橄榄球；萨沙练体操、弹钢琴、打网球、跳踢踏舞。

（9）不准追星。

以上九条，您觉得它们有什么特点？有哪些是值得我们借鉴的？

规则的制定需要遵循五个原则：明确具体、可以测量、可以实现、贴近现实、有时限。这里引用德鲁克"目标管理理论"中的核心概念，用以提升孩子的行动力。［要向孩子解释：规则是什么？为什么要这样？具体怎么做？如果别人也这样，你会怎么想（感受）？……］

（六）建立规则的策略

1.做民主型父母，选择和善而坚定的教养方式

我们通过一个直观的象限图（图1），来了解一下常见的几种教养方式。横向为坚定，纵向为和善。在平常的家庭教育中，您是偏向于立场坚定、原则性强的坚定，还是温柔以待、尽量满足，孩子开心就好的和善呢？

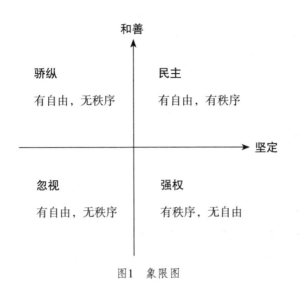

图1　象限图

举个例子，一般情况下我们会要求孩子晚上9：30睡觉，时间到了，孩子就是不睡还要再赖一会儿，大部分时候您是态度坚决必须关灯睡觉呢，还是让孩子拖延到9：50甚至更晚？举手示意一下。有些家长比较犹豫，是既坚定又和善的民主型吗？还是有时坚定，有时和善呢？

只有坚定的父母属于控制型，是典型的虎妈虎爸。这种教养方式下的孩子，纪律性强，执行力也强，有较强的规则意识，但也容易走极端。有些孩子童年时受到非常严厉的管教，他们无法表达自己的看法，也感觉不到自己的力量，而一到青春期，这些孩子就犹如挣脱锁链一般，他们的生理和心理都得到了快速成长，很快就叛逆起来。值得注意的是，现在绝大多数家长都明白，对待孩子不能一味地指责、惩罚、侮辱，所以换了其他形式的控制，如"我都是为你好，你一定要好好学习，咱家学历最低的你小姑也是本科，现在就你还是小学生，将来你必须上大学，本硕博连读"。也许家长的本意是好的，但因为这是按大人的意思去操纵孩子，如果这样的好在孩子看来只是沉甸甸的压力而不是向榜样看齐的动力，那么结果依然是家长控制孩子。

如果只是和善，就是骄纵、宠溺孩子。孩子的要求我们可以尽量满足，但不是包办替代、竭尽所能，一味地讨好或宠溺孩子，时间长了势必助长孩子的骄娇二气、有恃无恐、狂妄自大、自我中心。这样的孩子，规则对他来说就是用来践踏的，对社会公德和法律法规没有敬畏之心。

既不坚定也不和善，就是忽视。比较多的情况是父母太忙照顾不了孩子，如留守儿童，或夫妻关系不好，影响孩子对情感需求的回应。孩子长期被忽视，很难有安全感，导致性格冷漠、孤僻，容易形成边缘型性格、反社会型人格，规则对于这些孩子来说是冰冷、刺激的。

我们应选择既和善又坚定的教养方式，在这样的"民主型"教养方式下长大的孩子，遇到问题愿意与父母商量，容易形成自律、自主、自信的好性格。父母对孩子既有高要求，又能晓之以理、动之以情，即使孩子提出您无法满足的要求，您也要温柔地对孩子说："孩子，我很爱你，我能感受到你特别想要这样，但是，结论是不可以。"

2. 和孩子一起共同制定"日常惯例表"

先请大家看一张图，这是一个美国孩子的早晨起床和晚上睡觉前的安排表，与我们熟悉的作息时间表很相似。有所不同的是：

（1）它是由父母和孩子共同制定的，如："为了能愉快地度过睡前时光，我们一起来想想你有什么事情要做呢？"

（2）它是通过家庭会议讨论决定的，如："具体怎么安排更合理呢？"

（3）制定过程有相互尊重的氛围，尊重孩子的主体性，尊重集体决议，如："你希望贴在哪里以便提醒到你呢？""这是我们共同约定的惯例，我们先执行一周，如果有什么不合适，请在周日的家庭会议上提出来，讨论通过后再调整。"

再请大家看两张孩子的"晚间惯例表"。

3. 运用启发式提问，赢得孩子的合作

一般情况下，孩子们都能积极地制定"日常惯例表"。至于能不能坚决执行，就呈现出极大的个体差异，多子女家庭甚至出现相互比较、妒忌的怪圈。如何唤醒孩子的主动意识，让孩子更乐于执行呢？

我们通过一个角色体验活动来领悟：

（1）邀请9位家长来扮演生活中的父母，念出纸上的角色台词，一个家长扮演孩子，分别走过每一位家长身边。

（2）一共两轮，分别询问孩子、家长的感受、想法和决定。

询问大家：平时您有说过这样类似的话吗？

（3）去刷牙、穿大衣、按时作业和睡觉、不打架等这些规矩和要求有错吗？为什么孩子转眼之间态度转变这么大呢？从中您学到了什么？

（4）与孩子合作，是引导孩子自律，运用启发式提问，把主动权交回给孩子，而非控制、灌输或强求，是可以赢得孩子的合作的。

（七）结语

最后，送给在座的各位一句话：严慈相济培养规则意识，家校携手传承良好家风。

学校的领导和教师为我们提供这么好的学习交流机会，他们为此做了许多准备工作。教育是一场修行，愿我们的努力能将孩子渡往幸福、成功的未来，感恩每一位老师与我们同舟共济。

如何赢得孩子的合作

涂南萍

【教学对象】

中小幼学生家长。

【教学目标】

通过活动，让家长理解合作的意义，帮助家长掌握赢得孩子的合作的方法和技巧。

【教学过程】

（一）引入

问题：大家谈一谈，什么是合作？

在过去的专制社会中，合作的意思是命令做，下属要与上级"合作"。民主为这个词赋予了新的意义：我们一起工作，达成情境所需的目标。民主环境有更多的平等和自由，也同样有更多的责任。

现在的很多家庭，为了让孩子完成自己分内的事，家长都是先提醒再责骂，最后是大吼和惩罚。经常说，赶紧把什么完成，不然就有你好看的。我们要强调的是，现在的家庭是团队模式，而不再是一人领导，其他人服从的模式，团队会激发每位成员为整体利益而努力。每位成员都会关注家庭的整体需求。合作的意思就是每个成员各自努力，共同完成对全体最好的事情。

比如，四个成员的家庭里，合作就像一辆四轮货车，每个成员是一个轮子，全家人一起就是货车。四个轮子需要同时转动，才能让货车顺利移动。如果一个轮子卡住了，货车就会忽然停下来或者改变方向。如果一个轮子掉了，货车就需要修理，否则无法前行。每个轮子都同等重要，没有哪个格外重要。货车行进的方向也是由四个轮子一起决定的，如果其中一个脱离，这辆货车就会成为废物。这个道理和家庭成员具体有多少没关系，这辆家庭货车可以由任意数量的轮子来支撑。

家里的每个成员都可以学着思考：怎么做对整个家庭团体最好？"现在这个情况，需要我做什么？"我们想的不应该是要别人做什么，这是我们把自己的意愿强加给别人，是对他人的不尊重。我们也不能为了和气而过分地顺从他人，这是对自己的不尊重。在我们帮助孩子学习合作时，要常常提醒自己合作的真正意义，要有基本的共同规则，并且每个人都接受。

父母所做的有害无益的事情中，有一样就是：我们决定多大年龄的孩子才能帮忙做家务。当一个刚学步的孩子想帮忙摆餐具时，我们说："哎呀，不行，你还小。"等他长到了6岁，我们又要求他摆餐具。这时孩子会觉得，反正父母一直不需要我帮忙，凭什么现在我要帮忙？我们浪费了很多能让孩子出份力的机会。如果孩子很小就得到允许可以出力，不是被要求，而是被允许，他就能体会到其中的乐趣，为自己的小小成就而自豪。

（二）呈现：与孩子合作的三个基础

1. 重建价值感

妈妈让贝丝帮助照顾婴儿，请贝丝从厨房的保温器中把奶瓶拿过来，可是贝丝却生气地冲进屋子。过了一会儿，贝丝回来了，尿湿了裤子，妈妈意识到，贝丝的问题比较严重了。

如果你是妈妈，你该怎么做？请大家讨论发言。

参考答案：

妈妈不要大惊小怪，可以把贝丝抱起来，问她是不是想再次成为婴儿。贝丝紧紧抱着妈妈，啜泣起来。妈妈深深体会到贝丝的感受，静静地安抚她。然后，妈妈建议贝丝睡到她曾经用过的婴儿床上，帮她换尿布才去照顾弟弟。6点钟，她也有享用奶瓶的时间。妈妈还会给她婴儿食物。晚些时间，贝丝想在床上玩玩具，妈妈给了她一个婴儿玩具。她想要蜡笔，妈妈回答："小宝宝不会涂色，你是我的小宝宝哇。"每次贝丝想要非婴儿物品时，妈妈总是温柔并理解地给她答复。过了一天，到了中午的时候，贝丝急切地宣布，她是大孩子，不想当婴儿了。"好的，没问题，宝贝。"妈妈回答，"那你觉得你是不是能够帮助什么都做不了的弟弟呢？"贝丝给了妈妈热切、肯定的回应。妈妈接下来鼓励了她"长大的行为"，贝丝的婴儿行为就此消失了。

在这个例子中，妈妈将很多孩子难以通过语言理解的事情，用行动让孩子体会。她给贝丝时间，让她自己发现做个无助的婴儿会失去很多乐趣。通过这些行为，妈妈帮助贝丝重新确立了自己的家庭地位，她是个有能力帮忙的大孩子。

2. 避免权力之争

妈妈和5岁的埃迪准备开车去火车站接爸爸。天气非常寒冷，埃迪调皮地把车窗摇下来。妈妈说："等你把车窗摇上，我就开车。"埃迪不摇，妈妈平静地坐着。埃迪说："你一开车我就把车窗摇起来。"

如果你是妈妈，你该怎么做？请大家讨论，然后发言。

参考答案：

妈妈什么都没说，只是继续平静地坐着。埃迪又说："那等你把钥匙插进去我就摇起来。"妈妈还是平静地沉默着，她的态度表现出她不想和孩子发生战争。埃迪终于把车窗摇上了。妈妈发动车子，友善地微笑着问埃迪："阳光照在雪上是不是很美？"埃迪回答："好像很多钻石在闪光。"

妈妈没有命令埃迪把车窗摇上，这样避免了和孩子卷入权力之争。她清楚、及时地表达了自己要做的事情，不带怒气地保持了坚定的态度。但埃迪试图通过其他方式诱使妈妈就范，妈妈只是平静地等待。当埃迪采取了符合当时情况需要的行为，妈妈用友善的微笑表示感谢，并自然地转移了埃迪的注意力。埃迪自然、迅速地合作，表示他懂得了尊重。

3. 用友善的语言表达

9岁的帕特和好朋友正在用通心粉做项链，妈妈带着10个月的兰迪进来："帕特，帮我照顾一下弟弟。我要去接爸爸。""噢，妈妈他会把这里弄得乱糟糟的，为什么总要我照顾他？""够了！照我说的做！"妈妈刚走，帕特就狠狠地把兰迪丢在地上。兰迪大哭起来，妈妈听到婴儿的哭声回来了。

想一想接下来会发生什么？如果你是父母，你想要帕特照顾兰迪，你要怎么说呢？请大家发言讨论。

参考答案：

妈妈可以跟帕特商量："你可不可以帮我照看一下弟弟？"如果帕特表示非常不愿意，妈妈可以再次跟他商量，说明妈妈现在遇到的困难和需要的支持。如果孩子真的不愿意，妈妈不要强迫孩子，可以试试请其他人照看兰迪或者其他办法。

（三）课堂活动

讨论：什么是鼓励。

鼓励是给孩子提供机会，是培养他们"我有能力，我能贡献，我能影响发生在我身上的事情，我能知道我该怎么回应"的感召力，鼓励是教给孩子在日常生活和人际关系中所必需的人生技能与社会责任感。鼓励可以是简单到一个帮助孩子感觉好起来从而做得更好的拥抱。

怎么运用鼓励？

活动一：着眼于优点而不是着眼于缺点

画一幅图，用85%来代表优点，15%来代表缺点。问家长：你看到了什么？请大家分享。答案可能不同，由不同的答案引出思考：

正如图中所表明的那样，你的孩子可能85%是优点，15%是缺点。可是，大多数人关注的是什么呢？

当你把85%的时间和精力都用来关注15%的消极方面时，消极方面就会膨胀，而积极方面不久就会消失。如果你把85%的时间和精力用来认可并鼓励积极的方面，消极方面就会很快消失，而积极方面就会增长到100%，因为这是你所看到的全部。当你关注积极方面时，这对你自己和别人都是一种鼓励。

目标：帮助孩子认识自己并关注自己的优点，让他们感受到自己是被爱的、善良的、有价值的。帮助他们把这样的自我认知根植在脑海里。

说明：家长可以帮助孩子获得无须外界的同意或认可也能自我肯定的能力。

活动步骤：

（1）家长在卡片上以孩子的口吻写上自己的优点（要具体，如我跑得快、我会做炒饭等）。

（2）左右两位家长互相以孩子的身份作自我介绍。

（3）拓展：回家后，请孩子在卡片上补充上自己的优点。

（4）回顾整理：这个活动如何帮你用不同的眼光来看待你和孩子。

（5）教师分享：帮助孩子看到自己是有能力的，并且在不断地成长。鼓励他们看到自己已有的天赋和能力，并且知道用不同的方式去发挥它们。

活动二：鼓励和表扬

目标：帮助家长理解鼓励与表扬的区别以及其对每个孩子的长期影响。

说明：表扬看起来当下管用，能暂时激发孩子的好行为，但是长期结果是什么呢？表扬固然能让孩子当下感觉良好，但是会让孩子对自己形成什么样的认知呢？

表扬的话：

你今天终于按时完成作业了，希望你明天继续啊！

你终于知道自己收拾书桌了，妈妈真高兴！

这些标准你都达到了，你真棒！

这首曲子你弹得真不错！

你这次考了100分，妈妈真为你感到骄傲！

妈妈说的你都做到了，你真是个听话的孩子！

鼓励的话：

你今天按时完成作业，还自己检查了一遍，这是你专心致志的结果。

妈妈看到你把书桌上的书摆得很整齐，笔也都放进笔筒里，还把桌面擦得干干净净，你在独立自主这件事上又有进步。

我相信你知道怎样做对自己最好，你有自己的判断。

你弹这首曲子，每一音符都弹到位了，曲子听起来也很流畅，你一定花了不少时间和心思来练习。

你考了第一名，你为之付出了很长时间的努力，这是你应该得到的。

你做的事情和妈妈刚才说的一样，我俩的想法一样。

活动步骤：

（1）请两位家长坐到教师两边，教师对其中一位说表扬的话，对另一位说鼓励的话。

（2）教师把两位家长当成自己的孩子介绍给大家。

（3）教师对两个"孩子"交替说表扬和鼓励的话，然后把相应的纸条递给相应的"孩子"，让他们拿好，把纸条对着观众，让观众可以清楚地看到。

（4）分别请两位"孩子"说说听到这些话语后的想法、感受和决定。他们愿意和对方互换纸条吗？为什么？

（5）如果受表扬的"孩子"表示喜欢也不要意外，因为他们在生活中已经习惯了需要被外部肯定。通常来讲，听到表扬的人会表示他感觉自己被有条件地爱或者感觉生活在大人的期望里很有压力。如果"孩子"没有说到这一点，可以问问他们是否有这种感受。

（6）听到鼓励的"孩子"通常会表示对自己很有信心，想做得更好，或者感受到了无条件的爱和鼓励。如果"孩子"没有说到这一点，可以问问他们是否有这种感受。

（7）问问观众，看完这项活动后有什么体会。通过举手调查的方式，看看喜欢表扬或喜欢鼓励的分别有多少人。

（8）感谢两位扮演孩子的家长，请他们回到座位。

（9）整理回顾：大家觉得过度表扬的长期后果是什么？

（10）教师分享：指出当孩子遭受挫败的时候是不能给予他们表扬的，而那时他们最需要的就是鼓励。

我们永远不可能保证孩子会做出正确的决定，但我们可以做一些事情让孩子更可能做出正确的决定。表扬会让孩子养成一种依赖外界评价的不良习惯，而鼓励可以培养孩子的内在认可能力。

这个练习不是让我们忌惮偶尔的表扬。表扬像糖果一样，偶尔吃一下很开心，但是吃多了不健康，而且容易上瘾。而鼓励是自己和家人不可或缺的主食。鼓励让你的孩子知道他们是有能力的，注重的是自己的努力而不是表现完美或取悦别人。

（11）了解对比表（见表1）。

表1 鼓励与表扬之间的不同

方式	表扬	鼓励
词典里的定义	表达令人满意的评价；美化，尤其是通过将完美归因于被表扬的人表示认可	鼓起对方的勇气；激励，促进
指向	做事的人：好孩子	行为：干得好
认可	只针对完成了的，完美的结果：你做得正确	努力以及改进：你尽了力，或者你对你的成果感觉怎样？
态度	摆架子，操纵性的：我喜欢王玲的坐姿	尊重的，欣赏的：谁可以让我看看我们现在该怎么坐？
我……式句	评价式的：我喜欢你的做法	自我指向：我感谢你的合作
最常用于的对象	孩子：你真是个好孩子	成人：谢谢你的帮助
例子	剥夺人的自我成就：我为你得了个A而骄傲	承认对方的成就及其努力中的责任感：那个A反映了你的辛勤努力
导致	孩子为他人而改变：总是寻求别人的认可	孩子为自己而改变：内省
控制点	外在的：别人会怎么想	内在的：我是怎么想的
教给孩子	该想什么 依赖于别人的评价	如何自我评价
目的	遵从：你做得正确	理解：你想到了、学到了、感觉到了
对自我价值感的影响	当得到他人的认可时，觉得自己是有价值的	觉得自己有价值，无须他人认可
长期效果	依赖于他人	自信自立

相关要点：表扬可能会促进一些孩子改善行为。问题在于，这些孩子可能会变成讨好者和总是寻求别人认可的人。一些孩子（长大后就是成人）可能会形成一种依赖于别人的自我概念。还有一些孩子会憎恶并反抗表扬，因为他们不想去附和别人的期望，或者因为他们害怕自己比不过那些好像轻易就能得到表扬的人。即使表扬可能看上去挺管用，但我们必须考虑其长期效果。

成人对表扬的另一种错误看法是，它能给予孩子自尊。自尊既不能被给予也不能被接受，自尊是培养出来的，是从应对失望、解决问题以及在错误中学习的大量机会中获得的自信和能力感中培养出来的。要成功地运用鼓励，需要大人具有尊重孩子、对孩子的观点感兴趣的态度以及培养出孩子不为他人的负面观点所左右的自信，从而培养孩子的人生技能的愿望。

对于那些相信表扬并且看到了其即时效果的人来说，表扬与鼓励之间的不同可能难以理解。他们看见过孩子得到表扬时满脸的光彩，然而，他们没有想过依赖于他人的观点的长期效果。即使是那些想把表扬改为鼓励的人，要把张口就来的老习惯调整为说话前先要好好思考一下，也是一件很别扭的事。

如果你对要与孩子说的话是表扬还是鼓励感到困惑，想想下面的问题可能会有帮助：

我是在激励孩子自我评价，还是依赖于别人的评价？

我是在尊重孩子，还是在摆家长的架子？

我是看到了孩子的观点，还是只看到了我自己的观点？

我会对朋友这么说话吗？

活动三：鼓励与批评

批评的话：

你知道你应该在上课前将你的书和家庭作业准备好。

在课间休息时，别忘了带你的外套，一定要穿上，外面冷！

如果你没有在课堂上完成作业，你在课间休息时就不能出去，直到做完为止。

在离开教室前，把你的作业收起来，把书放到架子上，要收拾干净！

你为什么就不能像李明那样安静地坐着呢？

别再发牢骚和抱怨了！

好啊！这是谁引起的？

因为你在课堂上说话，要扣5分。

鼓励的话：

为准备好上课，你需要带什么？

如果你想在课间休息去外边时保暖，你要穿什么？

你打算怎样在下课前完成作业？

要在离开教室前收拾好你的课桌和教室，你需要做些什么？

当我们准备好上课时应该怎么坐？

你应该怎么对我说话才能让我听清你在说什么？

你们两个怎么解决这个问题？

我们是怎么约定在安静场合不能打扰别人的？

活动步骤：

（1）分别请16位家长站在左右两侧，8位拿着表扬的话，8位拿着鼓励的话。请1位家长扮演孩子。

（2）"孩子"依次站到每一位家长前面。先请家长对"孩子"讲批评的话，然后把相应的纸条对着观众，让观众可以清楚地看到。

（3）请"孩子"说说听到这些话语后的想法、感受和决定。再请两位家长谈感受。

（4）"孩子"依次站到每一位家长前面。再请家长对"孩子"讲鼓励的话，然后把相应的纸条对着观众，让观众可以清楚地看到。

（5）请"孩子"说说听到这些话语后的想法、感受和决定。再请两位家长谈感受。

（6）问一问观众，看完这项活动后有什么体会。通过举手调查的方式，看看喜欢批评或喜欢鼓励的分别有多少人。

（7）感谢家长，请他们回到座位。

（8）整理回顾：大家觉得批评的长期后果是什么？

（9）教师分享：认为帮助孩子做得更好的最佳办法就是对他们做错的事进行批评，这是一种错误的想法。很多人会争辩说，建设性的批评是有益的。茜德西蒙对建设性的批评有个绝妙的定义：束缚性的渣滓。你仔细想一下就会发现，"建设性的批评"是一个自相矛盾的词。建设是指建造，批评意味着拆毁。这并不是说你不应该让孩子知道还有改进的余地，而是意味着你不必为了使孩子做得更好而让他们感觉更糟。讨论有待改善之处的一个有效方法是问孩子："你觉得自己哪些地方做得好？哪些地方需要改进？"孩子往往不用你告诉就知道，而且当孩子不用你告诉就知道需要改进处时，效果会更好。你可以问孩子："你打算怎么改进？你需要做什么来实现你的目标？"然后，你可以和孩子一起做头脑风暴，想出各种可以帮助他们改进的办法。这种做法能帮助孩子设立目标以及做出自我评价。

活动四：负向语言与正向语言

1. 这样的表达是接受还是抗拒

别难过了。

不准发脾气了。

这点小事，值得这么伤心吗？

别发愁了。

没必要为这样的人担心。

别那么大声说话。

别拐弯抹角地说话。

你根本不在乎我。

你一点也不关心我。

你很烦人。

你总是大声关门。

你一个星期才回家吃一次饭。

2. 练习：把下面的话换成正向的表达

我很烦——我喜欢

我遇到难题——我遇到一个挑战

我总是做不到——我正在尝试这个新方法

我永远学不会——我暂时还未学会

我失败了——我在……过程

我放弃——我暂时停下来

我记性不好——我现在忘记了

3. 共同解决问题的表达

我感到（感觉词汇）是因为（客观事实）我希望（解决方案）。

你感觉（感觉词汇）是因为（客观事实）所以你希望（解决方案）。

家长如何帮助孩子建立自信

戴花妹

【教学对象】

小学学生家长。

【教学目标】

通过讲解和体验分享，让家长理解培养孩子自信心的重要意义，帮助家长掌握理念和方法，并在家庭教育生活中运用和实践。

【教学过程】

（一）情境引入

我跟大家一样，有一个共同的身份，那就是家长，很感谢学校给我这样的机会，跟大家一起探讨一些育儿常识。

首先，请大家站起来，我们一起来玩一个小游戏热热身。游戏名字叫"手抓逃"。请伸出您的左手，手心朝下，伸出右手食指，请把两只手伸向两边和您身边的小伙伴搭成一条条友谊的小船。今天我们探讨的主题词是"自信"，等一会儿如果听到我说"自信"这个词的时候，就迅速地该抓的抓，该逃的逃，看看谁的反应快。抓住的是福气，逃走的是财气。来试试看：

"天生我材必有用，千金散尽还复来"这是诗仙李白的自信。

毛主席也是豪迈得很，他说"自信人生二百年，会当水击三千里"。

歌唱家刘欢曾经唱到"心若在，梦就在，只不过是从头再来"，这是激励当时的国企下岗工人要有自信面对未来，对我们现在很多创业者也很有启发。

说到创业，万维钢在《万万没想到：用理工科思维理解世界》这本书里说："过度自信是创业者的通行证。"

游戏结束。看来抓住自信也好，逃离自信也罢，总是有输有赢的。

（二）什么是自信

（1）今天我们交流的主题词是自信。接下来我想做一个简单的现场调查：您觉得您的孩子自信吗？如果自信心满分是10分的话，您给孩子打几分呢？

（2）有的家长会说没有具体标准，怎么打分呢？好，现在请对照1—10分量表，再给孩子打一次分（1分——不敢说，2分——不敢做，3分——很依赖，4分——害怕输，5分——能参与，6分——敢说话，7分——会表现，8分——不怕输，9分——爱挑战，10分——要当头）。现在这个分值与第一次的有变化吗？

（3）为什么我们对孩子有多少自信把握不准、说不清楚呢？来看这样一个故事：

有三个孩子第一次被带去动物园，在狮子的笼子前，一个孩子躲在他母亲的背后，全身发抖地说："我要回家。"第二个孩子站在原地，脸色苍白地用颤抖的声音说："我一点儿都不怕。"第三个孩子目不转睛地盯着狮子，并问他的妈妈："我能不能向它吐口水？"

请问这三个孩子面对草原之王——狮子的时候，有多少自信呢？

事实上，这三个孩子都已经感受到自己所处的劣势，内心是恐惧、自卑的，只是表现形式不同而已。我们看待孩子的自信心，常常也只是看到孩子外在的表现形式，常常觉得孩子有时候自信，有时候不自信，在熟悉的环境中放得开，在陌生的地方很不自信。

那么，到底什么是自信呢？

（4）早在两千多年前，大思想家、教育家孔子对他的弟子司马牛说过这样的话："知者不惑，仁者不忧，勇者不惧。"当时司马牛问夫子，怎样才能做一个君子呢？孔子回答说，要有渊博的人生智慧，一颗博爱仁慈的心，一份不怕困难的勇气，你就可以做一个坦荡荡的君子了。

面对困难，你敢去尝试，就战胜了恐惧。困难往往不在我们熟悉的舒适圈内，而在未知的领域里。所以，自信是有勇气迎接未知的挑战。

（三）小学是培养自信的关键期

（1）著名的心理学家鲁道夫·德雷克斯曾说："一个行为不当的孩子，是一个丧失信心的孩子。"当担忧、恐惧多于对未来生活的憧憬时，孩子便开始畏缩不前，什么也不敢做，又好像做什么都做不好，然后就开始搞破坏，各种不好的行为习惯就来了。

（2）养成良好的行为习惯是孩子在小学阶段的重要任务，与此同时，小学阶段也是培养自信的关键期。美国心理学家埃里克森将人生分为八个阶段，其中第四个阶段是6—12岁的儿童中期，这一时期的任务是发展勤奋，避免自卑。这一阶段正好对应我们孩子的小学生涯，您会发现，小学生最关心：①学习成绩。②找到自己的社会位置。小学生的很多行为都在表明：我要努力做让父母和老师满意的事情，我要得到老师和父母的认可，从而知道我到底有多棒。大家注意到没有？有时候，您在家提醒孩子说："把课文多读几遍吧。"孩子立马回应说："我们老师说了，读两遍，为什么要读三遍？"这个时候，您跟孩子说："也不知道你在学校学习认不认真呢，我打电话跟你们老师聊聊吧。"

孩子也许会说："不要打，您不放心，我读到背下来行了吧？"

（3）12岁以前的孩子，最不愿意得罪的人是父母和老师。如果老师和家长鼓励孩子，表示他和其他孩子一样有能力，孩子将会备受激励而变得有活力，心理上会有掌握感、熟练感、成就感。如果他没有得到充分发展，就很容易陷入失败、自卑、退缩的情绪之中，进而变得不信任自己，做事很被动，对什么都不感兴趣，吹毛求疵或经常拖延等。

（四）如何培养自信心

（1）没有自信的孩子，是没有得到充分发展的孩子，这样的孩子在面对未来的漫漫长路时，走起来有多艰难，简直不敢想象。所以，我们要抓住关键时期，科学有效地培养孩子的自信心。

平常生活中，当孩子做某件事没有自信时，我们对孩子说得最多的一句话是什么？效果怎么样呢？

先请大家欣赏一首儿童诗《勇气》：

您可以的/人们对我说/要有勇气/人们对我说/所以我/鼓起了勇气/鼓起勇气/对他们说/我不行

大家读完以后，有什么感受？小朋友找回自信了吗？并没有，人们的呐喊助威成了隔靴搔痒，并没有真正激起孩子内在的动力，所以最终打退堂鼓了。

（2）怎样的方式能真正培养孩子的自信心呢？在我看来，是要转变态度。教养方式是孩子自信心的土壤。

（3）发现孩子的优点，不断地放大。

请大家观察这样一张图（图1），说说看您看到了什么？

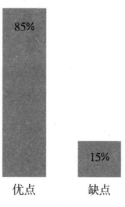

图1 你看到了什么就得到什么

正如图1所表明的那样，每个孩子都有85%的优点，15%的缺点。您的孩子是不是也是这样呢？您认为是怎样的比例呢？

大部分时候，我们心里的优点比例都少于85%，而且大多数人更关注的是孩子的缺点。那么，请您试想一下，您总是盯着那15%的缺点，而缺点正在被放大，孩子越来越不可爱，整个人看着都不顺眼。这个时候，您的感觉不太好，孩子被您盯着更糟糕，他哪里还有什么自信可言？个体心理学家阿德勒·阿尔弗雷德说过："人只有在能够感觉自己有价值的时候，才可以获得勇气。"

比如，孩子试着洗碗，4个打碎了3个，您说："你是来抄家的吧？不要你洗了，手脚这么笨呢，看看人家小明多能干！"对此情况有一个爸爸的反应很有趣，他说："总算还剩一个，这个'珍贵的金碗'留给你用了，你肯定能用好它，对吧？下回洗碗，需要贴身指导跟我说哈。"

事实上，不是孩子没优点，而是我们缺少发现。又如，孩子考了18分，他把试卷拿给父母签名。一般情况下，您会不会不舒服？有个爸爸看过以后，跟妈妈说："有时候想想是不是该去做个亲子鉴定，是不是生他的时候在医院抱错了。"沮丧之下，跟孩子说话自然就不太好听，"你的脑子怎么这么不开窍呢？"可是，这个孩子真的没有优点吗？换个角度想想看，考试没考好的孩子，给父母看分数也是需要相当大的勇气的，孩子对着丢脸的卷子一定是"不想带回家啊"→"是吧，扔了算啦"→"但是万一露馅了呢"→"啊，怎么办啊"这样心理斗争了几百个回合，然后才下定决心给父母看的，我认为孩子的这种勇气是值得肯定的。爸爸可以换句话说："虽然你的分数不高，但你却能好好地把卷子拿来给爸爸看，所以即使你考得不好，爸爸也很高兴。考试是看你学过的东西会了没有，所以错了的地方以后要好好学习，下次有相同的题目不要再错就行了。"孩子听了一定会充满干劲，有信心去面对学习带给他的挫败感。

（4）发现兴趣点并不断地鼓励。

我们常常说，兴趣是最好的老师，是因为孩子的兴趣点隐藏着对未知的好奇和成功的可能性。而一次次成功的体验尝试，就叠加成探寻未知的勇气。

说到这里，要请大家注意，是鼓励，不是表扬。著名心理学家鲁道夫·德雷克斯说过："孩子需要鼓励，就像植物需要水。"而外在的表扬却另有一番威力。

先给大家分享一个故事：

一个老人被自家门口踢球的孩子扰了清静，就付钱请他们来踢球。第一天，老人说："你们在这里踢球给我带来了快乐，为了表达我的感谢，我给你们每人25美分。"第二天，老人说："你们在这里踢球给我带来了快乐，为了表达我的感谢，我给你们每人15美分。"接下来是10美分、5美分，最后说："你们在这里踢球给我带来了快乐，非常感谢你们，只是非常抱歉，我的退休金不多了，不能再给你们钱了。"孩子们很不满，没钱还踢个球啊，所以一气之下不踢了。

也许您早就听过这个故事，那么我想问问大家，您觉得故事中的老人怎么样？可当我把这个故事讲给孩子听的时候，孩子几乎一致地表示讨厌，很古怪。他们说："不喜欢您就直说嘛，还给什么钱呢？我们本来是爱踢球的，不是爱钱的。"孩子是天生的哲学家，一针见血地拆穿了老人的把戏。他用几个硬币就收买了孩子爱玩的天性，孩子的内在动力在他的外在刺激之下变得了无生趣。

我相信，作为父母的我们，在激励孩子的时候一定是抱着好心和美好期待的。只是，我们需要留心的是，这种方式是真正激励到孩子的内在动力，还是仅仅是一种控制手段，这也是鼓励和表扬的区别之一。

为了更切身地体验到"表扬和鼓励"的不同，我们来进行一个体验活动。

① 我需要邀请两个志愿者扮演孩子，一位志愿者扮演他们的家长。

② 请家长将鼓励和表扬的话语交替说给"孩子"听。

③ 询问被表扬的"孩子"：当家长对你这样说的时候，你内心真实的感受是什么？有没有感觉到很累？接下来你会怎么表现？

④ 询问被鼓励的"孩子"：当家长对你这样说的时候，你内心真实的感受又是什么？有没有感觉到父母的爱？有没有备受鼓励？接下来你会怎么做？

⑤ 询问两位"孩子"：如果可能的话，你们愿意交换听到的话语吗？为什么？谢谢两位"孩子"的扮演者，请回到座位。

⑥ 询问在场家长：有多少人比较喜欢被表扬？有多少人更喜欢被鼓励？想一想，某一天孩子真的遭遇挫折、失败的时候，您还会表扬吗？还能怎么表扬？而恰恰这个时候他们最需要鼓励。刚才鼓励的话语中，哪些话令您印象深刻？

⑦ 询问在场家长：大家可能会说，我就喜欢表扬孩子，习惯了，没办法。

但是，您想过没有，过分表扬会导致哪些长期后果呢？是的，太多的表扬会把孩子束缚在一种不健康的关系中，孩子努力地活成父母期待的样子，这样反倒妨碍他们学会独立思考、辩证地看待问题，久而久之，形成"寻求认可上瘾症"的取悦型人格。

⑧ 所以，有句话邀请大家齐读一下，可以吗？"表扬就像糖果，偶尔吃吃能让人愉悦；鼓励却是自己和家人每天的必需品。"

（五）结语

总之，自信能够发挥人的最大潜能。培养自信，需要一双发现孩子优点的眼睛和一颗鼓励孩子的心。

感谢学校的领导和教师为我们提供这么好的学习交流机会，他们为此做了许多准备工作。教育是一场修行，愿我们的努力能将孩子渡往幸福、成功的未来，感恩每一位教师与我们同舟共济。

家长如何让孩子学会自立

戴花妹

【教学对象】

小学各年级学生家长。

【教学目标】

教会家长培养孩子的自立能力，逐渐放手让孩子成长。

【教学过程】

（一）要孩子成长，家长却不放手的现状调查

视频：德国一个1岁半的宝宝独自在家照顾自己的视频。

（1）自己洗澡、穿衣服、系鞋带、吃饭、睡觉、背书包。

（2）自己洗鞋子、洗袜子、整理书包和书柜。

（3）自己做早餐，煮面条、煎饼、热菜。

（4）主动分担家务，洗碗、扫地、擦桌子、倒垃圾。

（5）有过自己去菜市场买菜、逛商场、逛公园的成功经历。

（6）到社区参加卖报纸、二手玩具、旧书等实践活动。

（7）独立完成家庭作业。

（8）自己在家照顾小宝宝3小时以上。

（9）自己走路上学。

（10）自己乘坐公交、地铁、火车等，旅程在1小时以上。

放手，就是给孩子空间，让孩子尽可能独立成长，引导孩子自己的事情自己做。当然，现实中有许多客观原因，让我们直呼："'臣妾'做不到！"不可忽视的是，也有许多主观原因，是"不要啊，'皇上'！"把孩子当皇帝一样捧在手心里，舍不得放手，舍不得让孩子独立尝试，主动做孩子的"及时雨"，主动包办代替。

（二）为什么要放手

1. 授权给孩子，让孩子发展自我价值感和自信

体验活动：儿童的权力之争。

父母信任孩子，是对孩子最大的鼓励！

2. 提升自我效能感，塑造成功者的意象

自我效能感是指人们对自身能否利用所拥有的技能去完成某项工作的自信程度，是人对自己行为能力的主观推测。

积极的经验能让孩子更乐于尝试，有更多机会学习正确的方法，从而在高效循环的磁场中形成"我能做到，我是成功者"的自我意象，让孩子更有勇气面对挫折，更有毅力达成目标，更有责任和担当。

（三）怎么做到放手

1. 赋予孩子力量，让孩子为自己的事情负责

体验活动：

早上平平的妈妈在楼下等着送平平上学，平平却坐在餐桌前，因为昨晚的家庭作业没有做……

进行两轮角色扮演，发台词。邀请12位家长扮演妈妈，1位家长扮演平平。

包办的话语:

(1)我无法相信你又拖延了。你将来会变成什么样子?好吧,我这次帮你做,但下次你要承担后果。

(2)宝贝,我给你买手机,给你买我都舍不得买的衣服,给你那么多零花钱,你连家庭作业都不做吗?

(3)如果你做家庭作业,我就给你买一个新的平板电脑,买手机,给你更多的零花钱。

(4)宝贝,快点,你能做多少是多少,我去帮你找衣服,然后去发动车,这样你上车的时候就不冷了。

(5)我真不明白,我不让你做家务,早上喊你起床,为了让你有更多时间,开车接送你上学,还给你准备午餐。你怎么会这样?

(6)好吧,我会给你的老师写请假条,说你今天早上病了,但你要保证把缺的课补上。

(7)我要没收你的手机、电脑,不准你去见朋友,直到你把这件事做完。

(8)哦,难怪,我看到你一天到晚都在上网或者跟朋友闲聊。你应该感到羞耻。你给我好好反省,否则你就等着将来睡大马路吧!

(9)我告诉过你多少遍啦?要早点把作业做完了!你为什么不能像你哥哥那样呢?你为什么不能更负责任一点呢?你怎么是这样一个人?

(10)你怎么能这样?你怎么总是忘?你从来就不能好好完成作业!我简直不敢相信我生了你这么个懒人!

(11)宝贝,我觉得你确实不需要写作业,老师留的作业真是愚蠢,你这么聪明,根本不需要写作业。

(12)你赶紧穿衣服、吃早饭,妈妈帮你写作业。不过对不起,这样一来,妈妈就没时间给你煎鸡蛋和香肠了。妈妈相信你明天会写作业。

赋予孩子力量的话语:

(1)我对你有信心,我相信你会发现自己想要什么,当你明白什么对你重要时,你会知道怎么做的。

(2)我不会为你找理由,当你老师来电话时,我会把电话给你,以便她能和你直接讨论这件事。(尊重的态度和口气很重要)

（3）我想听听这对你意味着什么，能告诉我为什么你觉得做作业不重要？

（4）如果你的作业需要我的帮助，请提前告诉我哦，但我不喜欢你在最后一分钟告诉我。

（5）我现在太生气了，没法谈这个问题。让我们把它放在家庭会议的议程上吧，这样我们就能在不那么情绪化的时候讨论了。

（6）每周二和周四的7点和8点之间我有时间帮助你，如果在最后一分钟来找我，我实在没办法帮你。

（7）我希望你能上大学，但我不确定这对你来说是否很重要，我很乐意和你谈谈你自己对上大学的想法与计划。

（8）我们能否坐下一起看看，关于你的作业有什么好的计划？

（9）你不做作业我真的很沮丧，在我的价值观里教育非常重要，我觉得它对你的人生有很多益处，我真希望你能坚持下去。

（10）关于你的作业你有什么想法？你愿意听听我的担心吗？我们一起想想有什么办法。

（11）看得出这个成绩让你很沮丧，我相信你一定能吸取教训，然后想办法达到你希望达到的成绩。

（12）你知道吗，我无论如何都爱你，对于我来说，你比成绩重要。

两轮分别询问"孩子"和妈妈的想法、感受和决定。

询问现场观察者，你印象最深的话是哪一句？从中你学到了什么？

2. 多用启发式提问，鼓励孩子为他人服务，获得贡献感

启发式提问活动体验：

有些孩子在家衣来伸手、饭来张口，时间由大人安排，连游戏、娱乐都有大人看着、带着、管着，孩子几乎无须动脑或动手就能生活，孩子一点儿也不幸福，而是无聊、无趣、无意义。很多生活在困苦环境中的孩子，早早地担负了许多家务、农活，虽然辛苦，但是孩子很自然地在这辛苦的过程中获得责任感、贡献感。

通过观察孩子的行为，我们会发现每个孩子都希望自己对家庭有贡献，他们帮忙做事的能力虽然有限，但是他们很希望能帮上父母的忙。他们对家庭气氛的敏感度极高，会关心父母的情感困扰和经济压力，希望能做些什么让父母快乐。有个7岁的小男孩儿，看到妈妈回家板着脸不开心，就跑过来说："妈妈，你如果有什么心事，要告诉我哦！"这个故事不是鼓励父母把心事讲给孩子听，而是说，孩子其实非常关心身边的人和事，也特别希望自己对别人有帮助。我们可以邀请孩子分担家务或照顾老人、小宝宝，鼓励孩子帮老师、同学、班级做事。放学时问问孩子，今天你帮助别人了吗？

3. 带着爱而放手

（1）把"放手五部曲"的问卷发给家长，同时，用3—5分钟的时间请他们自己填写前三个步骤。

步骤1：想一想，在哪些方面你很难对孩子放手（在内心深处，你对这些方面抓得很紧）。

步骤2：导致你难以放手的问题是什么？你作为家长的问题（通常是你的恐惧）是什么？你孩子的问题（通常是他们想要的）是什么？

步骤3：你真的愿意放手吗？假如你觉得你不想放手的话，接下来的两个步骤就不必进行了。

（2）有时候，很难知道你能做到的最小一步是什么。每四人分成一个小组，给组员一定的时间轮流分享他们的顾虑，然后让小组成员给出适当的小步放手的建议。每位组员都可以记下自己听到的所有建议，然后选派小组代表来完成表格的第五步。

步骤4：放手时，你可以做到的最小一步是什么？（一定要具体明确）

步骤5：你打算什么时候开始尝试着放手的最小一步？如果这样做会让你感到不舒服，你还会坚持吗？

（3）询问大家：在这个活动中，你有什么收获和启发？你对自己的问题有没有新的看法？你对孩子的问题有没有新的看法？你有什么不舒服的体验吗？放手对你和孩子各有什么好处？

对孩子放手是一个过程。当你放手的时候，只需悄悄且持续地做，并不需要告诉孩子你正在对他放手。爱的至高境界是充分放手，又暗中呵护。

（低年级段：推荐阅读《我和老爸》）

（四）结语

纪伯伦《论孩子》。

家长如何识别孩子错误背后的信息

陈花丽

【教学对象】

一至六年级学生家长。

【教学目标】

（1）理解隐藏在孩子不当行为背后的信息。

（2）通过自己的感受来判断孩子不当行为的错误目的。

（3）了解并尝试运用部分工具。

【教学流程】

（一）怎样对待错误

1. 热身：照我说的做

（1）请您用最舒服的姿势坐好，将双手放在膝盖上，深吸一口气再轻轻呼出去，再来一次。伸出食指和拇指，围成一个圈，就好像OK一样，接下来，将你的手放到下巴上。

（2）大家看看四周，发现了什么？是不是我们集体犯了个错？好的，没关系，对把手放到脸颊上的人真诚微笑地说："没关系，错误是学习的机会！"

（3）我想知道有多少人是按我说的话去做的？有多少人是跟着我的动作而不是照我说的话做的呢？

（4）讨论：这个活动对我们教养孩子有什么启发？

（5）小结过渡。

孩子通过观察来学习，行动比语言更有力量，我们用行动来示范更有效果。

教育中如遇到孩子有错误，不妨尝试以兴奋的态度去接受。没有人是在完美当中成长的，所有的错误都是成长的机会。

2. 介绍本课理论

（1）这正如美国儿童心理学家、教育家鲁道夫·德雷克斯所说："一个人在犯错误之后怎么做，要比错误本身更重要。"

今天我要分享的就是和错误有关的主题——识别孩子的错误目的。

（2）鲁道夫·德雷克斯和个体心理学创始人阿德勒的理论提倡我们不要只看孩子问题行为的表面，而要看到问题行为背后的信息。我们看见孩子的外在行为就好比只看到了冰山一角，但在下面蕴藏的情绪、感受、期待、渴望等，我们并没有去体会和觉察。所以鲁道夫·德雷克斯说："一个行为不当的孩子，是一个丧失信心的孩子。"他发现，当孩子丧失信心时，他们会为自己选择四个不恰当或错误的目的。那怎么去觉察孩子的错误目的呢？今天，我们重点从大人对孩子行为的感受、反应这一条线索来识别。

（二）识别孩子的错误目的

1. 寻求过度关注

（1）大家先想想，生活中孩子做了什么事会让你感到心烦呢？

（2）曾听妈妈们回复：说了很多次不听，妈妈打电话总来打扰，做作业磨蹭，等等。这是孩子的第一种错误目的——寻求过度关注。通常表现为你陪我玩、为我服务的时候才有价值感。其实孩子是想说："妈妈，只有你关注我，我才有价值感。"

（3）这样的时候，推荐给大家一个工具——特别时光。

（4）什么是特别时光？为什么要安排特别时光？

特别时光也就是和平常不一样的时光。为什么要安排特别时光？定期陪孩子，给孩子足够的陪伴，这是孩子安全和自信的重要来源。

（5）怎样安排特别时光？

① 其实特别时光是有讲究的。首先在2—6岁时最少每周有10分钟的特别时光，7—12岁每周最少30分钟，青春期每月最少1次，这是最小限度。

② 其次还要求达到深度。有人说为什么我二十四小时陪着孩子，孩子还要打扰我？每个孩子对陪伴的时间需求不一，有的孩子天生需要多一点儿。怎样达到深度？让他感到心无旁骛、专心致志，玩到哈哈大笑。

③《游戏力》的作者科恩介绍他在与9岁的女儿玩时，不按女儿的要求玩，结果女儿说再也不和他玩了。所以特别时光的另一要求是：按孩子的要求玩，做孩子想做的。

④ 另外，一定要让孩子明确：这段时间是为孩子特别设定的，事先约定好时间，孩子要遵守约定。当孩子做不到时，你只要做好自己。当孩子哭闹时，要接纳孩子的感受，不要批评、指责孩子。

案例呈现：

一个二年级的学生长期得不到家人的肯定和关注，因为在爸爸眼里，姐姐永远是最棒的，和父亲参加各种活动的总是姐姐。在一个"雏鹰争章"活动中，他得到的是2星，但他想要把更高星级的臂章带回家去让爸爸妈妈高兴，于是就偷了同学的4星臂章带回家去。爸爸妈妈看到果然高兴。于是，这孩子就不辞辛苦地每天进学校前把4星臂章摘下，偷偷塞进学校围墙下的一个墙缝里，换上自己的臂章进学校。放学后，又把自己的摘下，戴上同学的臂章回家。就这样一次又一次，一天又一天，如此情形持续了一年多，直到有一天，妈妈发现了他裤兜里的那枚2星臂章。谁也不知道这个孩子为了得到家人的关注，每天经受着怎样的煎熬。我只知道，现在这个孩子上九年级，身高快180厘米，与人交谈头不敢抬起来，眼睛不敢正视对方。学校要求上交全家照片，他拒绝和爸爸、姐姐同框。

如果孩子从小得到家人的陪伴和肯定，这样的事就不会发生。

2. 挑战权威

（1）在和孩子相处的时候，有没有很生气想要揍他的时候？那么请想一想：你有这种感受是因为孩子做了什么呢？也许是打人，也许是顶嘴，也许是叫写作业不听、拖拉。

（2）当你感到被激怒时，孩子的错误目的是寻找权力、挑战权威，孩子想告诉我们：当我主宰局面时我才有归属感。孩子想要选择权、自我掌控权。

（3）当孩子寻找权力时我们应该怎么做呢？可以使用哪些工具呢？

（4）这种情况下可以尝试"有限选择"这一工具。

例如，外婆用唠叨、吓唬等方式让外孙女去洗澡，外孙女充耳不闻。妈妈问："女儿，你是想站着洗呢还是坐着洗？想玩捏捏玩具还是想玩别的玩具？"一般孩子会头也不回就答：坐着洗。

选择与年龄相关，年龄越小，选择的范围越小。选择与责任相关，有多大选择就有多大责任。例如，关于睡觉，小一点的孩子可以问：你是现在睡还是5分钟以后睡？对于大一点的孩子可以问：你是8点半睡还是9点钟睡？

（5）有限选择要达成三个条件：尊重自己、尊重孩子和尊重情形。任何一个条件不足，都可能失败。大家有没有发现我怎么问问题的？我没问是不是、好不好、要不要、愿不愿、行不行，我问的是有限选择的两个问题。比如，你想今天去幼儿园还是明天去？这样的问题是否有效呢？这要看问题设置是否巧妙、符合孩子、符合自己、符合情形。当不能顺利施行时，可以与孩子约定，约定了就一定要遵守。

（6）有限选择练习一：关于做作业。

（7）如果你给的选项孩子都不要，怎么办呢？你可以平静地告诉孩子："我没有给出这个选项哦。"然后重复你的选项，再加上"你决定"。因为必须做的事情没得选择，但可以选择方式和时间。

（8）有限选择练习二：时间到了，要离开游乐场了。

3. 报复

（1）第三种是当你感受到失望、受伤，甚至恨孩子时，孩子的错误目的是报复，可能是情绪上的报复，不一定是你打我，我打你。例如，硬拉孩子起床，孩子就不想去学校，不买东西就不去上学。当孩子让你受伤时，他其实是想说，我受到伤害了，我也要以牙还牙。

（2）遇到这种情况，有很多种解决方法，其中的"诚实表达"小工具可以去试试。例如，如大孩子不给小孩子玩玩具，小孩子大哭，家长一般会骂大孩子。一个妈妈看到后说："当我看到你们抢玩具时，我感到很伤心、着急、没力气，我希望你们好好玩。"多说几次后，老大忽然说："我面对弟弟既喜欢也不喜欢，喜欢他是因为他陪我玩，但你和爸爸只抱弟弟时我很伤心。我希望爸爸抱弟弟时，你可以抱我。"

（3）这就是在生活中实践，教给孩子沟通的方式——诚实表达自己的感受，其实就是个简单的"我句式"：

我感到……

是因为……

我希望……

（4）诚实面对情绪现场体验活动。

① 想象情境：对家里某位成员感到沮丧和无奈，因为无论怎么沟通，他都不明白你的意思。例如，晚上7点，吃完晚饭，让孩子抓紧时间做作业，你开始洗碗、拖地。拖完地是9点，走过去看孩子作业，发现从7点到9点孩子只做了两道数学口算题。

② 两人一组扮演角色，扮演他们如何用说教、唠叨、引发愧疚感、惩罚，甚至回避的方式处理这种情况。

③ 大家根据脸谱表情选择情绪感受，有什么决定？

④ 现在，让我们再次回到刚才的情境中，并用上面的句式分享感受，注意不做论断。

我感到＿＿＿＿＿＿＿，

是因为＿＿＿＿＿＿＿，

我希望＿＿＿＿＿＿＿。

例如，我感到受伤了，是因为你不想和我说话，我希望我们能经常在一起说说话。

简单描述感受+事实描述+希望事情怎么发展。

⑤ 请现场家长互相练习说，双方选择情绪感受，接下来有什么决定呢？其他人有什么观察和发现？

全场一起平静表达练习。

以上活动带给你什么样的思考和感受？你的决定是什么？

仔细觉察，诚实表达有什么效果？它既帮助我们释放自己，又避免了指责对方，还促进了孩子对大人的了解和对自己处境的了解，并且把事情往解决问题的方向引导。这是既能安全地做真实的自己，又不会无意伤害到他人的方法和技能。这是一个简单的"我句式"，当和别人产生冲突时，可以使用。

使用它有几个注意要点：

① 找准自己的感受并诚实地表达出来，这样既可以释放情绪，也可以避免追究责任而引起冲突。

② 简单描述事实或原因，避免要划分或追究责任而引起冲突。

③ 关注解决问题而不分析原因，避免要划分或追究责任而引起冲突。

找到一个准确的感受词，真实地表达自己，并不会带有对对方的指责和抱怨，对方也不会因此感到受伤害，反而有可能会感受到爱或真诚。找准感受、平静表达并不容易，需要多加练习。

这看起来很简单，所以说教育孩子就是一场修行。

4. 自暴自弃

（1）生活中孩子的一些行为会让人感到无望、无助、无力。例如，有家长说孩子写作文时：

家长说："你写呀！"

孩子说："我不会。"

家长说："你先开头哇！"

孩子说："我不会。"

又如，生活中不打招呼的事："叫人呀！叫人你不会啊？"不管怎么说就不叫。因为孩子不相信自己有能力与人交往，所以只能躲。

（2）这些就是孩子自暴自弃的错误目的。当孩子自暴自弃的时候，其实是想说：我无助又无能，尝试是没有用的，因为我做不好。

（3）面对这样的情况，相应的方法表格中有许多，可以尝试"细小步骤"这一工具，帮助孩子分解或简化任务，降低难度，直到孩子有成功的经历，这样就会放弃"我不行"这个信念。

注意：我们可以教给孩子技能，可以示范，但不能替孩子做。

比如说孩子不敢打招呼这件事，我们可以和孩子约定分四步走，鼓励孩子第一次先不躲、看对方；第二次在此基础上点点头；第三次争取再朝着对方笑一笑；第四次力争开口问候："阿姨好！"每次孩子有改变都要及时鼓励。

这很重要，因为一个行为不当的孩子就是一个丧失了信心的孩子，丧失信心的孩子没有归属感和自我价值感。

（三）为什么要识别错误目的

值得注意的是，要识别孩子行为背后的错误观念及错误目的绝非易事。首先，面对孩子的不当行为时，我们往往被愤怒蒙蔽，无法去洞察孩子行为背后的目的。其次，孩子可能以同一行为来达到四种错误目的中的任何一个。例如，同样是不做作业这一行为，有的孩子是因为想得到别人的关注，有的是想借此告诉家长"你管不着我"，还有些孩子觉得受到伤害了，想借此来报复，也有部分孩子认为自己反正不会做，所以干脆不做了。家长必须采用不同的方法才能有效地解决孩子的不当行为。

孩子意识不到自己的错误观念，所以你问他为什么要做出不好的行为时，他会说不知道。为什么识别出孩子的错误目的很重要呢？因为了解孩子的错误目的（错误观念）有助于我们采取最有效的行动，来帮助孩子达到他的真正目的——获得归属感和价值感。无论孩子的哪一种错误目的，最终目的都是为了追求归属感和价值感。

案例呈现：

是报复还是自暴自弃？

孩子课外做的读书笔记做了两次不合格，我利用课堂时间展示了部分做得好的同学，帮助大家了解怎么做，接着让大家另选一篇课文再做一次。有个男孩就开始嘟囔了，把课桌、学具弄得噼里啪啦响，还用书本不停地拍打脑袋。这孩子怎么这样啊？我心里瞬时闪过这样的想法。看到他的样子，听到他发出的噪声，一股愤怒顿时涌上心来。课堂气氛顿时变得紧张起来。但是我的理智告诉我，他在用这样的方式寻找想要的东西。我马上冷静下来，平静地看着他，说："景浩现在很激动，需要冷静一下是吗？"他涨红了脸，继续他的行为。我接着说："你可以选择在教室外待一会儿，等你冷静了再进来好吗？"刚说完，下课铃响了，出操时间到了，有的同学想要过去安慰他，他大吼着赶走同学。同学们陆续离开教室。负责关门窗的刘欣同学走过来，说："你现在很着急是不是？怕自己写不好是吗？"他不出声。刘欣打开自己的本子给他看："你看我的，前面的还不是和你一样没做好。你看后面几次，静下心来按老师的要求去做，是不是越来越好？你也可以做到的呀！"真的膜拜孩子，他们是天生的教育家！我轻声说："你们先待一会儿，我过一会儿再去看你。"掩上教室门，我悄悄地退出去。再回来的时候，发现他虽在抽泣，却没有停下写字，而且字体端正、漂亮了许多。

案例中的孩子就是在觉得自己做不好的时候开始出现不当行为，在老师的共情和同学的鼓励之后，开始再次尝试。

（四）怎样使用错误目的表

怎样使用错误目的表呢？步骤如下：

（1）先感受自己的情绪；

（2）找到孩子的错误目的是什么；

（3）孩子想告诉你什么；

（4）再找"家长可以这样做"，从中找到方法去实践。

（五）结语

童年时期孩子的关注点是努力发展自己和父母的关系，他们明白自己生活在成人的世界里，这个时期的四个错误目的较容易察觉。青春期孩子的不当行为将不再适用于这四个错误目的。

发生问题的那一刻，只是一系列问题中的一次体现而已。孩子那些让人生气的行为，不是通过一次正确的回应就能得到解决的。我们需要朝着深度改善孩子的前景而努力。因此，详尽地洞察孩子的行为变化非常有必要。

今天一个小时的讲座，仅就家长对孩子行为的感受这一线索简单学习，并不能带大家全面、详尽的了解。当你凭自己的感受不能确定孩子的错误目的时，可能就要借助第二条、第三条线索来帮助自己了，期待有机会我们再次分享。

家长如何将孩子的错误变成教育的契机

徐巧双

【教学对象】

小学学生家长。

【教学目标】

（1）通过本课例让家长认识并接受孩子是通过观察家长的行为来习得品格和社会技能的理念。

（2）帮助家长认识到孩子错误背后的目的以及恰当的回应方式。

【教学过程】

（一）问题引入

我们想培养一个什么样的孩子呢？

通过提问引出家长对孩子的培养目标。我们需要培养孩子好的品格、性情、社会技能等。

互动：你们的孩子，有经常犯错误的时候吗？分年龄段的话，都是什么样的错误呢？

如果我们能够充分地理解孩子，了解他们生长发育的特点，我们会发现，有些错误是完全可以原谅的，有些错误是因为孩子的生理发育不完全，不能算是错误。例如，1岁半左右的孩子吃手、啃东西，那是因为他们在用嘴巴探索世界，不算是错误；2岁左右的宝宝会打人、扔东西，那是因为他们的小胳膊肌肉正在发育，他们的大脑还不能很好地控制小肌肉群的运动，他们还不能很好地掌握与人互动的力度，有时候是他们在做实验，我能把这个玩具扔多远？我扔了这个东西，爸爸或者妈妈会有什么反应？这些都不算错误。

幼儿园的孩子开始逆反，不愿意上学；小学的孩子做作业不认真，有些孩子骂人、说脏话。父母就开始觉得头疼了，有些父母可能会根据孩子所犯的错误采取一定的惩罚措施，希望孩子能够吸取教训，改变行为。

问题：惩罚的积极效果和消极后果都是什么？

惩罚的积极效果是，一定程度的惩罚可以当下停止孩子的错误行为。但是，惩罚会带来什么消极后果呢？惩罚会让孩子反叛、报复、退缩。

这些其实都不是我们想要的结果。所以很多时候惩罚并不是最好的解决办法。那为什么我们还是会不由自主地采取这种方式呢？一是因为我们是在这种方式下被教养长大的，如大家熟知的"棍棒底下出孝子"；二是因为这种方式有立竿见影的效果。但是我们刚才也讨论了，不恰当的惩罚会带来长期的、负面的后果。那么，孩子犯错误之后，在采取措施之前，我们能不能看一看孩子为什么会犯错？

大家能解释一下吗？

（二）互动

小结：导致孩子犯错误的原因也许是孩子目光还短浅，也许是来自同伴的压力，也许是判断力还不足，也许是很多事情孩子还不知道……但是，我们真的知道孩子为什么会犯错吗？如果我们认定自己真的理解孩子行为背后的动机，并且做出了负面评判，就会在他们心里触发一种无可救药的消极情绪。我们有时候会通过明显或是微妙的方式向他们传递一种信息，让他们感到自己缺乏能力，他们不被需要，或者他们是无足轻重的。我们可能会拿他们开玩笑，甚至讥笑他们，把他们和小伙伴做比较，在他人面前贬低他们……

仔细想想，大家有说过以下类似的话吗？

你总是违反我制定的规矩，因为你不爱这个家。

你不努力学习，因为你完全不在乎自己的前途。

你说谎是因为你不在乎别人的感受，只顾自己。

你总是考虑不周、丢三落四。

你的感受很愚蠢。

你太粗鲁了。

你应该为自己感到羞愧。

我不相信你，也无法相信你。

你是存心伤害我的感情。

你真可恶。

你故意编造了一切，你在撒谎。

我们是不是说过上述类似的话？或者这样做过？

但是，如果我们知道为什么孩子会做这些成人看起来是完全错误的事情，能了解孩子错误背后的动机，那么我们就有力量去做出改变，言传身教地去影响孩子，让他们成为我们希望的那种人。遗憾的是，面对孩子的负面行为，我们往往没有耐心去弄清楚为什么，而是直接去面对发生了什么。在这些情境下，我们自以为知道了孩子某种行为的原因，因而认定他们的动机就是坏的。将这样的评判强加给孩子，会使他们产生无助的感觉，因为在无法申辩的情况下，他们已经遭受了"判决"。

面对父母这样的态度，孩子会怎样呢？第一种，如果孩子将无助、无望的感觉掩藏在心里，他们很可能会躲进"壳"里，将"我很坏"的感觉也埋在心里，进行自我攻击。这样的孩子性格内向、胆小，不喜欢表现自己，也不愿意跟人交往，以后面对的就将是孤独、消极、颓废的人生。第二种，如果孩子没有这样内化，而是将这种无助感外化，他们就会迁怒于他人，以牙还牙，欺负他人。有些孩子之所以会欺负人，是由于他心里有痛楚。将欺负升级为暴力，是因为施暴者心里埋藏着很深的羞耻感，唯有将痛楚转嫁给他人才能获得解脱。换句话说，成人的行为源于幼年时的遭遇，源于长幼互动关系，尤其是12岁之前的家庭关系。如果一个孩子在犯错误时，能够得到尊重，他的感受能够得到维护，他自然就不会攻击自己或者转而羞辱他人。

只有我们不把孩子的错误看成是故意的，才会真正关注重点，进而发现这些错误背后的动机。其实，错误是学习的好机会。即使孩子是故意犯错，也会在这个错误背后有正面动机，那就是，他希望父母或者重要的人能够关注自己。所以，面对孩子的错误，我们只要相信，每一个错误背后都存在着正面动机，我们就能够从由孩子的错误而引起的焦虑、挫败、愤怒甚至是自责、内疚中走出来，寻找解决的办法。很多时候，这些动机不会自动呈现，身为父母的我们应该学习从错误表面背后挖掘孩子初始的动机。这样不仅会使作为父母的我们受到鼓励，也会让孩子相信我们天性中的美好。如果我们仅仅关注糟糕的结果而忽略善良的动机，孩子就会失去尝试的热情。

（三）讨论：如何将错误转化为精神财富

1. 不要执着于完美

应对孩子的错误时，首先想想我们希望别人怎么对待我们自己的错误？我们愿意受人教训吗？比如，我们投资失败，我们愿意家人一遍又一遍地提醒我们做错了事情吗？假如各位是上班族，我们愿意因为迟到被处罚吗？我们愿意别人因为我们犯的错误反复教训我们吗？尤其是，我们希望自己的爱人或者亲人来执行这样的惩罚吗？我们愿意自己的爱、付出和投入都遭到质疑吗？然而，这正是很多父母应对孩子的错误时采取的方式。当孩子在学校表现不好时，很多父母都相信，只要告诉他们"再努力些""再多学点"或"别放弃"，就是在帮助他们面对失败。事实上，我们恰恰正在引导孩子执着于完美。孩子跌落在不完美、混乱、无知之中时就已经不知所措了，这个时候，如果我们再责备、惩罚或者要求，孩子就会更加无所适从。因为他们非常明白父母的期望，却在犯了错误的时候不知道怎么采取适当的方法改正错误。前面说了，我们用责备、惩罚的方法不仅无法使孩子获得成长，还将埋下恶劣的种子。

2. 成人是榜样

孩子是通过观察我们来学习如何与世界、与他人互动的，也是通过学习我们的行为来处理问题、应对情绪的。当我们面对孩子的错误紧张、焦虑的时候，孩子学会了什么呢？我们是不是应该教会孩子，犯错误并不可怕，只要我们从错误中吸取教训，就能把错误变成财富。生活中的每一天都存在大量机会，让我们以身作则，从容地面对自己的不完美。孩子需要明白，生活中的麻烦可以转化为精神上和情感上的财富。一旦他们意识到了这一点，就再也不会畏惧失败，而且有能力接受现实，把错误看作生命中不可避免甚至是基本的组成部分。这样我们就不用担心孩子抗挫折能力差。

（四）体验活动：分享错误目的表

大家同意吗？假如大家同意这个观点的话，我们继续进行。

孩子的错误是有动机、有目的的，那么大家想不想继续学习孩子的错误背后都有哪些动机和目的呢？接下来我将会为大家展示一个"价值百万的心理学研究成果——儿童错误行为背后的目的和动机"。

我们先来进行一个角色扮演的活动：打球发生的冲突。

请5位志愿者上台进行表演。告诉志愿者按照台词读出来，也可以适当发挥。

每一组表演结束后询问家长和孩子扮演者的想法、感受和可能采取的行动。

在PPT上展示四种错误目的，让家长学会根据自己的感受去判断孩子的错误目的到底属于哪一种。有可能的话，每人发一张"错误目的表"，然后进行四人小组的学习和讨论。

带领大家阅读孩子的错误和错误背后可能的目的、成人可能的行为以及可以解决的方案。请刚刚进行表演的志愿者再回到台上，讨论如果用这张表中给出的方案重新解决刚才的冲突，他们可以怎么办呢？给出3分钟让他们讨论之后表演。也请台下的观众讨论。

接下来带领大家梳理孩子的四种错误目的。

1. 第一种：寻求过度关注

举例说明：当你在做事情的时候，如你在接一个重要的电话或者你需要一段时间来完成工作，孩子总是过来打扰你，或者是需要你帮他完成一些他本来可以独自完成的事情，这有可能就是孩子在寻求过度关注。

比如，很多家里有了二胎，常常会出现这样的情况：当妈妈给小宝喂奶、换尿布，忙得不可开交的时候，大宝会要求妈妈为自己做一些事情，有时候明明可以自己穿衣服、自己整理书包却偏偏要妈妈帮忙。妈妈常常会因为大宝这样的要求而心烦、焦虑，甚至会说："你是哥哥，你要懂事一点，你没有看到妈妈在忙吗？"或者还可能出现另外一种情况，就是大宝表现格外懂事，并且他会常常在父母面前表现出来，以期望得到父母的表扬。其实这两种情况都表明，大宝在寻求过度关注。

一个寻求过度关注的孩子并不快乐，因为他认为自己得不到关注的时候，他就是不好的，是没有价值和家庭地位的。内心的不安迫使他不断地向妈妈寻求和确定自己是否重要，当妈妈注意到他，他的不安就会停一下。但妈妈不可能一直关注他，于是他又会产生同样的潜意识疑问：妈妈仍然会关注我吗？在妈妈心目中我还是重要的吗？

如此便形成恶性循环。这种不良影响同样也会被孩子带到学校，他们像渴望得到妈妈的关注那样，渴望得到老师和同伴的关注。如果老师投诉您的孩子在班上喜欢插嘴、好动、打打闹闹，甚至喜欢恶作剧时，多半都是因为他在寻求过度关注。比如，他总是积极、频繁地举手打断别人，甚至直接喊道："老师，你怎么不提问我呀？"真的提问他时，他并不知道课堂上正在进行什么活动，因为他所有的注意力都用来关注"自己是否重要""老师是否在意自己"的内部感觉了，没有沉浸在当前的课堂之中。

所有人，包括孩子，都在尽其所能地寻找一份归属感。如果孩子能够健康成长，保持内心的勇气，那么孩子便能够通过展现能力、积极参与活动和为他人提供价值而找到归属感。然而，如果这是一个气馁的、没有得到鼓励的孩子，他的归属感就得不到满足。于是，他就会将自己的焦点转向他人和外界：除非你注意我，不然我什么也不是。只有跟你发生关系，当你注意到我的时候，我才能找到自己的地位。这样的孩子有可能性格内向、孤僻、胆小，也有可能走另一个极端，控制、自私、自负，也许可以在外在世界获得成功，但却很难得到精神上的满足。

各位亲爱的家长，现在我们静下心来想一想，您的孩子有过寻求过度关注而您并没有看见他的动机的时候吗？

然而，我们并不是说不应该给予孩子适当的关注。那么，我们怎样来区分适度关注和过度关注呢？

一个人在童年所受到的伤害，最严重的可以归纳为两点：被忽视和被虐待。孩子在成长的过程中都需要我们给予帮助、支持、手把手的教导、爱与关注，所以适度关注是给予孩子成长最好的养分。那么，孩子究竟是在寻求过度关注，还是因为被忽视了，这需要明智地区分。

区分的方法其实很简单，家长可以根据自己的感受来判断，孩子是不是没有什么正当理由而让我们不停地为他们忙碌？这种状况是不是常常让我们感到不高兴或烦躁？如果是，那么可以确定孩子正在寻求过度关注；如果不是，那么就是孩子的正当要求。

孩子由于自己的潜意识发出诉求，家长基于自己的潜意识采取行动，这些都是生活中的自然反应。当做不到客观了解、就事论事、不以自我为中心，从而无法了解全局的时候，可以尝试不那么快反应，问自己几个问题：孩子的要求是什么？如果我们不介入，孩子能否自己处理？如果我们回应了孩子，会对孩子的自我认知有什么影响？我们的反应会让孩子懂得他是一个有能力的人，还是会导致他认为自己没有能力，需要他人帮助才行？当你有了答案，也就能纵观全局了。

那么，如何处理孩子寻求过度关注的错误行为呢？我们可以把孩子引向建设性的行为。在家里，给孩子一项对大人有帮助的任务。例如，给孩子一个秒表，你打电话时让孩子替你计时；或者请孩子帮忙做一件他力所能及的事情，做完后表示感谢并进行鼓励。还可以用以下方法：

（1）做孩子意料不到的事情。（一个满怀的拥抱常常很有效）

（2）设定一段特别时光的时间表，定期陪孩子，尤其是二胎家庭，要留出单独跟大宝相处的时间。

（3）用会意的一笑让孩子明白你不会被纠缠于此，然后说："我期待着6点钟的特别时光。"

（4）约定一些无言的信号：把手放在胸口上表示我爱你，用手捂住耳朵表示等孩子不哼唧了你就会听他说话。

（5）避免给孩子特别的服侍。

（6）给予孩子安慰，表达你对他的信任。（我爱你，我知道你会自己处理好的）

（7）不要管孩子的行为，孩子也有体会自己负面情绪的权利。要以关切的方式把手放在孩子肩膀上，继续你和孩子的对话。（不管孩子的行为，而不是不管孩子）

（8）在大家都愉快的时候，花时间训练孩子，用角色扮演来向孩子演示其他行为方式，如使用语言而不是哼哼唧唧。

（9）闭上嘴，采取行动。比如，停止哄劝，从沙发上站起来，拉住孩子的手，把他带到房间去做作业。态度友善，你不妨挠挠他的胳肢窝，既保持你的态度坚定，又增添点乐趣。

（10）说出你的爱和关怀。很多时候孩子之所以会犯错，并不是因为孩子有多坏，而是因为他们的归属感出现了缺失，而孩子本身又认识不到这样的问题，因此只能用一些错误的方法去寻找归属感，从而导致了不良行为。

2. 第二种：寻求权力

感到气馁的孩子寻求归属感的第二个错误目的是"权力之争"。这种情况通常出现在父母强行制止孩子寻求关注的行为后，孩子决心用权力之争来击败父母，从拒绝父母的正当要求中得到满足。在这种情况中的孩子会觉得，如果顺从父母就是屈服于比自己强大的权力，就失去了自己的价值感。对有些孩子来说，被比自己强大的权力打败，让他们不安，结果他们就会通过努力展示自己才有更强大的权力。

家长和孩子的权力之争显示了两人都试图展示自己才是说话算数的那个。当家长心烦意乱、生气沮丧时，可能恼羞成怒，甚至想惩罚孩子，这实际是宣布了自己的失败。而孩子用惩罚和疼痛换来的是实际的胜利，因为他们的行为让家长持续受挫。当父母恼羞成怒开始动手时，就像在说："除了比你个子大、力气大这个优势外，我什么优势都没有了。"孩子能感受到父母的情绪并加以利用。你还记不记得小时候让父母勃然大怒、生气烦躁时，你心里的那种暗暗得意（虽然你的外在表现是眼泪和哭叫）？

想要征服寻求权力的孩子是个很大的错误，也会徒劳无功。权力之争持续下去，容易发展成习惯。这会让孩子借此发展更多玩弄权力的技巧，同时也让孩子更加觉得除非自己有更大的权力，否则自己毫无价值。以这样的方式成长，孩子会觉得唯一获得满足感的方式就是恃强凌弱或者成为专制者。

在当今社会，权力之争已经越来越普遍。这是因为当今人人平等的概念也和以前有所不同了。

寻求过度关注和寻求权力的重要区别在于：当孩子的行为被大人纠正时，寻求过度关注的孩子一受到斥责就会停止自己让人恼火的行为；而寻求权力的孩子则会加强自己令人恼火的行为。

记住，权力不是坏东西，我们要建设性地使用权力，而不是破坏性地使用它。从权力之争中退出来，让双方都有时间冷静，然后再按照下面的方法去做：承认你不能强迫孩子做任何事情，并请孩子帮助你一起找到对彼此都有用的解决方案。

具体方法（赢得合作的四个步骤）：

（1）表达出对孩子感受的理解。一定要向孩子确认你的理解是否正确。

（2）表达出你对孩子的同情，但不能宽恕。

（3）告诉孩子你的感受。

（4）让孩子关注于解决问题。

引导孩子建设性地使用他们的权力，如开家庭会议或者班会，让孩子在会议上来争取自己的权力，参与问题的解决。

决定你要做什么，而不是试图让孩子做什么。例如，我只洗放在筐子里的衣服，不洗扔在地上的衣服。

3. 第三种：报复

如果家长的感觉是伤害、失望、难以置信、憎恶，而且想采取的行动（不恰当的行动）是反击，心想：你怎么能这样对我？如果孩子的回应（针对大人的不恰当的行为）是反击、伤害别人、毁坏东西、行为升级，或换另一种武器，那么孩子行为背后的信息是：我没有归属感，受到伤害就要以牙还牙，我反正没人疼爱。

对于这种情况，家长或老师应该采取主动的、鼓励性的回应，包括处理受伤的感觉："你的行为告诉我，你一定觉得很受伤，能和我谈谈吗？"避免惩罚和还击。

4. 第四种：自暴自弃（放弃，而且不愿别人介入）

如果家长或老师的感觉是绝望、无望、无助、无能为力，而且想采取的行动（不恰当的行动）是放弃、替孩子做、过度帮助。如果孩子的回应（针对大人的不恰当的行为）是更加退避、消极、毫无改进、毫无响应，那么孩子行为背后的信息是：我不相信我能有所归属，我要让别人知道不能对我寄予任何希望，我无助且无能，既然我怎么都做不好，努力也没用。

对于这种情况，家长应该采取主动的、鼓励性的回应，包括：表达对孩子的信任，停止批评，鼓励任何一点点的积极努力；关注孩子的优点，不要怜悯，不要放弃，设置成功的机会；教给孩子技能，示范该怎么做，真心喜欢孩子，以孩子的兴趣为基础。

记住，孩子会以寻求报复（这使他们有一种控制感）的方式来掩盖受到伤害的感觉（是他们觉得软弱无力）。

对孩子可采取有效的鼓励方式：

（1）不要还击，要从报复循环中退出来。

（2）保持友善的态度等待孩子冷静下来。

（3）猜测孩子因为什么受到伤害，要表达同情，表达出你对他受到伤害的感受的理解。

（4）坦诚地告诉孩子你的感受：我对于_____觉得_____，因为_____，我希望_____。

（5）用语言表达你的爱和关怀，而不是哭诉你所做的一切都是为了他，更不要说自己有多艰难。花时间训练孩子，把事情细分到能让孩子体验到成功的、足够简单的步骤。

（6）向孩子演示他能够照着做的小步骤。例如，我来画半个圆，你把另一半补齐。

（7）安排一些小的成功，找出孩子能够做到的任何事情，给他们提供大量的机会显示他们在这些方面的能力。

（8）肯定孩子的任何积极努力，不论多么微小。

（9）放弃你对孩子的任何完美主义的期待。

（10）关注孩子的优点。

（11）不要放弃。

记住，孩子不是能力不足，但是在他们放弃这种错误观念之前，他们会继续表现出无能为力。

（五）结语

接下来给大家2分钟时间相互讨论一下，我们刚刚学习的孩子错误背后的目的一共有几种？我们可以用什么方式去解决？

鼓励家长把今天学到的知识落实到日常生活中，让大家体验成长是螺旋上升的，坚持初衷，就一定会有所收获。

如何召开家庭会议

陈花丽

【教学对象】

小学生、初中生家长。

【教学目标】

通过本课例，教会家长如何科学地召开家庭会议，在家庭会议中培养孩子尊重他人、民主集中、责任感、与人沟通及解决问题等品质与社会技能，提高家庭的凝聚力及家长与孩子之间的沟通有效性。

【教学过程】

（一）解释什么是家庭会议

1. 家庭会议的构成要件

（1）主席。

（2）秘书。

（3）致谢。

（4）感激。

（5）议程。

（6）解决问题。

（7）计划家庭活动。

（8）讨论家务事。

2. 家庭会议的程序

（1）从致谢开始。

（2）宣读议程上的第一个问题。

（3）如果问题没有解决，就按顺序把发言棒传递下去，让大家发表意见和建议。

（4）把每条建议都写下来。

（5）宣读所有建议。

（6）请大家举手表决。

（二）解释家庭会议的构成要件和议程

活动：依据以上流程，请6人一组召开家庭会议，讨论一次假期出游/孩子作业、家务分配等问题。

（三）问题及解答

1. 要使家庭会议成功，哪些基本概念非常重要？

（1）致谢、感谢、感激

这几个词概念相同，重要的是要让家人理解致谢、感谢以及感激要针对别人在某些方面做的事。例如，对他人的帮助或任何让别人感觉好的事情。（我要感谢××做的×件事）

（2）训练

通过互相致谢以及头脑风暴来找到尊重他人的解决方案和培养解决问题的能力。

（3）及时解决

只要孩子有了问题，家长就可以建议：你愿意把你的问题放到家庭会议的议程上吗？就这一句话，已经足以算作一种及时解决了。

（4）冷静期

从提交问题到会议召开有一段时间，正好给孩子提供了一段冷静期。

（5）解决问题

孩子通常比家长更擅长解决问题，在头脑风暴中，能产生许多独特的想法。当他们被允许、鼓励发表见解时，他们会有很多杰出的想法。频繁参与解决那些与他们自己相关的问题，他们就学会了正确的表达、开阔的思路、倾听的技巧、记忆的技巧、客观思考的技巧以及思考自己的选择会造成的逻辑后果。

2. 大人必须具备哪些心态？

（1）不要把家庭会议当作说教的另一个平台，要尽可能客观，并且不带评判。这并不意味着你不可以提出看法，你可以把你的问题放入议程，并表达你的观点。

（2）不要把家庭会议作为继续过度控制孩子的手段。孩子会一眼看穿，然后就不会合作了。

3. 孩子通过参与家庭会议将会学到哪些技能？

通过家庭会议，孩子有了机会培养"七项重要的感知力和技能"中的所有优点。他们每周都有机会学习和练习解决问题的能力。这些能力与技能是父母和孩子通过家庭会议所能达到的最有益的长期目标。

七项重要的感知力和技能：

（1）对个人能力的感知力：我能行。

（2）对自己在重要关系中的价值的感知力：我的贡献有价值，大家确实需要我。

（3）对自己在生活中的力量或影响的感知力：我能够影响发生在自己身上的事情。

（4）内省能力：有能力理解个人的情绪，并能利用这种理解做到自律以及自我控制。

（5）人际沟通能力：善于与他人合作，并在沟通、协作、协商、分享、共情和倾听的基础上建立友谊。

（6）整体把握能力：以责任感、适应力、灵活性和正直的态度来对待日常生活中的各种限制以及行为后果。

（7）判断能力：运用智慧，根据适宜的价值观来评估局面。

4. 家庭会议与班会的区别是什么？为什么会有这些区别？

（1）家庭会议每周一次，而不是每天一次。家庭成员毕竟比班级成员少，因此事务也相对少，且每个人在家庭会议中表达的机会要比班会多得多。注意：不要因为忙或其他事取消家庭会议，孩子会根据大人的行为来判断家庭会议的重要性。一旦有效地形成了惯例，每个人就都会期盼这种全家聚在一起的机会，一直到孩子成长到十几岁。

（2）决定应该在全体一致同意的基础上做出。如果全家人无法就议程上的一项内容达成一致的决定，就应该把它放到下次会上再讨论，到时候就可能达成一致，因为多出了一个星期的冷静期和思考新主意的时间。在家庭会议上实行"多数票"原则，将会凸显家庭的不和，应该在家里传达一种信任的态度，能共同找出对每一个人都尊重的解决方案。

（3）家庭会议包括对下周活动的讨论，如照料婴儿、运动、约会、上课等。

（4）家庭会议结束前的最后一项，应该用来计划下周的家庭娱乐活动，这一点是中国人比较容易忽略的，特别是在应试教育的环境下。

（5）家庭会议应以一个全家人参与的活动来结束，如一起玩一个游戏或者一起吃甜点。建议不要看电视，除非有一个全家人都期待的或者是学校要求必看的节目，而且看后要讨论节目所传递的价值观，以及如何将其用于你们的生活中，以使家庭中的每一个成员对家庭会议保持良好的感觉。

（6）围着一张干净的桌子坐，有助于专心解决问题。随意坐在客厅里开会也可以，但把家庭会议作为晚餐的一部分，可能会分散注意力，很难保证不跑题。

5. 让全家每个人逐一向其他人致谢的价值是什么？

每次家庭会议都要以让每个人逐一向其他家庭成员致谢为开始。"逐一"的价值就在于：

（1）逐一致谢是最好的连接情感的方式。

（2）让每一个家庭成员都有被关注、被需要的感觉。

（3）避免造成个别成员被忽略的情况。

6. 让孩子们分享他们觉得值得感激的事情的价值是什么？

让每个人说出一件让自己感激的事情，有助于孩子想到原来有那么多自己认为理所当然的事情需要我们去感激。

7. 怎样让你的家庭也享受一次没有争吵的快乐假日？

让每个人平等地参与到计划大家都喜爱的活动中来，家庭成员就会更乐意合作。当全家人都参与讨论可能出现的冲突以及如何避免冲突时，每周一次的活动或度假都将会更加成功。例如，简·尼尔森一家出行前，会先讨论让孩子苦恼的事和让父母苦恼的事，并在家庭会议上用头脑风暴寻找解决办法。当一切可能出现的问题都有了相应的预案，就会避免旅行中出现争论或者不愉快。

8. 让孩子承担家务的最好方法是什么？

在家庭会议上讨论家务事，如果孩子能够说出自己的感觉，并且参与讨论和选择，他们会更愿意合作。例如，当要一个孩子做家务事时，孩子可能会说："怎么每件事都要我做？"为了消除这种现象，我们可以在家庭会议上列出爸爸妈妈做的所有家务事，再请孩子头脑风暴，列出他们认为自己能够做的家务事，当他们看到我们要求他们做的家务和我们自己做的家务之间的比较结果时，他们会被感动。接下来，我们把他们能做的家务每一项都写在一张小纸条上并放进盒子里，让孩子每天抽一项，避免重复。但这并非一种"有魔力"的解决方案，因为"三周综合征"的影响，做家务的问题每个月至少有一次要放到家庭会议的议程上。

9. 家庭会议为什么对单亲家庭也同样重要？

单亲家庭并不是破碎的家庭，只是不同的家庭。单亲父母的态度非常重要。如果你因为你的孩子只有一位全时家长而感到内疚，孩子就会感觉到悲剧正在发生，并且会做出与此相应的行为。如果你接受现实，认为你在这种环境下正在尽自己的最大努力，并且正在走向成功而不是失败，孩子也会感受到这一点并相应地表现出来。家庭会议是向孩子传递积极的感觉，并让他们参与解决问题而不是去操纵孩子。单亲家庭并非特殊家庭，孩子同样需要发展这些能力。所以，家庭会议在单亲家庭中也同样重要且有效。

10. "家庭娱乐时间活动"会带来哪些好处？

全家人一起做一些有趣而开心的事对于一个幸福家庭来说是多么美好。问题是许多家庭都希望它会自己出现，而不做努力。这种事情不会自己发生，除非你们做些事情使它发生，要让它发生，这就要求我们必须计划并行动。

11. 丰富家庭会议的活动项目有哪些？你最喜欢哪些活动？这些活动会给你的家庭带来哪些好处？

（1）家庭格言活动

讨论家庭格言可以让家人共度一段美好时光，并使家人彼此更加亲密。格言示例：我为人人，人人为我；行动的价值在于成就中的快乐；即使只能帮上一人，也值得尝试；犯错误是学习的大好时机……

（2）家庭娱乐表

由于生活节奏加快，很多家庭没有把足够的时间用在全家人一起娱乐上，我们往往有良好的意愿，却没有花时间去计划和安排具体的时间。所以，在家庭会议上，全家人一起做头脑风暴，讨论并制定家庭娱乐表，既可以丰富家庭会议内容，也可以增进家人间的感情。

（3）我从错误中学到……

要教给孩子把犯错误看作学习的大好时机。每隔一段时间，给每个家庭成员发一张"我从错误中学到……"表，让每个人用这张表记下一个错误以及他们从中学到了什么，并准备好在下次家庭会议上宣读。

（4）家庭晚餐计划

家庭晚餐为教导孩子合作与贡献提供了一个绝好的机会。即使小学生也可以轮流做些简单的东西，如汤、煎蛋、蔬菜沙拉。

（5）致谢纸

当每个人都学会寻找彼此的好处并用语言表达出来时，家里就会营造出一种积极的气氛。孩子之间的一些口角是正常的，然而，当孩子（以及家长）学着致谢并接受致谢时，负面情绪就会大大减少。

家长如何高质量地陪伴孩子

吴 爽

【教学对象】

小学一至四年级学生家长。

【教学目标】

（1）帮助家长了解陪伴的误区及高质量陪伴的含义。

（2）指导家长掌握高质量陪伴的方法，构建良好的亲子关系，营造温馨的家庭氛围。

【教学过程】

（一）高质量陪伴的意义

什么是高质量的陪伴？请大家畅所欲言。

高质量的陪伴，孩子和父母应是共同处于放松、舒适、愉悦、亲密的状态中，能够互相得到精神上的滋养，能够建立起良好的互动模式，能够像朋友或者伴侣一样彼此独立但又紧密连接。

孩子为什么需要高质量的陪伴？蒙台梭利博士说："每种性格缺陷都是由儿童早期经受的某种错误对待造成的。"我们今天对于孩子的陪伴，是为了给孩子一个幸福的童年，这恰好是在为孩子一生的幸福奠定基础。孩子自出生起就不断地通过对世界的体验、感知，与周围环境的互动而获得成长，就像一个海绵，源源不断地吸收环境给予的一切，父母作为连接孩子与世界的第一人，陪伴的方式和质量决定着孩子如何与世界共处以及如何自处。

（二）陪伴的误区

反观我们日常的陪伴，有没有出现过如下几种情况？

（1）陪着≠陪伴。常看到父母亦步亦趋地跟在孩子左右，散步、逛商场、写作业……但孩子仍然是一个人自言自语或者自己玩，父母好像没听到孩子说话，在想自己的心事，人在心不在，更没心情体验陪伴孩子的快乐，这样的陪同不算陪伴。父母从未走进孩子的内心，时间久了，孩子越来越不想跟父母沟通了。

（2）照料≠陪伴。爷爷奶奶把孩子当成小皇帝般照料。

（3）物质满足≠陪伴。很多父母为弥补忽略孩子的内疚，偶尔有时间陪孩子，就用豪爽地花钱的方式代替陪伴，不管孩子要的、不要的，都买给他，最流行的名牌、最贵的学校、最贵的老师。这样可让父母自己内心平衡，却无法填补孩子内心缺少爱的虚空，时间久了，孩子会变成欲望动物，他们的心里没有该与不该，只知道索取，不懂得付出，蛮横无理，没有责任感。

（4）说教≠陪伴。很多父母难得与孩子在一起，借机不停地讲各种道理，讲很多自己的辛苦，说这一切都是为了孩子，自己都是对的，用这两句最有伤害力的话，以为能激发孩子的积极生活状态，却不知道被"内疚和负罪"培养大的孩子最无力。他们只有自我否定、自我纠结和挣扎，没力气改变，孩子最害怕这样的"陪伴"。

（5）看管≠陪伴。父母紧紧跟在旁边不断地提醒孩子这个不可以，那个不行，替孩子做这做那，害怕孩子摔着，怕孩子受委屈，怕孩子走弯路……没有看到孩子的需要，更没有随着孩子长大，不断地扩展他的独立成长空间，一天下来，父母疲惫，孩子辛苦。这样的陪伴充其量是保姆的照顾，不是陪伴。这样的方式不是在养孩子，只是在养宠物。久而久之，孩子的创造能力、学习能力、生活能力、人际交往的能力等全部被抹杀了，孩子会变得依赖性强，不自信，很难独立生存。

陪伴看似容易，却最难得；陪伴看似廉价，却最珍贵。这就是为什么很多家长觉得天天陪在孩子身边，但跟孩子之间的问题却越来越多。原因在于陪伴的质量问题。家长在孩子的成长中应扮演着榜样、向导、伙伴与权威的角色，但是很多家长却扮演着警察的角色，在陪伴孩子的过程中，时刻是一个监督者。那么，家长该如何做到高质量的陪伴呢？

（三）高质量陪伴的技巧

1. 原则：全情、共情

高质量陪伴的前提是需要家长全情投入，与孩子产生共情。

人类从生命之初直到最后一口气，首先渴望的是被爱，被真正倾听，被尊重，以本初的样子被接纳。更确切地说，我们希望自己的情绪、感觉、意愿能够被听到和被理解，希望在有需要时能够得到建议和帮助。但更深的渴望首先是建立和谐的、相互理解的人际关系。孩子也是如此，他们深深地渴望与成人之间建立一种有共情的、充满爱的关系。共情包括自我共情和与他人共情。其中，自我共情在于欣然接受我们内在生活的所有方面，不管是喜欢的还是不喜欢的，不管是情绪、感觉还是意愿，我们都充分意识到，不加评判、不带负罪感地去倾听、去理解。这种自我共情是内心获得宁静的源头。如果我们对自己没有一点共情，那就很难甚至不可能与他人产生共情。当孩子未被倾听与尊重时，后果很快就会显露出来，孩子要么自我封闭，要么愤怒和攻击性占主导，又或者在顺从与反抗之间摇摆。

2. 工具：PEERE法则、安排特别时光

（1）PEERE法则

哈佛大学组织了一个社会创新项目，研究的目的是帮助父母在有限的时间里提高陪伴质量、提升孩子的执行力。

Pause（暂停）——看见孩子的需求

当你看到孩子的一个举动时，无论你喜欢还是不喜欢，都请停下你手头的事情，让孩子感受到你在关注他。

Engage（参与）——加入孩子的行动

父母可以提出一个能激发孩子好奇心的问题，让自己参与到这件事情中去，也就是说，用问题或其他方式让孩子颁发一张你可以参与的"入场券"。

Encourage（鼓励）——支持孩子的想法

无论孩子的回答如何，你的态度一定是鼓励他。

Reflect（反馈）——真诚交流想法

无论最终结果是否符合你的心意，你都可以与孩子一起复盘，把你的真实感受告诉孩子，给他最真实的反馈。

Extend（衍生）——开阔孩子的视野

也许孩子本身的思维只是在单一方向上，这时需要父母给出更多的视角作为衍生。

例1：带孩子在小花园里玩，孩子很想和大孩子一起玩，但是遭到了大孩子的拒绝，哭哭啼啼地回来找你。

一般父母内心独白

你可以再去试试呀，人家不和你玩，你自己玩呗！

PEERE法则处理

"P"暂停：做出反应前先关注一下孩子的情绪。

"E"参与：参与到孩子难过的心情中去，表达出你能够感受到孩子的伤心，如妈妈知道你很伤心，然后给孩子一个拥抱。

"E"鼓励：鼓励孩子从这种情绪中走出来，重新尝试。你可以说，你刚才很勇敢了，现在我们去问问那边的小姐姐吧？或者我们可以去其他地方玩？

"R"反馈：无论孩子的再次尝试是否成功，你都应该和他有一个复盘。孩子失败了，你可以说：其实妈妈小时候也会被拒绝，但是和谁玩都是大家自

己决定的，就像有的时候你也不太喜欢和明明一起玩。孩子成功了，可以说，妈妈很高兴，因为你很勇敢，下一次你可以更加主动地邀请别人一起玩。

"E"衍生：可以根据这次经历，给孩子讲更加深刻的东西。例如，问孩子：如果下一次有一个小弟弟想和你一起玩，你会怎么做？这么做会给别人带来什么样的感受？下一次如果你想拒绝别人，可以怎么做？应该怎么照顾到别人的感受？

例2：下班回家后，你看到8岁的孩子并没有认真地写作业，而是正痴痴地盯着窗外好像在看什么。

一般父母内心独白

瞅什么瞅，还不快写作业！

PEERE法则处理

"P"暂停：你需要整理自己的情绪，停下手头的事情，并且关注孩子的这个动作。

"E"参与：你可以问孩子："你在观察什么呀？"

"E"鼓励：通过孩子的回答，鼓励他更加深入地去探索。

"R"反馈：说出你真实的想法，如妈妈觉得你能仔细观察生活，这很好，但是也担心你这样做作业会分心。或者让孩子自己选择：现在抓紧做完作业，然后和妈妈一起观察，或者索性放下作业，仔细观察窗外一段时间。

"E"衍生：如果孩子依然坚持观察窗外，你可以和他讨论他感兴趣的东西。如果是个小动物，可以讨论动物的生活习性，进而衍生到与生态相关的话题。核心是抓住这个互动的机会，把它变得有趣，也让孩子感受到你的关注。

（2）安排特别时光

家长在全情投入，与孩子产生共情的前提下，安排不同于常规时间的特别时光。定期的特别时光会提醒你想起当初为什么要孩子——是为了喜爱他们。同时，这样也会让孩子感受到归属感和价值感。这个方案共有四个步骤，由家长和孩子共同执行这四个步骤，用认真的态度做出一份"特别时光表"。

① 挑选活动：用头脑风暴法把你们想在特别时光做的事情列个清单。在第一次头脑风暴时，不要对清单中的事项做评估或者剔除。稍后，你们可以一起审核并做出分类。如果某些事情太费钱，就把它列在等攒够了钱再做的事情清单上；如果某些内容的时间超过了你们计划的10—30分钟时间，就把它列入

有更长娱乐时间的家庭娱乐项目清单上。请至少让孩子挑选10—12项这样的活动。例如，去公园散步、骑自行车、开车兜风、拼图、做蛋糕……

②定下约会：每周最好有一次或者一次以上的特别时光（根据孩子的年龄而定）。在那段时间里，家长与孩子共同选出某一项活动一起去做，双方必须约定好每次活动的日子、时间，并且在日历上写清楚。若有急事出现，首先使彼此都了解情况然后再约定改期。家长认真对待约会能使孩子感到受重视，所以清楚约定并写在日历上很重要。

③家长采用新的行为模式：在特别时光里，让孩子决定活动的进行，家长则把注意力放在改变言语及行为模式的方面。在活动中，家长应全情投入，放下所有的要求、控制、评价，只是单纯地看着孩子当下的样子、当下的感受。

④活动结束后要讨论：每次特别时光结束后，家长最好与孩子一起讨论个人的观察和感受。家长应特别注意孩子所说的话，以增加对孩子内心的了解，并且多跟孩子说一些鼓励的话。

以上几点是我在平时的工作及生活中运用的方法，在此分享给大家，希望大家能够从此享受特别时光，生活一路芬芳！

家长如何把话说到孩子心里去

黄俊纪

【课例简介】

孩子出现问题了，家长要和孩子沟通，由于家长的任性，在沟通过程中存在很多障碍，导致孩子更加叛逆，这正是因为沟通不得法才导致这种沟通无效的局面。其实主要是语言相关的一些小事影响了我们的情绪，影响了家庭功能的正常实现，从而产生了很多矛盾和问题，所以大家有话要好好说，科学地沟通。本课程通过沟通三个问题、四种不可取方式，和家长探讨如何科学地、更好地和孩子沟通。

【教学对象】

小学生家长。

【教学目标】

向家长讲授如何在孩子小学6年的陪伴中提高陪伴效率，家长要想做好亲子沟通，必须通过学习改变自己的沟通方法，引导孩子更好地健康成长。

【教学方法】

讲授、案例分享、互动交流。

【教学过程】

（一）自我介绍：互动、谈话导入

在我的课程开始之前，我想问大家一个问题：你想要一个怎样的孩子？各位家长对于这个问题，估计想也不用想张口就能说出答案（相信这也是大多数父母的共同梦想）：

（1）孩子如果年纪小，家长希望孩子可爱乖巧、省心省事、吃饭不用管、睡觉睡得香、从不哭闹、不生病、不黏人。

（2）孩子上了学，我们希望孩子写作业不用催促，习惯良好，聪慧过人，开家长会父母非常自豪，期末总能给父母拿回家奖状甚至奖学金。

（3）儿子最好聪明帅气，女儿最好懂事漂亮，学习不用督促，热爱学习（甚至拦都拦不住），成绩优异。

（4）从小到大，不惹事，不叛逆，不乱花钱，不惹麻烦，根本不用父母操心，最重要的是能考上清华北大或其他"985""211"硕博连读，找到体面工作，让父母挣足面子，光宗耀祖。

如果我们经常感叹孩子的表现不尽如人意，不如多问问自己的教养方式有没有问题，多问自己：我能养育出怎样的孩子？我有怎样的教育智慧？我愿付出多大的心力？

引入沟通主题：

我们生活中经常出现很多的痛苦、忐忑、纠结、难受、郁闷，这些往往和什么有关？（互动）对，和情绪有关，和沟通有关，但是很多人都说，我沟通了呀，我每天都和领导沟通，和朋友沟通，和爱人沟通，和孩子沟通，为什么效果就不好了呢？答案只有一个，因为我们费了老大的劲在沟，（看着听众说：对）没有通，所以沟通两个字，既要沟也要通。今天我们的课程就从沟通开始！

沟通的第一项是我的姓名，我叫黄俊纪。见到大家我非常高兴，看到你们脸上洋溢着幸福的微笑，我内心感到非常温暖。从毕业到现在，我陪伴了无数的家长和孩子，与家长交流孩子的教育心得，共同走过了很多美好的岁月。我相信在接下来的一个半小时里，我们能一起共同陪伴学习，希望大家有共同的收获，在课程之后还可以相互交流和学习，共同持久地学习和成长。

沟通的第二项（看着屏幕）是我们今天的主题"家长如何把话说到孩子心里去"。

（二）沟通问题和不可取方式

1. 亲子沟通三大问题

曾经有人问泰戈尔三个问题：第一，世界上什么最容易？第二，世界上什么最难？第三，世界上什么最伟大？泰戈尔回答说："指责别人最容易，认识自己最难，爱是最伟大的。"

我们所有的沟通往往会带着自己的情绪去指责别人，由你发出去的东西是最容易的。例如，孩子考试考好了，他就说自己努力了。如果考试不好，他就会说老师出题出偏了，我会的老师都没有出，很难认识自己。爱是最伟大，所以我们需要爱的智慧。我们不缺爱心，但缺爱的能力。

那么在沟通当中，尤其是在亲子沟通当中，我发现有三个大的问题。

（1）不对位问题

夫妻之间，丈夫把媳妇当成皇后，你就是皇帝；把她当成公主，你就是王子；把她当成宫女和丫鬟，你就是太监。这都是对位的，在对位的过程中，我们才能感觉到对方的内心。例如，一位家长晚饭做好了，要吃饭了，孩子不吃，说要去打球，是与同学约好的，非去不可。家长就说，是打篮球重要还吃饭重要？同样地，要吃饭了，单位领导打电话叫你去一趟办公室处理事情，你接到电话后是去还是不去？你的天就是领导，孩子的天就是同学之间的承诺。这就存在一个不对位的问题，我们往往会站在自己的世界去评判对方的世界。

（2）情绪化问题

很多时候我们带着自己的情绪，"拿着机关枪扫荡孩子"。例如，有一个家长说道："我的孩子说了要考年级前10名。"家长很高兴，但是孩子说很后悔在妈妈面前提这件事。有一天放学回家，孩子就坐在沙发看电视，家长一看就不高兴地说了："这样也能考年级前10名？我看你考上20名都难，30名也进不了。"用这样的语言来刺激孩子，孩子就说："早知道，我就不这么告诉她了。"家长说话不狠、不穿透心灵不罢休，家长直接拿孩子当下最大的梦想去刺激他，拿他最在乎的事情去刺激他。

有一个孩子，他的理想是考上北京外国语大学。有一个周六，孩子睡觉睡晚了，早上孩子不起床，家长就说："马上给我起来，这么懒，还想考北京外国语大学，我看你考不到了。"孩子想，好不容易有一个周末，被爸爸这样一弄，就说："我不考了，行吗？"

语言引发了情绪，情绪引发了行为。你可以说时间非常紧，表达自己的感受。但你说了不该说的话，最终成为"原子弹"。我们可以通过好的心情和好的语言表达对孩子学习的关注。

（3）表达不具体

一个孩子说最怕自己爸爸喝多了，点个烟在那里说："爸爸心里很难受，有很多想法不能实现，本来想着你能听话，你看你天天让我很忧虑。"这样的表达让孩子感到很恐惧，感到无所适从。

2. 四种不可取的沟通方式

第一种：指责抱怨型沟通

形成家庭的黑三角，家长相互埋怨。孩子在书房里看书，父母吵架，吵着吵着把书房里看书的孩子也扯进来，把孩子喊出去，家长拿孩子来指责对方。这对子女的人格成长是十分不利的，这等于我们教会了孩子如何去指责和抱怨。

第二种：迁就讨好型沟通

家长做菜时和孩子说："今天的菜做得不好吃，将就吃吧，下次再吃更好的。"或者买的东西不合意，说："对不起，下次再给你买更好的。"这种语音语态、这种用词，家长明显是在向孩子迁就、讨好。爱孩子是要培养孩子能够承担责任的独立人格，而不是迁就、讨好孩子。这种迁就、讨好型家庭，表面上一团和气，实际上缺乏家庭成员之间的爱，而且会养成孩子依赖而又固执、软弱而又任性的人格特点。这样的沟通是不能真正解决问题的，这是通过回避问题来解决问题。这样的结果培养了孩子讨好别人的能力。

第三种：打岔啰唆型沟通

运动会时，孩子告诉家长拿了名次，很开心。家长说："你看你，一身臭汗，脸上又脏。"还有孩子说："妈妈学校秋游，每人费用100元。"家长就在旁边说："又要钱啦，你看上次买玩具用了50元，学钢琴用了100元，现在又要钱，妈妈我上班很辛苦的，容易吗？"孩子和家长各说各的，信息没有交流。家长从来不关心孩子的情感，就像两架开着不同频道的收音机，家长喋喋不休，孩子烦躁、焦虑不安。这样很容易造成青春期逆反、抵触。

第四种：超理智型沟通

孩子：妈妈，我要买活动铅笔。

妈妈：为什么要买呀？

孩子：我的铅笔坏了。

妈妈：怎么又坏了？下次可不许这样不爱惜东西。

父母规范意识过强，孩子的优点都被过滤掉了，看到的只是缺点，经常不忘敲打、警示孩子，严重缺少情感。这样对孩子的成长不利。

（三）如何沟通

很多时候不是家长的说法不对，而是家长的说话方式让孩子接受不了，这样容易导致亲子关系紧张。大家都知道有好的关系才有好的沟通，有好的沟通才能有好的教育效果。你们觉得沟通重要吗？太重要了！沟通是有方法的，（大屏幕显示）我们要：

第一步：科学地教育孩子，而不是任性地教育孩子（掌握孩子的心理需求）

孩子晚回家的案例：

老师："讲个孩子晚回家的故事吧。孩子晚上回家晚了，本来6点钟就该回到家的，结果七八点钟还没回到家。你特别着急，打了很多电话都找不到他，然后你就跑到小区门口，刚到小区门口，就看见他背着书包回来了。那么见到这种现象，你会怎么办，你们就不担心吗？"

家长："担心。"

老师："你们怎么办？"

家长（可能会说）："打一顿呗，踹他两脚，问他去哪儿啦。"

老师启发："你们担心吗？"

家长："担心。"

老师："声音不够大，声音再大点，你们担心吗？"

家长（大声回答）："担心。"

老师："你们担心，为什么就不表达出你们内心的担心呢？表达内心的担心应该是怎么表达的？见到孩子回来了，父母的角色要呈现出来，不是暴君的角色。你应该直接跟孩子说：'妈妈好担心你呀，你终于回来了，我早就把饭做好了，你快去洗手吃饭吧，你这么晚才回来，跟妈妈说去哪儿啦？'这时候孩子会感觉到被爱和温暖！你表达的是担心，孩子采集到的是担心，孩子慢慢会长大，他理解你的担心，他不想你那么担心，他错误的不好的行为会慢慢减退。但是你心里明明是担心，表达出来的却是愤怒和指责。一方面孩子从你那里学到了愤怒和指责，另一方面他为了躲避你的愤怒和指责，学会了撒谎。同样都是一颗爱孩子的心，不一样的方法和策略，留给孩子的情感、记忆却完全不一样：一半地狱，一半天堂！而孩子的情商和心智模式就是在这样的氛围和环境中形成的……跟孩子的沟通效果不取决于你说了什么，而是孩子能感受到什么。有时候我们要积极地倾听，重复孩子所说的话，表达自己的感受，询问孩子究竟怎么看的，征求孩子的意见，问他准备怎么办。按这样一个流程下来，孩子会感觉到父母和自己的心在一起，孩子自己就会找到解决问题的方法，即使孩子找不到也会从容接受家长的建议。

"反之，父母一味地说教，以家长的作风、居高临下的态度、声泪俱下的恐吓等方式与孩子沟通，只会阻断与孩子沟通的通道，阻碍孩子表达真实想法的欲望。孩子不跟家长说实话或者不沟通的原因，不是家长说得不对，而是孩子接受不了家长说话的方式。因此，积极倾听、开放式提问等这些心理咨询的方法同样适用于与孩子的沟通。我们家长不缺乏爱的能力，但缺乏爱的智慧。所以我们要科学地教育孩子，而不是任性地教育孩子。"

第二步：家长怎样说，孩子才会听（学会艺术地表达）

游戏机案例：

学校开运动会，孩子一个人在树下玩游戏机。老师发现了，要没收孩子的游戏机，孩子说这游戏机是同学的不能收。老师当着孩子的面给家长打电话叫家长一起管教孩子。

（1）孩子回到家你准备和孩子说什么呢？

（2）你对孩子说的话决定了孩子今天晚上几点睡，也决定了孩子未来一周的精力是否用在学习上。

（3）再问大家一个问题，现在给大家发一套中考题试卷，能考80分的请举手，高考理科综合试卷能考80分的请举手。

（4）（板书"家长"并圈上）左边写"左边能力即辅导孩子学习的能力"，右边写"右边能力即沟通能力"，如果我们在学习上帮不到孩子，在沟通上也帮不到孩子，那家长在家里起什么作用？

（5）回到刚才开运动会的场景，孩子回到家，你会间接说还是直接说（问家长）？间接说和直接说哪个好？

方法1："刚才老师给我打电话了，说了你在学校的事情，但是妈妈不在现场，也不知道怎么回事，能不能告诉我发生了什么？"

这是一句客观描述性语言，给孩子铺了一条回家的路。孩子最讨厌的就是家长相信别人也不相信自己。这样问孩子，以后不管发生什么事，孩子回来都敢和家长说。

方法2："你也说了，妈妈也听了，你是怎么看待这件事的？"

没有来听课的家长可能会训斥孩子，而来听课的家长不但不会训斥孩子，反而会利用这件事培养孩子看待问题的能力。所以，家长要站在一个战略的高度，用战略性的眼光看待孩子一生的成长。我记得我的导师曾经说过的一句话："我们应该珍惜孩子每一次考试考砸、犯错误倒霉的时机，因为这些时机都是我们与孩子坦诚交心的绝佳时机。"

方法3：（注意语音、语气、语态）"你说完了，妈妈也听明白了，可这件事已经发生了，总得解决吧？你要是愿意，咱们一起商量看看怎么办？你要是不想说，那妈妈先说说。"

双圈理论：家长的表达方式很重要，怎么说、说什么很重要。（讲一下当前人们普遍存在的做法）每当遇到问题，我们要把问题放在外面，把自己和孩子圈在一起，与孩子一起去解决出现的问题。这样的方法是让孩子和我们走得更近，这也可以用在与爱人相处方面，满足对方的心理需求，当心理需求无法得到满足的时候会衍生很多问题。

第三步：做好自己的角色（认清自己的角色）

家庭中有家庭的角色，社会中有社会的角色，不能把社会中的角色带进家庭。当角色出了问题的时候，孩子体会不到父母的感情，只能体会到压力。这种角色的错位很容易把孩子的角色也搞混乱了。

案例呈现：

一个单亲家庭的孩子经常上网吧不回家，妈妈找心理医生。心理老师告诉这位妈妈："你回去做个好妈妈就行。"妈妈痛哭，说她已经很尽力了，多么辛苦，等等。心理老师建议妈妈每天给孩子一些柔性的表达。孩子的情况是晚上上网，白天睡觉。老师建议这位妈妈每天早上给孩子做早餐并写个便条给孩子说："孩子，妈妈给你做好了早餐，你起床后热热就能吃了。永远爱你的妈妈！"

6天后，母亲去向心理老师诉苦，说孩子不吃，把早餐丢在地上，老师说："好啊，有情绪反应说明有一点效果了。不要紧，就按我说的去做，继续做早餐给孩子吃。知道行为主义的核心词吧，'刺激—反应'。不好的反应也是反应，如果没有反应更可怕。"两个月后，母亲还是像原来一样机械化地把早餐拿给孩子吃，这一次，孩子突然跪在妈妈的面前哭着说："妈妈，我错了，你原谅我吧。"通过每天做早餐，妈妈回到母亲的角色，女儿的角色也回来了。

所以每个人要回归家庭，爸爸要像爸爸，妈妈要像妈妈，孩子要像孩子，妈妈的角色很重要，认清自己的角色，做好自己该做的就可以了。

（四）结语

现在请大家一起来回顾一下我今天讲课的主要内容。第一，沟通的三大问题、四种不可取方式。第二，沟通"三部曲"：①科学地教育孩子，而不是任性地教育孩子（掌握孩子的心理需求）；②家长怎样说，孩子才会听（学会艺术地表达）；③做好自己的角色（认清自己的角色）。

还有很多高效的亲子沟通模式，刚才我在开始时讲过，在课程之后我们还可以相互交流和学习，共同持久地学习和成长。

家长如何解决亲子冲突

徐巧双

【教学对象】

小学生、初中生家长。

【教学目标】

帮助家长理解冲突发生的场景以及家长和孩子在冲突状态下如何解决问题，同时鼓励家长有勇气改变不合适的教养方式，专注于亲子关系的努力和进步，在家庭教育现实生活的问题中去寻找解决方案。

【教学过程】

（一）破冰活动

1. 请参与家长与旁边的同学进行自我介绍

例如，我的姓名、我的职业、我的爱好及我本次来参加讲座期望的收获。

2. 请参与讲座的家长用孩子的语气介绍自己

例如，我叫王小明，我今年8岁，我家里有爸爸、妈妈和爷爷、奶奶。我的爱好是玩手机游戏。我的妈妈/爸爸是一个勤劳、善良、有点唠叨的妈妈/爸爸。我希望我的妈妈/爸爸能多理解我。（此处教师可根据相应年级设计孩子的年龄及爱好）

3. 问题：大家在做这个活动的时候有些什么感受

（大部分家长会在自我评价这个环节有感受，因为平时没有想过孩子对自己的评价。此处为以后站在孩子的立场考虑问题做下铺垫。）

（二）问题引发思考

1. 问题：孩子给家长带来了什么挑战

请大家头脑风暴回答。同时在PPT上显示出"孩子的挑战"一栏。可能的挑战有顶嘴、懒惰、不守时、拖延、不爱学习、挑食、玩游戏、抽烟……根据讲座对象不同选择不同的挑战。

等参与者给出答案之后，提问另外一个问题：今天来到现场的家长们，有两条以上类似问题的请举手。请大家转过头看看，你会发现你们并不孤单，原来我们都有类似的问题，而且看起来孩子越长大，我们面临的棘手问题越多。

2. 冥想活动

（此活动会带领家长进行视觉化想象，看到未来孩子的样子）

好，现在我们来看看，20年后，这个给我们带来挑战的孩子，会是一个什么样的孩子呢？请大家放下手里的包包，将手机调成静音或关机状态，选一个舒服的姿势坐好，我们来进行一场时光旅行。

（给大家1分钟的时间，处理好手机等问题）

引导词：请大家用最舒服的姿势坐着。请保持脊背挺直，感觉一下你的身体，如果不舒服，就稍微挪动一下，直到你感觉舒服为止。闭上眼睛、深呼吸，吸气，呼气，深深地吸气，一直吸到深深的腹部，再次呼吸。

（引导家长进行呼气和吸气练习，观察，直到全部人准备好进入冥想状态）

冥想词：现在，我们乘坐时光机，到达20年后。这是阳光明媚的一天。你把家里打扫得干干净净，做了一桌子孩子爱吃的饭菜，准备迎接你的孩子。阳光透过玻璃窗，洒满了整间屋子。靠窗的一张餐桌上摆了一瓶怒放的鲜花。热腾腾的饭菜都端上了餐桌，你在桌旁的凳子上坐下来。你在等着你的孩子。你的孩子马上就要回来了，你已经很久没有看到你的孩子了。20年了，他已经完全长大了。你满怀期待，等待着。"叮咚，叮咚"门铃响了。你站起来，走到门边，打开门。你的孩子就站在门口。他现在长成什么样了？你看清楚一些，再看清楚一些，这个20年后的孩子，他长得什么样？他穿着什么颜色的衣服？他有没有跟你说什么话？他有着什么样的表情？他的状态怎样？请你看清楚一些，再看清楚一些。

停顿15秒钟。然后说，好，现在，我们慢慢地回到现实。我数三二一，请大家睁开眼睛，搓搓双手，把手掌放在眼睛和脸颊上捂一捂，是不是很舒服？

3. 请大家分享

在刚才的冥想活动中，你看到了一个什么样的孩子？

（此处可以稍等一会儿，往往有比较积极的家长愿意分享。如果没有，教师就举以往的家长案例说明，在我的上一场讲座里，有个家长是这么说的，她看见了儿子带着老婆、孩子站在门口。一家人其乐融融，带着大包小包礼物，儿子的脸上满是笑容，一开门就大声说："妈，我回来了！"）

4. 总结

所有家长的愿望都是孩子将来能够成功、幸福，那么，什么样的孩子才能够幸福、成功？换句话说，我们对孩子的期望是什么？请家长头脑风暴出一个有能力、有自信、有贡献的社会成员需具备的品质、特质和生活技能，并列出清单对照"培养目标"一栏。

（此处可根据讲座对象列出自信、阳光、责任感、感恩、同理……）

（三）活动及解决方案

角色扮演体验活动：本部分是为后面的解决方案做铺垫。只有参与者切身感受到他们采取的方式不可行，改变才可能发生。

（1）角色扮演加深不当教养方式的体验

如果要培养这样的一个孩子，我们需要在平时的教养方式上注意什么呢？列举一个实际的例子，当孩子惹我们发火、不听话的时候，我们是怎么做的呢？引入讲座的主题：家长究竟应该怎么说，孩子才会听呢？

情境：老师打电话说，你的孩子最近连续三次作业都没有做，希望你配合一下，督促孩子认真完成作业。你感到郁闷、生气、烦躁，按照你以往的沟通方式，你会跟他说什么？

请扮演者暂停，请他们分享当家长责备、命令他们的时候，他们的想法、感受和接下来可能采取的行动。

（2）角色扮演"授权与干涉"体验活动

邀请家长参与活动"授权与干涉"。请一些志愿者上台，一名扮演孩子，另外几名扮演家长（此处可根据具体情况决定人数，13人比较理想，如果参与讲座人数不多，也可以是11人、9人、7人）。

活动之前的准备：在开始这个活动之前，将干涉与授权的陈述语句打印出来准备好，或者将这些陈述语句做成薄纸片，并把它们放到不同标签的信封里。

活动台词如下：

干涉语句：

① 你怎么又迟到啦？为什么总是迟到？这次我帮你请假，下次你自己跟老师说。

② 宝贝，我给你买辆玩具车、买个手机，再给你100元零花钱，你去写作业，好吗？

③ 宝贝，你现在赶紧写作业，能写多少就写多少。我去给你做早餐。

④ 我真不明白，我不让你做家务，早早叫醒你，还替你做午饭，你怎么还是做不完功课呢？

⑤ 好吧，我会打电话跟老师说你今天早上生病了，但你要确定能赶得上进度才行。

⑥ 不完成作业，我就收回手机，不准你看电视、玩游戏。

⑦ 我一点都不奇怪情况会是这样，因为我看你整天把时间浪费在看电视、玩手机、睡懒觉上。

⑧ 你最好尽快改变，否则你将来就会像流浪汉一样去睡大街了。

⑨ 我说过多少次让你早点完成作业？为什么你就不能像你哥哥一样自觉呢？为什么你这么不负责任？

⑩ 你怎么总是做这样的事呢？为什么你总是忘记，并且永远也做不完你的作业？

⑪ 我简直无法相信你会这么懒。

⑫ 在你穿衣服、吃早餐的时候，我会帮你做完作业。我相信明天你就会自己做作业了。

授权语句：

① 我相信你会弄明白自己到底需要什么。当你意识到什么对你来说非常重要的时候，你就知道自己该做什么了。

② 如果老师打电话来，我会让你来接电话，或者告诉他，他应该和你谈一谈（尊重对方的态度和语气是关键）。

③ 我想听听这对你而言意味着什么。你能跟我解释一下为什么做作业对你而言不重要？

④ 只要事先我们约定好，我就很乐意在方便的时候送你到图书馆。如果你在做功课的时候需要我的帮助，请提前告诉我一声，我不愿意你到最后一分钟才提出要我帮你的要求。

⑤ 我太难过了，现在没办法跟你谈这个问题。还是把这件事放在家庭会议的议程当中，待我的情绪平稳些再谈吧。

⑥ 在周二和周日的7点到8点，如果你在功课上需要帮助，可以来找我。但如果你是拖延到最后一分钟才来找我，我就无能为力了。

⑦ 我希望你能上大学，但我不知道这件事在你看来到底重不重要。任何时候我都乐意跟你聊聊关于你上大学的想法或者计划。

⑧ 能坐下来谈谈，看看在做作业的计划上，我们能否达成共识？

⑨ 每当你不做作业的时候，我都会很难过，因为我很重视你的教育问题。而且我认为良好的教育对你的一生都非常有益。所以我真的很希望你能做好功课。

⑩ 你有没有想过不做功课的结果会怎样？你愿意听听我的担忧吗？我们能不能一起进行头脑风暴，去寻找这个问题的解决方案？

⑪ 我明白你对自己的成绩不好也很难过，我相信你可以从中吸取教训，并知道如何做才能取得理想的成绩。

⑫ 你知道吗，无论如何我都爱你，对我而言，你比你的成绩重要多了。

（3）请一位志愿者扮演一个没有完成作业的孩子。

（4）把其余学员分成两组，分别站在房间的两侧，一组扮演"干涉家长"，另一组扮演"授权家长"。

（5）给"干涉家长"组的每位家长一张或两张写有干涉语句的纸片（根据志愿者人数决定），当"孩子"来到他身边的时候说给他听。同样，给"授权家长"组的每位家长一张写有授权语句的纸片，当未完成作业的"孩子"走到他身边的时候说给他听。

（6）让"孩子"站在一位"干涉家长"面前，听他说纸片上的干涉语句，"孩子"只听不说。然后"孩子"再走到房间的另一边，站在一位"授权家长"面前，听他读纸片上的授权语句，"孩子"仍旧只听不说。这个"孩子"会继续轮流听完两边所有的语句，注意观察他在听的时候会想些什么、有什么感受以及做怎样的决定。也可以让"孩子"一次性听完"干涉家长"的所有语句，再过来听"授权家长"的所有语句。

（7）问"孩子"："当你听到来自'干涉家长'读出的语句时，你有什么感受？你将如何与生活中这样的家长相处？你对自己又有什么想法？你准备做些什么？"然后问他们在听完"授权家长"的话后，又是如何感受和决定的。哪种家长更能在冲突的时候跟你一起解决问题？哪种方式更能培养孩子适应未来社会的技能和品质？

（8）问其他的家长："你有什么感受？你对孩子有什么决定？你对自己又有什么决定？"

（9）问在场的观众，讨论他们从这个活动中学到了什么。（此步也可以省略）

（10）问"孩子"，家长的这两种说话方式哪种更容易让孩子接受？

（四）引出问题

当发生亲子冲突的时候，这些处理方式的长期后果是什么？

诱惑的后果是孩子学会讨价还价。

威胁的后果是孩子知道你说到做不到。

（五）理论讲解"三脑原理"

请大家举起你的手，我们用手为例来讲解大脑的工作原理。我们的大脑大致分为三个部分：原始脑、情绪脑和理性脑。当我们情绪上来的时候，我们是被情绪脑控制的，交感神经工作，无法理性思考。因此，家长们要学会用理性脑反观情绪脑，等自己情绪冷静的时候再跟孩子沟通。用"动物园里遇到老虎"的例子再次解释"三脑原理"。

（六）解决方式："我句式"角色扮演与练习

直接告诉家长，情绪不用压抑，可以表达。用"我句式"教会家长表达情绪。我感到_____，因为我_____，我希望_____。

再次进入刚才那个令人抓狂的情境，用"我句式"来表达情绪。请家长相互练习。

（七）提供一些解决问题的方案（此处供教师参考使用）

一起解决问题的四个步骤：

（1）让孩子说出他的问题和目标。

（2）父母说出自己的问题和目标。

（3）如果孩子的目标和父母的目标相差很远，要一起用头脑风暴找到一些可供选择的办法。

（4）孩子和父母挑一个双方都能接受的方案，并试行一段时间。

有效坚持到底的四个步骤：

（1）跟你的孩子进行一次友好的讨论，了解所出现问题的相关信息（先倾听，然后说出你的想法）。

（2）和你的孩子一起用头脑风暴寻找解决办法（要运用你的幽默，可以加入一些夸张的解决办法）。选择一个你和孩子都同意的解决办法。要找到一个你和孩子都喜欢的解决办法可能需要一些协商，因为你喜欢的解决办法可能跟孩子喜欢的不一样。

（3）要和你的孩子就执行的日期和最后期限达成一致。

（4）要足够了解孩子，知道他们可能不会遵守最后期限，并要和善而坚定地让他们承担责任，坚持让他们执行约定。

坚持到底的四个陷阱：

（1）相信孩子的思考方式和你一样，优先考虑的事情也和你一样。

（2）对孩子进行评判和批评，而不是只对事不对人。

（3）事先没有对具体的最后期限达成一致。

（4）没有保持对孩子和你自己的尊重。

有效坚持到底的四个提示：

（1）话语要简洁而友好。（我注意到你没有做那件事，请你现在做好吗？）

（2）如果孩子拒绝做，就问："我们的约定是什么？"

（3）如果孩子还是拒绝，要闭上你的嘴，使用非语言沟通（争论后，指指你的手表，会意地笑笑，给孩子一个拥抱，再指指你的手表）。这有助于你理解"少即是多"的概念，你说得越少，就会越有效。你说得越多，就给孩子的争论提供越多的"弹药"，他们就会每次都赢。

（4）当你的孩子让步时（有时会带着极大的恼怒）要说："谢谢你遵守我们的约定。"

当你感觉到挫败时问问自己下面的问题：

（1）我觉得受到批评或评判了吗？

（2）我们没有对自己和孩子保持尊重吗？

（3）我是不是只对事不对人？

（4）如果我同意一个具体的最后期限，这个情形会有多大的不同？

如果你希望孩子不用提醒就能负责任，请问问自己下面的问题：

（1）如果我不花时间以尊重的方式提醒孩子，那么我准备花时间责备、长篇大论地说教和惩罚他们，或者替他们做他们该做的事情吗？

（2）这会让他们改变行为吗？

（3）我注意过孩子对于对他们重要的事情有多么负责吗？

（4）我真的认为修剪草坪和做其他家务对孩子来说很重要吗？

（5）我不经提醒就能记住并完成我答应要做的每一件事情吗？尤其是那些我并不想做的事情？

如果你没有坚持到底，你的孩子就会知道：

（1）他们不必遵守约定。因为你都不遵守，他们为什么要遵守呢？

（2）你说的话不用当真，你只是说说而已。他们会以你为榜样。

（3）操纵对于逃避担责任是有用的。

（4）他们怎么做都没事。因为你不会坚持到底让他们担责任。

（5）爱就意味着让步。

如果有时间，请家长相互练习。

（八）结语

将"成功的道路是曲折的"图片展示给家长，让大家知道改变是不容易的，常常前进两步，后退一步。但是，只要我们记住对孩子的培养目标，和善而坚定地与孩子沟通，我们哪怕是在曲折中也会继续前进的！鼓励家长进行探索。

家长如何疏导孩子的情绪

陈花丽

【教学对象】

小学生家长。

【教学目标】

认识情绪，了解如何疏导孩子的情绪。

【教学过程】

（一）热身活动：感觉的颜色和形状

调整到舒服的姿势，闭上眼睛，关注你的呼吸，吸气，呼气，再次吸气，呼气。想一想，你现在的心情，如果用一种颜色和形状来代表，应该会是什么颜色和形状？哪个词最能描述这种感觉或心情？

分享：活动前后自己有什么不同？

刚才我们关注到自己的感觉和情绪，这可以帮助我们更专注于当下的学习。

（二）认识情绪

作为父母，我们在育儿过程中会遇到各种挑战，其中自己或孩子出现的情绪问题，经常会困扰我们。重庆万州公交车坠江事件警醒我们情绪教育的重要性。有人说，惜命的最好方式不是养生，而是管理情绪。据研究，70%以上的人会以攻击自己身体器官的方式来消化自己的情绪。中医提出肾主恐惧、肝储愤怒、肺藏哀伤，吃力、紧张多影响胃肠，好强的人爱偏头痛，优柔寡断、缺乏自信常是糖尿病人的情绪标签。

既然情绪这么重要，那么我们应该好好了解它。

简单地说，情绪是对某一事情的情感反应，是非常自然的人类体验和感受。

通常我们认为情绪有好坏之分，或把情绪分为正面情绪和负面情绪。人们对孩子正面情绪的接受度比较高，但面对负面情绪时就没有那么淡定了。

其实，情绪是一种天生自带的能量，无论什么情绪，都有其存在的正面意义，不恰当的处理方式，才会造成伤害。例如，愤怒是感受到被冒犯或被伤害的信号，也是提醒自己需要自我保护和反抗的信号，而过度的愤怒、不恰当的愤怒却会对人际关系或自身形象造成伤害，一味地压抑和控制又有可能憋成心理问题，或者积累太久之后出现无法控制的大爆发。又如，高兴是一种令人舒服的情绪，但是高兴过度，也会乐极生悲。所以说，情绪没有好坏之分，它就像一个快递员，是来给我们送信的，当你不接收的时候，它会一次次来敲门，我们带着好奇去解读它就好了。

（三）认识情绪与大脑的关系（掌中大脑）

我们家长是不是也会有情绪失控的时候呢？为什么我们会控制不住自己的情绪呢？那我们先来了解一下大脑的运作原理，这样可以帮助我们了解情绪的来源，从而更好地管理我们的情绪。

哈佛大学医学博士丹尼尔·西格尔的主要研究方向为大脑与神经科学，他用手掌来模拟大脑，让我们更清楚地看到当人发怒时大脑的状态。我们可以将我们的手掌模拟为大脑，我们的情绪就掌握在自己的手中。

我请大家先举起左手，现在把手掌看作大脑。掌心到手腕是脑干。脑干控制我们基本的生命技能。它的功能是调节心跳、呼吸，控制人的本能反应、与生存有关的生理机制、对危险的躲避、求生反应，等等。我们也把它叫作爬虫脑，或者叫作原始脑。大家看过动物世界吧，当一头狮子追赶一群羚羊的时候，羚羊会拼命逃跑。如果一些小羚羊跑不动了就会倒在地上，麻木自己，这样在被吃掉的时候不会感觉很疼痛。等到狮子咬住一只羚羊，不再追赶了，其他的羚羊就会停下来，而倒在地上的小羚羊也会爬起来，浑身抖一下，把恐惧释放掉，然后又跑去悠闲地吃草了。

假如是一头狮子进入另一头狮子的领地呢？大家想想会发生什么？领地上的狮子会拼命把入侵者赶出去，如果实在打不过，才会逃跑。所以，当我们的大脑处于原始脑的状态，我们遇到情况时做出的反应都是本能反应，也就是说，只有三种情况：战斗、逃跑及麻木。

这个情况在父母和孩子的冲突中经常可以看到。孩子犯错的时候，妈妈会骂孩子，一开始孩子会顶嘴，但是如果妈妈骂得很凶，大一点的孩子就会逃走，躲到房间里不出来了，把房门锁起来。小一点的孩子会低着头，或者用眼睛木木地看着妈妈。这时妈妈常常说："你说话呀，你是木头吗？"其实，那时候孩子是处于麻木状态的，他是在保护自己不要听到妈妈伤害他的话。

所以，当压力来临时，如果我们的大脑处于原始脑的状态，我们的方式就是战斗、逃避和麻木，这时候我们无法进行思考、策划、学习、记忆等功能，无法冷静地解决问题。

接下来请大家把大拇指折向掌心，这代表大脑的边缘系统，其中有一个器官叫作杏仁核。它的功能是储存记忆、情感以及主要的雷达感应。它会制造情绪，趋吉避凶。杏仁核不能记住事情，只能记住体验、感觉、情绪。当我们在生活学习中遇到类似的体验，常常会触发我们记忆中的情绪体验，所以我们也把杏仁核称为情绪按钮。如果有人来触动我们的情绪按钮，我们就会进入情绪状态。

现在把我们的手指头都折过来，形成一个拳头，那我们的整个拳头叫作大脑皮层。大脑皮层的后面部分是我们的感觉和信息接收区，如视觉、听觉、触觉等。在拳头的前面部分有一个大脑思考的地方，就是指甲到指尖的位置，这一部分我们把它叫作前额皮层。这是人类特有的一个皮层。大脑皮层有一个特点，它只有和大脑边缘系统与脑干紧紧连接在一起的时候才可以工作。它是大脑的统领，负责思考、认知、情绪管理、人际关系的处理以及一些理性判断、道德品行等。我们也叫它理性大脑。如果我们把四个手指打开，也就是大脑皮层和大脑边缘系统以及脑干断开，我们称之为"脑盖子打开"，这时，手掌心露了出来，也就是到了原始脑的状态，这时候我们的大脑就无法再理性思考，只能战斗、逃避和麻木。

我们了解了大脑的构造和功能。那我们来看一看我们的情绪是如何被激发以及相互影响的？

你有没有过这样的情况，当你看到身边的人打哈欠，你也会跟着打哈欠。为什么呢？原来在我们的大脑前额叶还有一组脑细胞，叫作镜像神经元。镜像神经元的功能是反映他人的行为，使人们学会模仿。我们人类的认知能力和模仿能力都是建立在镜像神经元的功能之上的。镜像神经元会让你和对方达到同样的情绪状态，直接体验对方的感受。

例如，有一个人的"脑盖子"已经打开了（愤怒的时候），周围的其他人由于镜像神经元的作用，很有可能也掀开自己的"脑盖子"。如果两个人都是这种状态，碰到一起会吵架、会打起来。那我们需要做什么才能找回自己的理性大脑来解决问题呢？那就是平静下来，想办法让自己"合上盖子"。

不单是孩子要学会"合上大脑盖子"，家长更要学会。家长可以把这个方法教给孩子。孩子学会以后，你可以和孩子约定："下次你看到妈妈生气发火，你就提醒妈妈的'脑盖子打开了'，等冷静好了再来和你说话好吗？"

如果你看到孩子发脾气，你也可以伸出手掌，提醒孩子，"宝贝，你的'脑盖子打开'喽。"孩子马上就会意识到，就会做出改变。我们这样做，其实是在为孩子做榜样，教会孩子觉察自己的情绪以及提升管理自己情绪的能力。

（四）疏导情绪的前提是接纳

在和孩子的相处过程中，我们要明白，孩子的情绪直接影响他们的行为，他们有好的情绪，才会有好的行为。孩子在"脑盖子打开"的状态中如同处于溺水状态，我们不要在这个时候试图教他游泳，而是要去拯救他。

孩子小的时候，不会表达情绪，最基本的情绪表达方式就是哭，我们会说："哭什么呀，有话好好说呀。"长大后，孩子会表达了，我们会说："长能耐了，学会顶嘴了是吧？"

这样的方式能帮孩子获得良好的感受吗？那我们应该怎么做呢？我们应该学会接纳孩子的情绪。

我们是天生不接纳情绪的高手，孩子不能伤心，不能生气，甚至不能哭！想想我们小时候经常听到的一句话："你有什么好哭的？"那感觉简直糟透了，那只能让我们觉得更委屈。所以，请认可孩子的感受。"你看起来很生气，感到生气没关系，但是你要用语言而不是行动告诉我，你在生谁的气或者什么事情让你这么生气？"等待孩子的回应，并有兴趣地倾听，而不是说："你不应该生气！"

接纳情绪不代表包容超越底线的行为，而是帮助孩子洞察情绪，找到理性的出口。

接下来我们通过活动来体验什么是接纳、认可。

活动：愤怒与3A（认可、准许、提供解决方案）

（1）让学员们站成一排。

（2）邀请一名志愿者扮演孩子。

（3）将"应该/不应该"清单在6名学员中传阅。告诉这些扮演家长的学员，当你说"开始"时，生气中的"孩子"就会逐个对他们说："我非常生气，我要揍麦克！"接着，他们就按"应该/不应该"清单上的顺序，轮流对"孩子"做出相应的反馈（提醒他们夸张的表现以示意强调）。

（4）与"孩子"回顾整理体验活动的过程，在听到这些来自"家长"的反馈之后，"孩子"的感受、想法和决定。同样也与"家长"们回顾整理他们的感受、想法和决定。

（5）接着，将"认可、准许和可接受的解决方法"清单发给学员传阅。

（6）让之前的那个"孩子"再重复说一次，"我非常生气，我要揍麦克"，然后让拿着"认可、准许和可接受的解决方法"清单的"家长"，轮流根据清单上的内容对"孩子"做出相应的反馈。

（7）与"孩子"回顾整理他的感受、想法和决定。同样，与"家长"们也回顾整理他们的感受、想法和决定。

（8）询问大家：你们从这个活动中学到了什么。

记住：处理事情之前，先处理好情绪。

（五）如何疏导情绪

当我们觉察到孩子"脑盖子打开"的时候，怎么帮助孩子"合上大脑盖子"呢？

活动：

1. 诚实面对情绪

两人一组，一人角色扮演孩子，一人角色扮演妈妈。

就孩子从7点钟到9点钟只写了两道题，妈妈对孩子进行愤怒情绪的表达。

询问各自的感受、想法和决定。

接下来同样的情绪，用"我句式"来表达：

我感到_____（情绪）

因为我_____（客观事实）

我希望_____（解决方案）

询问各自的感受、想法和决定。

当我们有了情绪的时候，我们可以用以上句式来表达情绪。同样，我们要教孩子表达出情绪，可以先帮助孩子学会使用"我句式"表达情绪：

我感到_____（情绪）

因为我_____（客观事实）

我希望_____（解决方案）

之后，家长可以用"你句式"回应：

你感到_____（情绪）

因为你_____（客观事实）

你希望_____（解决方案）

这样说出孩子的情绪，孩子会感觉被看见和被关怀，感觉到情绪被家长接纳和允许，有助于孩子平复心情、回归理智，增加解决问题的能力。

注意：要学习表达情绪，而不是带着情绪去表达。

2. 积极暂停角

如果发现自己或孩子是生气地表达，应该马上停下来，深呼吸。暂停的目的是为了给孩子短暂的间歇机会，让孩子感觉好起来了再尝试解决问题。在家里建立一个积极暂停角，可以让孩子在情绪不好时在那里平复、冷静下来。积极暂停角不是用来惩罚孩子的，而是安抚孩子情绪的。积极暂停角由孩子选择、布置、起名，孩子参与得越多越好。有一本绘本《杰瑞的冷静太空》可以帮助孩子理解：去一个喜欢的地方冷静下来，会让自己做得更好。

在使用积极暂停角时，有几个技巧：

（1）创建积极暂停角的目的是安抚情绪，让孩子感觉好起来，而不是惩罚，邀请孩子主动选择，让自己感觉好起来，而不是被父母安排去积极暂停角。

（2）父母先示范使用积极暂停角，使用前告知孩子感觉好了会再回来。

（3）创建积极暂停角时，让孩子选择、布置、起名，孩子自己参与得越多越好，父母主要负责协助孩子。

（4）如果孩子不愿意去积极暂停角，则不勉强。

3. 愤怒选择轮

家长还可以和孩子一起制作愤怒选择轮，以此来帮助孩子对自己的情绪选择处理的办法。具体操作如下：

（1）与孩子一起头脑风暴，有情绪时可以做哪些事帮助自己感觉好起来？例如，深呼吸、大喊、跑跳、打沙包、听音乐……和孩子约定三不伤害原则：不伤害自己、不伤害他人、不伤害环境。

（2）用硬纸盘做个圆盘，请孩子将刚才的答案写或者画到圆盘等份上，让孩子参与制作，孩子参与得越多越好。

（3）请孩子给选择轮配上指针，挂在墙上方便看见的地方，确保选择轮能转动。

（4）当孩子生气时，可以和他一起转动选择轮，并选择一个方案执行。所有的方案都是孩子自己选择的，所以孩子更愿意去做。

（六）结语

除了这些应激性的处理方式之外，还有一些可让自己情绪平稳的方式，当我们常常处于愉悦中，情绪也会越来越平和稳定，如特别时光、致谢、家庭会议等。

总之，情绪不是问题，如何应对情绪才是问题！

家长如何与青春期孩子沟通

张 丽

【教学对象】

初中及高一学生家长。

【教学目标】

结合青春期孩子的身心特点帮助家长了解青春期孩子的心理，在与青春期孩子的交流中更新理念、改进方式，与青春期孩子共同成长。同时帮助家长学会与青春期孩子有效沟通的方法，让家长与青春期孩子建立起和谐的亲子关系。

【教学过程】

（一）案例导入

朋友的孩子今年读初二，有一天，她打电话给我，伴着无比挫败的情绪，说她的儿子成绩下降、情绪敏感、沉默寡言、执拗叛逆，关键是出现了厌学情绪。问我是否有合适的心理咨询师推荐，她要带儿子去看心理医生。

我的第一反应，这不是典型的"初二现象"吗？我把初二孩子容易出现的情绪与行为特征与她聊了以后，她直呼"对、是、就这样"。

我问她："你初二的时候是什么样？"

她说："忘记了。"

在座的各位谁还记得自己初二的时候是什么样子的？

作为青春期的过来人，我特别想说，初二阶段，恰逢十三四岁青春敏感期，伴随着成长压力、学业压力、家庭压力、同伴压力，如果没有正确的疏导途径，的确是容易出现身心问题的时期。而且，这个时期的问题潜藏着以后的人生走向。

正如作家柳青所说的，人生的道路虽然漫长，但是紧要处常常只有几步，特别是当人年轻的时候。没有一个人的生活道路是笔直的、没有岔道的。有些岔路口，你走错一步，可以影响人生的一个时期甚至影响人的一生。有些孩子从初二开始，就经常头痛、肚子痛，医院检查不出任何问题。其实是"心理问题躯体化"，这种现象更多的是表现在优等生的身上，大致可以解释为：在老师和同学的心目中，自己还算个优等生，不能也不敢出现反叛行为，生理与心理上又萌发了自我意识，头痛就成了压力的信号。

现在的孩子很幸运，父母大都承担起了自己的责任，不仅关心孩子的身体健康、学习情况，还关心孩子的心理健康。今天来到现场的父母，你们的孩子就是这些幸运的孩子。

"初二现象"是指初二的学生处于青春发育期发生的一系列现象。这一时期的学生身心急剧发展变化，存在着种种发展的可能性，美国心理学家霍林沃斯称其为"心理断乳期"。

"初二现象"只是青春期的一个典型现象。青春期的孩子具有叛逆、盲目、易受外界影响、情绪容易激动、暴躁、成绩两极分化普遍、违纪违规频繁、存在心理障碍等特征，具有可塑性、主动、追求独立等特点。

因此，青春期既是孩子发展的危险期，也不可避免地成为教育的关键期。但现在无论是老师还是家长，关注的重点依然是孩子的成绩，很难把孩子当作一个有血有肉、有灵魂、独立的个体来看待，而对于青春萌动期的孩子来说，"我是谁"比"我考了多少分"可能更重要。

经常听青春期孩子的家长说，孩子不愿说话、叛逆、难以沟通，不知道哪句话就让孩子炸了毛。亲子关系不和谐，沟通不顺畅，家长和孩子的日子都艰难。而我们中国父母所谓的沟通常常是这样的：

天冷了，记得穿秋裤哈。

你现在都初二了，一定要好好学习，不能再贪玩了。

你再玩游戏，我就把手机没收，听见了没？

你看隔壁你王叔的儿子，上学期期末考了全班第一。

走路就不能挺直了背？老是弯着腰。

老师说你这学期数学退步了很多。爸爸妈妈这么辛苦，都是为了你，你不好好学习，对得起谁？

有时候，父母一边说，一边自己还气得半死，而孩子压根儿没听进去半句。这是沟通吗？沟通，通俗一点说就是两个人或几个人在对话、交流，所以沟通一定是一个互动的过程，它必须有你、有我、有特定的对话情景。

（二）呈现萨提亚五种沟通模式

1. 讲解萨提亚五种沟通模式的特点

被美国著名的《人类行为》（Human Behavior）杂志誉为"每个人的家庭治疗大师"的维吉尼亚·萨提亚认为，人们之间的沟通有五种方式，其中有四种是不一致的沟通，分别为指责型、理智型、讨好型、打岔型。下面我们来分别看看这五种沟通类型的特征是如何的。

（1）指责型：试图表明不是自己的过错，让自己远离压力的威胁。

言语——不同意：你永远做不好任何事情。都是你的错。

行为——攻击。

情感——指责。

身体姿势——很有权力的样子，僵直。

内心感受——隔绝。

心理反应——报复、捉弄、欺侮。

（出示指责型的经典动作图片）

（2）理智型：逃避现实的任何感受，也回避因压力所产生的困扰和痛苦。

语言——极端客观：人一定要有理智。

情绪——顽固、疏离：人一定要保持冷静。

行为——威权十足。

身体姿势——僵硬。

内心感受——空虚与隔绝。

心理反应——强迫心理，社会性病态、社交退缩，故步自封。

（出示理智型的经典动作图片）

（3）讨好型：试图远离对自己产生压力的人或减轻自己因某些人所带来的

压力。

言语——这都是我的错。

情感——祈求。

行为——过分的和善、哀求、乞怜及让步。

内心感受——我觉得自己毫无价值。

心理反应——神经质、抑郁、自杀倾向。

（出示讨好型的经典动作图片）

（4）打岔型：让别人在与自己的交往时分散注意力，也减轻自己对压力的关注，想让压力因素与自己保持距离。

言语——漫无主题，东拉西扯。

情绪——波动混乱，满不在乎。

行为——转移注意力：多动、忙碌、插嘴。

内心感受——没有人当真在意，以打断别人的谈话来获得大家的注意。

心理反应——心态混乱。

（出示打岔型的经典动作图片）

（5）一致型：认可压力的存在，正视自己处于压力之中，承担起自己在压力中的责任，为有效地应对压力而做出努力。

言语——尊重现实、尊重自己、尊重别人。

情绪——稳定、乐观、开朗、自信。

行为——接纳压力和困难、顾全大局。

内心感受——有惶恐，但充满勇气和信心，当时和事后心灵充满了坦然与安稳。

心理反应——心平气和、泰然处之。

2. 五种沟通模式角色扮演

场景：孩子学习一个动作，做错了。接下来我们请在座的11位家长，每种沟通类型2个人，其中第五种类型需要3个人，轮流上场分别进行五种沟通类型的角色扮演。请感受您作为孩子、作为父母在五种沟通类型下的心理感受。请扮演父母角色的家长做出每种沟通模式的经典动作，并说出以下台词。

以下是五种沟通模式角色扮演的台词：

（1）指责型：你到底怎么回事？怎么左右都分不清，你这个只会支吾的哑巴。

（2）理智型：我们分析一下你刚才左右不分的情况。我们发现在游戏之前你没听清楚要求，在游戏中你没有专注。对这点你有什么要说明的吗？

（3）讨好型：（很低的声音、沮丧的表情）我……嗯，嗯……唉，这，孩子……

对不起……你感觉还好吗？你知道，答应我你不能激动。不，你做得还行，只是，可能你需要做得更好些？就好一点点，好吗？

（4）打岔型：（和站在小华旁边的另一个孩子小明说）小明，你说，你刚才的动作是不是和小华的不一样？

（再面对小华说）不，没有什么不对的，我只是想走动一下。

（面对小明说）告诉小华上床睡觉前找一下你妈妈。

（5）一致型：小华，你刚才的动作做错了。你从一开始就没分清楚左右。让我们停下来，好好看看哪里出了问题。

每场结束后逐一询问家长和孩子扮演者的感受、想法以及决定。

（三）探究沟通不一致的原因

青春期的孩子有如下几个特点：

（1）身体上，脑发育的不平衡使青春期的孩子具有情绪多变、易冲动、爱冒险、自控力差等特点。

（2）青春期孩子性发育的差异与性心理的发展带来许多困惑和烦恼。

（3）青春期"自我同一性危机"加剧情绪问题。

（4）青春期是人的成长过程中第二个反抗期，主要是为了获得独立和尊重。

（四）实现与青春期孩子有效沟通的方法

（1）承认孩子的感受，做出共情的回应。

（2）做有益的批评，专注于建设性地解决问题。

（3）可以生气，但不能辱骂。可以这样做：

①描述你看到的情况。

②描述你的感受。

③描述需要做的事情。

④不要进行人身攻击。

（4）描述，不要评价——赞扬的新方式。

对待事件，描述感受，不赞扬品性。

结束语：跟青春期的孩子沟通的时候，我们要做到共情、专注于建设性地解决问题，描述客观情况，描述你的感受，解决问题的态度。做到了一致型沟通，我们就能和青春期的孩子建立和谐的亲子关系，我们就能和学校建立和谐的家校关系。

最后一点也是最重要的一点，万一你以上所述都做不到，那么可以做到的一点就是闭上嘴巴，认真倾听孩子的想法，不要急于给出建议。

谢谢大家的聆听！愿在孩子成长的路上，我们都能跟上孩子成长的步伐，逐渐成为孩子的同行者。

如何做不焦虑的家长

刘海霞

【教学对象】

九年级学生家长。

【教学目标】

通过具体分析家长焦虑的原因，挖掘焦虑背后家长及孩子的深层需求，让家长学会对焦虑等负面情绪及压力进行调适、优化，尽可能对生活少一些消极影响，而多一些积极促进。

【教学过程】

（一）问题引入及讨论

孩子上初三了，请问各位家长是怎样的情绪状态？焦虑吗？不安吗？紧张吗？恐惧吗？都有一点，对吗？哪个更严重？对了，焦虑。但是今天我要讲的焦虑，不是狭义的焦虑，而是广义的焦虑，即焦虑症候群，包括刚才讲的紧张、不安及恐惧等，也可以用一个短语来概括，叫作"焦虑等负面情绪"。为什么要与焦虑等负面情绪做朋友？有些家长可能会疑惑，焦虑好吗？那么，让我们首先来学习一个"压力与效率"的倒U形曲线，这个曲线的意思是，当焦虑等负面情绪或压力特别大，大到超出一个人的心理承受值时，他的学习或工作效率为0；当一个人一点都不焦虑或没有压力时，他的学习或工作效率也为0；只有一个人的焦虑或压力在自己能承受的中间水平时，他的学习或工作效率才是最高的。这说明什么呢？说明我们的学习、生活等各方面都需要一定的焦虑或压力，适度的焦虑或压力对我们的学习、生活等有促进作用，我们的生活离不开适当的焦虑和压力。所以，从这个角度来讲，我们需要和适度的焦虑、压力等交朋友。另外，焦虑等负面情绪或者压力，是不是我们不想要，就可以完全消除呢？也不是，焦虑等负面情绪及压力常常具有情境性，它随着你所处的环境、遭受的待遇、听到的语言、看到的情况而产生，或者变化甚至达到激烈、爆发的程度。可以说，不管你喜不喜欢、愿不愿意，焦虑等负面情绪及压力都会跟随你一生，对它们，你挥之不去，无法完全消除。但是，我们可以对焦虑等负面情绪及压力进行调适、优化，让它们尽可能对我们的生活少一些消极影响，而多一些积极促进。这也是我们这节课要讲的主要内容。

孩子上初三了，大家为什么会焦虑呢？你对孩子不满意吗？对孩子的成绩不满意吗？对孩子的态度不满意吗？那孩子呢？孩子对自己的成绩和态度满意吗？是你的不满带给你的焦虑影响了孩子，让孩子跟着焦虑了？还是孩子对自己的不满带给孩子的焦虑影响了你，让你跟着焦虑？或是你们互相不满互相焦虑？那么除了不满和焦虑之外，你是否思考过，你可以为孩子提供哪些他需要的帮助，来缓解你们彼此的焦虑呢？你是否能看见孩子的内在需求？你能否接纳孩子的现状？你鼓励孩子了吗？你是怎么鼓励他的？你的孩子反应如何？你鼓励孩子的方法需要丰富吗？

（二）讨论及呈现

我们先来探讨看见孩子的内在需求。你能看见什么？什么是孩子成长过程中最需要的？首先，我们要看见，父母的爱是孩子成长中的力量。每个孩子活在这个世界上，努力或拼搏，他首先需要爱，尤其是来自父母的爱。心理学家说："爱，让孩子拥有更多向上、向善、向美，敢于直面困难的力量；缺爱，则让更多的孩子更倾向于破坏、攻击，甚至是自我毁灭、自杀、自残，以达到变相惩罚父母的目的。"有很多案例都深深地印证了这一点。对那些孩子离家出走、跳楼、打架斗殴、违法犯罪的家庭追根溯源，很快就可以发现，这些孩子都没有得到他们心底最想要的东西——父母的爱，家庭的温暖。所以，我们要爱孩子，给孩子他们想要的爱。初三的孩子更甚，因为他们正在面临人生中第一个关乎前途命运的挑战，此时的他们对未来更多的是茫然。而我们家长要做他们此刻坚强的后盾、拨开迷雾的明灯、安全的港湾……

（三）方法指导

那我们该怎样去爱初三的孩子呢？

首先，我们要给孩子更多积极的情绪。因为父母积极的情绪会对孩子产生巨大的正向影响。让我们来看一个试验——新悬崖试验。新悬崖试验讲的是韩国的一个综艺节目，对经典悬崖试验进行了改良，是一个观察1周岁左右的孩子，对母亲情绪的感知能力及对应的行动的试验。节目先让妈妈面无表情地看着孩子，而把孩子放在一个看上去中间存在一个"悬崖"的画面上活动，孩子开始望着妈妈，往妈妈这边爬过来，但当他看见"悬崖"的时候，孩子开始害怕并停下来，望向母亲，当他看到妈妈面无表情的脸时，都不敢经过"悬崖"，朝原路返回了。然后，主持人又把孩子抱回到中间存在一个"悬崖"的画面上活动，且这次中间的"悬崖"里还多了些"熊熊烈火"。妈妈被要求始终面向孩子，对孩子微笑，并拿一些孩子喜欢的小玩具在手里呼喊孩子的名字，奇迹发生了，孩子都好像对路途中间看上去有"熊熊烈火"的"悬崖"视而不见，径直往妈妈怀里扑了过去……所有人都被震撼，妈妈们更是感慨不已："我知道了，妈妈的表情和话语对孩子来说有多重要""笑真的会传染呢""看到妈妈的表情，孩子也会笑得很开心"……没想到妈妈的笑对孩子竟然有这么大的鼓舞力量，让小宝宝连"悬崖""火海"都不放在眼里！那么，对我们初三的孩子呢？如果我们的父母能每天都有笑容，能每天都有一些鼓励的表情、动作、语言，那会给他们带来多大的勇气？会让他们变得多坚强呢？这值得我们所有家长去尝试！

其次，我们要少给或尽量不给孩子焦虑等负面情绪。因为，负面情绪会对孩子产生多方面的消极影响。让我们来看看"九人过桥试验"，教授说："你们九个人听我的指挥，走过这个曲曲弯弯的小桥，千万别掉下去，不过掉下去也没关系，底下就是一点水。"结果九个人都顺利过桥，而且用的时间很短。当他们心平气和、心态平稳的时候，他们都快速地顺利过桥了。但是，等他们走过去后，教授打开了一盏黄灯，透过黄灯九个人看到，桥底下不仅是一点水，而且还有几条在游动的鳄鱼。他们都被吓了一跳，这时教授问："现在你们谁敢走回来？"没人敢走了。他们的情绪由刚开始的平静变成了现在的害怕、恐惧。所以他们都不敢走了，他们的能力瞬间被情绪压抑住了。教授鼓励他们说："你们要用心理暗示，想象自己走在坚固的铁桥上。"这时，只有三个人愿意尝试：第一个人颤颤巍巍，走的时间多花了一倍；第二个人哆哆嗦嗦，走了一半再也坚持不住了，吓得趴在桥上；第三个人才走了三步就吓趴下了。尽管他们对自己进行了心理暗示，但是他们还是害怕，还是处在恐惧的情绪当中。所以他们过桥的能力大大地打了折扣，只有一个人顺利过桥了，但是所花时间是原来的两倍，也就是说，他过桥的效率只有原来的一半。这个结果充分说明了焦虑、恐惧这些负面情绪对人能力发挥的重大影响。最后，教授打开了所有的灯，大家这才发现，在桥和鳄鱼之间还有一层网，网是黄色的，刚才在黄灯下看不清楚。大家现在不怕了，说要知道有网我们早就过去了。几个人都走过来了，只有一个人不敢走，教授问他："你怎么回事？"这个人说："我担心网不结实。"关于负面情绪对人能力的发挥，这个故事揭示得相当形象。更为重要的是，焦虑等负面情绪仅仅只是影响能力的发挥吗？远远不止这样。让我们再来看一个"动物试验"，试验中让其中一只小山羊独自生活，而在另一只小山羊旁边拴上一只狼。那大家来猜一猜，一段时间后，这两只羊中的哪一只活得比较好呢？旁边拴着狼的小山羊？那你是不是就是那个整天在孩子面前说"考不上高中，你的生活就完蛋了"的妈妈？如果是，一会儿你得从试验的结果中好好反思，总结经验教训，甚至是改变你对孩子的做法。因为试验的结果是：独自生活的小山羊活得很好，但旁边拴着狼的山羊由于长期处于极度恐慌的状态下，不吃东西，逐渐消瘦下去，不久就死了。这个试验告诉我们焦虑等不良情绪影响身体健康。当一个孩子被我们的焦虑情绪或他自己的焦虑情绪长期折磨的时候，他的身体都不健康了，还能学好吗？还能考好吗？就算学好了、考好了，如果是付出身体健康的代价，又有什么意义呢？所以，通过这两个试验的结果，我们应该得出以下启示：平和的情绪，是父母能给孩子最好的礼物。父母的情绪稳定，是孩子人格发展的关键，影响着孩子安全感的发展、能力的发挥，也影响孩子的身体健康。但这不是说父母就不能有自己的情绪，而是希望父母学会一些情绪调节的方法，来控制、调整、优化自己的情绪。然后给孩子起一个积极示范的作用。如果父母能在遇到不如意的事情时，还对孩子微笑，那孩子就学会了在自己遇到不如意的事情时，也可以做到对父母微笑。而微笑是平和而有力量的。那么，经常遭遇各种不良情绪的我们，该如何调整自己的情绪，让我们的消极情绪更多地向积极情绪转化，以达到更好地促进我们生活的目的呢？

第一，不良情绪的转化是宣泄。情绪的宣泄办法主要有一说、二笑、三听、四动。首先，我们学习如何说。让我们先来看一个有关情绪调节的视频——《情绪调节的三句话》。视频里教给我们三句话，"情况就是这个样子""你也不容易""刚好"。比如现在我是你们的孩子，我现在垂头丧气地跟你说："爸，妈，我的数学才考了50分"，你们该怎么回答我呢？"情况就是这个样子""孩子，你也不容易""刚好"。我的数学才考了50分，情况就是这个样子，情况就是我的数学只考了50分，你说这句话的时候，表示你知道了，你接受了。我也不容易，我也不想数学只考50分啊，可是我的基础就这样，我的脑子就这样，我已经努力了。刚好，这句话怎么说呢？可能还需要你们再补充点内容，比如说"天将降大任于斯人也，必先苦其心志，劳其筋骨，饿其体肤，空乏其身，行拂乱其所为，所以动心忍性，曾益其所不能"，这样你才能让孩子知道，我现在数学考50分，是上天对我的考验，我还要不断努力，我要战胜了自己，才能战胜别人，才能越战越勇。只有这样，你的孩子才能用尽可能少的时间，从伤心、难过、沮丧、自我否定等负面情绪中走出来，快速地投入新的学习与战斗中去。另外，作为家长，我们要学会经常找朋友、有经验的家长或信任的人倾诉，把自己生活中的一些负面情绪及时宣泄出去。同时要教会自己的孩子向生活中的一些资源如朋友、老师甚至是心理咨询师等倾诉，让自己的一些负面情绪得到及时的处理，甚至可以教孩子在公园里喊一喊，在大海边唱一唱……其次，我们要经常笑。笑有什么作用呢？有个故事告诉我们"一个小丑进城，胜过一打名医"，俗话说："人逢喜事精神爽""笑一笑，十年少"。那这些说法有没有科学依据呢？经常笑到底能不能缓解精神压力、预防疾病和拯救生命呢？心理学家们认为：人不仅开心了会笑，伤心了会哭；同时笑了也会开心，哭了也会伤心。所以，不管你开不开心，你也可以天天笑，真笑不出来，可以假笑，可以自己对着镜子假笑。假笑3分钟跟真笑3分钟，对肌肉放松和情绪放松的效果一样。除了自己多笑以外，要鼓励孩子多笑，鼓励家人多笑，带着家人一起笑，让家里充满欢声笑语。一个充满欢声笑语的家庭，大人是开心的，孩子也是开心的，一开心，孩子的学习效率提高了、动机增强了。再次，我们学习如何听。听他人的鼓励，汲取力量；听他人的经验，增长智慧；听孩子讲他的喜怒哀乐，适时引导，增进情感；听音乐，放松心情；听故事，充实心灵。最后，我们学习如何动。不仅我们自己经常参加一些有益身心的活动、运动，如跳舞、跳操、瑜伽、读书沙龙等；还要支持孩子运动、活动、参加体育项目，甚至包括孩子在学习过程中的走动；适时组织一些亲子活动、家庭活动、生日会、朋友聚会等。通过运动和活动，让孩子的学习生活得到调剂，从不断学习的状态中抽离，让孩子的大脑得到休息，劳逸结合。

第二，不良情绪的转化可以改变认知。因为大部分负面情绪都是由人们对某些事情产生的不良看法、念头或者太过绝对的二维是非观、善恶观、价值观产生的。让我们来看一个视频《坏情绪的产生》。从这个视频里面我们可以得到启示，要转化不良情绪，可以通过换个角度来看问题，不是用绝对的、非对即错的眼光去看待问题，而是用多元化的思维去解读周围的人与事。例如，孩子没考上高中或者孩子没有考上理想的学校，以后的人生就真的完了吗？未必！实际生活其实也在不断地告诉我们，条条大路通罗马，孩子没考上高中或者没考上理想的学校，他以后的人生也可以精彩，只是可能要多费点周折，多走点弯路。另外，我们要学会接纳，接纳孩子的现状、接纳孩子的优缺点、接纳孩子的优秀。接纳意味着你理解他，接纳意味着你不会对他提额外的苛刻要求，也就不会给他额外的压力和负面情绪。要接纳孩子的现状从另外一个重要的方面来讲，是因为孩子之所以变成今天这个样子，不是一夜之间变成的，他的发展有历史性原因。小学的时候，作为家长的我们有没有帮助他夯实学习基础？有没有培养他的爱好特长？有没有养成他良好的学习生活习惯？如果家长没有做到，那就应该自我反思，怎么可以到了初三才对他这不满意或那不满意呢？他为什么会变成今天这样，作为家长的我们，难道没有责任吗？如果有，那家长应该静下心来，思考今后该怎么做，能让孩子发展得更好，而不是对孩子表达不满，甚至是给孩子施压。从多元智力理论的角度来讲，每个孩子擅长什么，不擅长什么，不是孩子自己能决定的，而是由他的大脑结构、智力结构决定的。所以，并不是每个孩子都擅长读书的，有些孩子即使再努力，也读不成学霸。但是家长需要注意的是，不要求孩子一定要超越自己的能力，成为自己无法企及的学霸，但还是要尽最大努力去鼓励孩子，制定一个与孩子的能力水平、态度认知相符的目标。因为"目标引领人生"，哈佛大学对智力、学历、环境等条件都差不多的大学毕业生进行了25年的跟踪调查，最后发现3%的学生有清晰而长远目标，几乎都成了社会各界的成功人士，其中不乏行业领袖、社会精英；10%的学生有清晰但比较短期的目标，随着短期目标的不断实现，成为各个领域中的专业人士，大都生活在社会中上层；60%的学生目标模糊，有安稳的生活与工作，但都没有什么特别的成绩，几乎都生活在社会中下层；那27%的学生没有目标，常常抱怨他人、社会，抱怨这个"不肯给他们机会"的世界，几乎都生活在社会底层，常常失业。因此，你要问问你的孩子，有没有自己的奋斗目标？目标是否足够长远且清晰？你可以问问他若干年后想毕业于什么学校，以后想在怎样的环境下工作，以后的收入多少，想怎样出行，住在哪里，穿什么，如何休闲，今天的自己要为以后的生活怎么努力，等等。家长可以鼓励孩子做一个"自我探索单"，如几年后我的目标是什么？我实现这个目标最大的优势是什么？目前我最大的阻力是什么？为了实现它，我现在应该怎么做？一年后，我应该达到一个什么结果？五年后，我应该达到一个什么结果？可以鼓励并引领孩子制定目标（表1）。

表1　制定目标表

第四年	考上省内名校
第三年	成绩要在年级前100名（借助各种资源、拼搏奋斗）
第二年	成绩要在年级200～300名（借助各种资源，努力进步）
第一年	考上宝安中学
第二学期	成绩要进步年级前30～50名（不能玩游戏、谈恋爱，要查漏补缺、参加补习班等）
第一学期	成绩要达到年级前100名（不能玩游戏、谈恋爱，要查漏补缺）
第一个月	按照既定时间规划表等努力，发现效果和调整计划、心态、努力方向及程度等
第一个星期	要制定目标，做好时间规划表，包括寻找差距、资源和努力方向

如果你没有鼓励的方法，我们可以通过看视频《垃圾与资源》，来学一些鼓励孩子的方法。送大家一首小诗共勉：

有人22岁就毕业了，

但等了5年才找到稳定的工作；

有人25岁就当上了CEO，

却在50岁去世；

也有人50岁才当上CEO，

然后活到90岁；

奥巴马55岁就退休了，

但特朗普70岁才开始当总统；

身边有些人，

看似走在你的前面；

也有些人看似走在你的后面，

但其实每个人都有适合自己的步伐，

而且，每个人的目标不一样；

所以，

请放松，

你没有落后，

也没有领先，

但是，请你一定要在自己的时区里，

一直努力，

努力向前……

这首诗启示我们，无论是家长还是学生，都应该努力在当下，做最好的自己。与孩子一起查漏补缺、完善过程，先不过度考虑结果。完善了过程，才可能有更好的结果。

最后，我想要告诉家长的是，当你焦虑、紧张、不知所措、无所事事的时候，随便拿一本书来阅读、思考、学习，你的心情都将快速地安静下来。这也是跟焦虑等负面情绪交朋友的好办法之一！

学业支持

如何抓住一年级孩子的学习关键点

吴 爽

【课例简介】

家有孩子升入一年级，不是孩子一个人的事，也不是孩子一个人的成长里程碑，而是整个家庭生活的一个标志性阶段的开始。本课程通过展示小学和幼儿园的不同之处，让家长清楚地认识到孩子升入小学一年级后所面临的挑战，帮助家长悦纳小学生家长角色，梳理情绪，明确小学一年级阶段关注的要点，在家庭教育中能更新理念、改进方式，以帮助孩子的成长。同时帮助家长掌握一年级孩子的学习智力发展情况及学习特点，掌握对孩子学习习惯培养和学习方法训练的技巧，坦然地迎接新的生活状态，并为之做好充分的准备，掌握小学一年级的正确打开方式。

【教学对象】

小学一年级学生家长。

【教学目标】

结合一年级学生身心特点帮助家长悦纳小学生家长角色，在孩子教育中能更新理念、改进方式，以适应孩子的成长。同时帮助家长掌握一年级孩子的学习智力发展情况及学习特点，掌握对孩子学习习惯培养和学习方法训练的有效方法，为孩子在学业与生涯发展中做好充分的准备。

【教学过程】

引言：描述一年级学生家长现状。

（一）小学和幼儿园有什么不同

1.学习生活环境的变化

幼儿园：布置得美观、形象、舒适，玩具琳琅满目。小学：课室整齐的桌椅，操场上的运动器械对低年级学生来说较高。

2. 生活内容的变化

幼儿园：以游戏为基础活动。小学：完成国家统一规定的教学大纲所规定的课程。主要任务就是上课、完成作业。课间休息和游戏时间很短。

难点：一年级学生和五、六年级学生一样，每天上午四节课，下午两节课的课堂学习。课堂学习时间持续较长。

3. 师生关系的变化

幼儿园：教师像妈妈般照顾孩子，参与到孩子的各项活动之中。孩子对教师的依赖性较强。小学：教师要完成教学任务，主要精力放在教学上，对孩子的自主独立性要求提高，教师与孩子的交往主要在课堂上。

难点：孩子可能会感到这种新的师生关系有些不能接受，感到生疏和压抑。

4. 教学方法的变化

幼儿园：游戏、探索和发现，提倡在玩中学，学中玩。小学：强调文化知识的系统教育和读、写、算等基本技能训练，必须完成一定量的作业。

5. 行为规范的变化

幼儿园：课间上厕所、说话、玩东西等，在小学就变成了不遵守学校纪律。小学：要做到上课坐正、不东张西望、不随便说话、发言要举手、学习用品摆放整齐、课本作业不准撕、上课不准喝水、在指定地方等家长接送等。

难点：孩子在幼儿园里许多自选活动的时间和权利将被服从统一要求所替代。

6. 家长和教师期望值的变化

幼儿园：孩子的营养、心理的健康、生理的健康，在幼儿园吃好、玩好、与同伴相处好。小学：在学习方面对孩子寄予新的期望、高的要求。

（二）一年级，我们准备好了吗

1. 需要一个仪式

仪式内容：（全体家庭成员参加）

（1）改称呼：你已经成为小学生了，以后在家庭之外，将称呼你的大名。

（2）让孩子穿上新校服，拍一张家庭合照，发个朋友圈。

（3）入学前邀请孩子一起清点学习用具和校服。入学后，请孩子介绍自己书包中的物品、教师和学校。

（4）家庭成员分别向新生说一句祝福语。

2. 做好三方沟通：亲、师、生

（1）亲子沟通：固定时间和随机沟通：①今天在学校有没有为班级服务呀？②老师有没有交代什么事？③明天上什么课？有什么活动？要为明天做什么准备？

预案：如果孩子遇到了严厉的老师，该如何跟孩子沟通。孩子不喜欢一年级的老师该怎么办？

（2）亲师沟通：①探讨问题，提前预约，列好清单；②请假、反映情况尽量文字；③紧急情况，及时联系。

3. 练好四项本领

（1）睡觉和起床训练：①晚上9：00全家熄灯，集体睡觉，坚持一周以上；②教孩子起床步骤。

事前准备：①晚睡前和孩子约定，明确起床时间；②进行好孩子按时起床、迅速完成起床动作的意识引导；③教孩子学习定闹钟。

实操步骤：①闹钟响，迅速翻身坐起；②关掉闹铃，马上穿衣服下地；③迅速去卫生间大小便；④认真洗手、洗脸、刷牙、擦脸；⑤及时返回卧室戴上腕表、整理床铺。

完成要求：①动作要连贯；②做每一步都保持专注。

提醒：在真正执行之前，分阶段安排训练，直至熟练再执行。正式着手做训练之前让孩子清楚练习最初可能很枯燥，但是好孩子不会怕麻烦，当练习次数多了，会下意识脱口而出每个细节，按部就班地去做每一个细节反而能节约出很多时间。

（2）作业训练：作业是每个孩子的必修课，是学习习惯养成的重要环节，是让孩子获得好成绩的关键因素。

准备阶段：①喝水（吃水果）；②上厕所；③洗手；④准备文具；⑤清理书桌（与学习无关的物品清除）；⑥摆放文具和作业本课本（只拿出准备写的一项）。

写作业阶段：①读题（手指）；②分析题（按先易后难，先做会做的，后做难做的，实在不会做，做好记号，其他题目完成后才能问）；③答题；④检查。

完成后阶段：①课本、练习册装入书包；②文具装入书包；③检查是否有遗落；④拉上书包拉锁；⑤将书包放在指定位置（便于次日早晨上学背起就出门）。

提醒：此阶段内容可以在每次写作业时进行，因为孩子完成作业后，心情立刻放松，可以随手轻松做到。只要家长给孩子点鼓励，让孩子保持愉悦的心情，这个阶段的训练最容易落实到位。

（3）阅读训练：①孩子是否会经常看到你捧读一本书？②家里是否会就一本有意义的书进行讨论？③孩子有自己的书架或书柜吗？④他的阅读环境安静、舒适吗？⑤作为家长，你是否有颗谦虚的心去请教专业人士为你做一些及时的推荐？

如果你做到了以上几点，恭喜你，你的家庭基本算是书香家庭了。

（4）书写训练：①书写训练的重要性；②书写训练的注意事项；③亲子练字。

八大关注：①关注孩子上学、放学时间（早晨7：50前，中午2：00前，下午4：30）；②关注孩子的仪容仪表（发型、校服、手指甲、鞋子）；③关注孩子的作业情况（引导孩子有效率地完成作业，作业家长要签字）；④关注孩子的周末动向（少玩手机、电脑，养成阅读习惯）；⑤关注孩子书包里的物品（不带玩具、食物等）；⑥关注孩子的早餐、午休、睡觉（科学、营养、方便）；⑦关注孩子的言谈举止（不说粗口、不发脾气、不做危险动作）；⑧关注学校重大活动及QQ、微信信息（家长会、运动会、期中考试、期末考试等，及时上交各种要求上交的资料）。

生气了怎么办？

了解孩子：对校园生活既充满好奇又十分担忧，因而，心理上需要适应一段时间，摆脱不安全感。

对学习有新鲜感，却很难将注意力专注一节课的时间，一般只有20分钟左右，加之识字量有限，大多需要在家长的帮助下完成作业。他们喜欢模仿他人的言行，在思维上有直观、具体、形象等特点。

很乐意和同学接触，但缺乏交往的方法，常常以自我为中心，希望得到老师、同学更多的关注；特别信任老师，相信老师的话，尊重老师的行为和评价；对父母的依赖性很强，很多孩子生活不能自理，没有相应的劳动习惯。

情绪变化无常，身体容易疲倦，言行在一定时期内经常反复，不善于控制，容易冲动和特别敏感，对成功的喜悦和失败的痛苦都很强烈。

管理好自己的情绪，做到觉察、转身、呼吸、积极暂停。

（三）结语

愿大家心平气和地过好每一天！

如何抓住二年级孩子的学习关键点

彭 丹

【课例简介】

孩子升入二年级后，到了沉静而敏感的年龄，这是抽象思维开始发展的一年。7岁孩子的认知和体能都有了很大程度提高。他们兴趣广泛，善于有计划地做自己要做的事情。本课例通过展示二年级和一年级的不同之处，让家长清楚地认识到升入小学二年级后所面临的挑战，帮助家长悦纳小学生二年级学生家长角色，梳理情绪，明确小学二年级阶段关注的要点，掌握小学二年级学生的正确打开方式。

【教学对象】

小学二年级学生家长。

【教学目标】

帮助家长悦纳小学二年级学生家长角色，在孩子教育中能更新理念、改进方式，以适应孩子的成长。同时帮助家长掌握二年级孩子的学习智力发展情况及学习特点，掌握对孩子学习习惯培养和学习方法训练的技巧，坦然地迎接新的生活状态，并为之做好充分的准备。

【教学过程】

引言：描述二年级孩子身心发展特点。

（一）二年级和一年级有什么不同

1. 动作、语言能力提高

相对于一年级孩子，二年级孩子的语言表达精准流畅，身体的协调能力增强。动作准确、简洁、直接，并且控制力增强。

2. 心智能力增强

对时间的感悟力增强，阅读水平大增，自主阅读能力提高。思维进入具体运行阶段，书写相对规范。

3. 人际关系发生变化

对父爱的渴望增强，享受与父亲在一起的时光。

母子关系是熨帖的，带有同情心的，同时相对放松。热爱自己的家并引以为豪，极力守护自己在家庭中的地位。

与老师的关系带有相当的个人感情色彩。渴望被认同，开始有意愿考虑他人的感受。

4. 专注力增强

眼睛更容易聚焦，双眼配合能力增强，但是视点移动尚不流畅。

（二）二年级，我们准备好了吗

1. 家长需要了解二年级孩子的心理特征

（1）喜欢探究、寻求成长的平静期。

（2）对外界的评价敏感。

（3）智力发展的黄金时期。

（4）不再喜欢窝在家里。

（5）关注自己的人际关系。

（6）强调自我。

（7）渴望赞许。

（8）时间观念增强。

2. 维护良好的亲子关系和家校合作是二年级学生家长的必修课

（1）亲子保持顺畅沟通：固定时间和随机沟通

二年级孩子开始懂得体贴父母，这种变化源于他们经历的日渐丰富，也源于体验的逐步深入。二年级孩子变得自信、能干、跃跃欲试，他们会努力达到成人的标准。

现阶段对父母的挑战：合理判断哪些事情该出手帮忙，哪些事情该放手让孩子自己完成。这一点在低年级孩子的教养中是不容易做到的，父母不太放心孩子，而实际上孩子在7岁时完成属于自己的任务，更能够体会到成长、自主带来的成就感。

（2）尊重孩子、接纳孩子

对于二年级孩子来说，被理性地接纳是他们获得重要感的源头。小学低年级的孩子很看重别人的评价，因为他们会通过这些评价来建立对自己的认识。理性的父母要坚持一个原则：孩子的心不能伤，但是有问题一定要改。在不伤孩子心的情况下解决问题，这需要父母做到对事不对人地进行评价。父母包容和理解的态度能让孩子感到父母对自己的重视，从而获得安全感。

（3）孩子的行为需要父母明确地规范

日本心理学家河合隼雄曾经分析过孩子在做坏事时的心理：其实孩子是非常希望有一个成人出来阻止他的，但他又忍不住想去挑战这个人。这种对权威的挑战时刻发生在父母与孩子的互动中。孩子通过这样的尝试知道自己的能力以及行为底线。而父母对孩子的行为设定合理的界限实际是在建立安全门，让孩子知道什么是能做的，什么是不能做的。二年级孩子对自身言行的约束力还比较有限，需要父母进行合理规范。

（4）二年级更要加强家校合作

当孩子走出家庭进入学校，教师就成为与家长并行甚至超越家长的权威者。孩子在中、低年级时，可能对家长会质疑或提出挑战，但对老师几乎是绝对服从的，他们对老师有特殊的依恋、尊敬之情，对老师提的要求、给的评价十分看重。

这种师生之间的依恋关系和教师的权威力量是父母在教育过程中需要关注的内容。有些家长在孩子刚入学时可能会与老师有较多的联系，但是进入二、三年级后，家长觉得孩子的生活、学习已经走上了正轨，就没必要总去麻烦老师。实际上，家校合作是持续的教育过程。作为孩子心中最重要的两个权威，家长和教师需要保持目标一致、长期协作的良好关系，这样，孩子才能够从中体会到家庭和学校共同建构的安全感，这是成长的幸福。

3. 家长需要了解二年级孩子的心智和学习特征，抓住敏感点进行训练

（1）专注力训练

让孩子复述学校所发生的一切，包括以下主题：

①今天上了哪六节课？

②每节课讲了什么内容？

③你觉得哪些内容最难忘？

④今天你最开心的事是什么？

当家长在聆听孩子叙述的时候，一定要放下手中的工作，静心聆听，眼睛要看着孩子的眼睛，不时点头称赞。听完孩子的复述之后，家长可根据流利程度和内容的丰富性来给孩子的"希望孩子增加的良好行为"表里的"认真听讲、善于表达"这个项目加分。这个习惯建立好以后，不仅能让孩子在学校静心聆听、强化记忆，而且能增进亲子感情（表1、表2）。

表1　奖赏项目表

短程奖赏（1/3）			中程奖赏（1/3）			长程奖赏（1/3）		
项目	点数	备注	项目	点数	备注	项目	点数	备注
1.看电视20分钟	10		1.晚半小时睡觉	60		1.看一场电影	300	
2.玩电脑20分钟	10		2.去朋友家玩2小时	90		2.请朋友来家里玩半天	200	
3.吃雪糕一支	10		3.帮妈妈做饭	90		3.周末一家外出游玩	300	
4.打球半小时	10		4.和爸爸做手工	90		4.去商店买自己喜欢的东西	400	
5.骑自行车	10					5.一家外出用餐	400	

表2 希望孩子增加的良好行为

项目	点数	每日次上限	备注	项目	点数	每日次上限	备注
1.自己整理书包	5	1		1.整理房间	2	1	
2.自觉检查作业	5	1		2.收拾玩具	2	1	
3.主动问好	3	1		3.各科作业都得A	5	1	
4.7：45准时到校	2	1		4.放学按时回家4：15	2	1	
5.写作业正确握笔	5	1		5.不说谎	5	1	
6.吃饭前摆好碗筷	2	1		6.每天听英语	5	1	
7.不带玩具去学校	2	1		7.认真听讲、善于表达	5	1	

（2）完成家庭作业速度训练

孩子做作业之前，要先做好三件事：①先将书桌清理干净，不留玩具和零食；②预定好完成作业的时间，家长用笔记下每一科作业开始的时间，然后记下完成后的时间，每天登记各科作业总共需要的时间。根据实际时间确定是否要强化训练孩子做事的速度。一定要让孩子养成专心致志以及掌控时间的习惯；③让孩子完成喝水、大小便等事情后深呼吸，闭眼，对自己说：我一定能按时、按质、按量完成作业！这种积极的心理暗示很能帮助孩子树立信心。

切忌边写作业，边吃零食，边看电视。

（3）阅读训练

①孩子是否会经常看到父母捧读一本书？②家里是否会就一本有意义的书进行讨论？③家长是否有写读后感的习惯？④孩子有自己的书架或书柜吗？⑤有藏书200本以上吗？⑥有英文原版著作吗？⑦他的阅读环境安静、舒适吗？⑧他会经常谈起书里的内容吗？⑨作为家长，你是否有一颗谦虚的心去请教专业人士为你做一些及时的推荐？

（4）书写训练

①书写训练的重要性；②书写训练的注意事项；③亲子练字。

（5）亲子情绪控制训练

①了解孩子。

孩子七八岁时，尽管他们会显得比幼童时沉稳，但伴随着自我意识的增强，他们有时仍然不能控制自己的言行。给孩子设立一个私密的小空间，对二年级孩子形成一种自我意识、责任感以及与他人建立亲密关系的能力都颇有益处。

情绪变化无常，身体容易疲倦，言行在一定时期内经常反复，不善于控制，容易冲动和特别敏感，对成功的喜悦和失败的痛苦都很强烈。

②管理好自己的情绪，起到示范作用。

做到觉察、转身、深呼吸、积极暂停。

如何抓住三年级孩子的学习关键点

陈奕耀

【课例简介】

了解小学三年学生学习规律，让家长了解自动化计算、自动化阅读、自动化书写以及培养策略。

【教育对象】

小学三年级学生家长。

【教学目标】

（1）帮助家长了解三年级学生的特征与学习内容情况。

（2）指导家长了解孩子能力发展的规律。

（3）指导家长运用工具，做孩子学业支持的坚强后盾，帮助孩子做好应付三年级分化的心理、知识与能力准备。

【教学过程】

（一）体验活动

1. 家长互相问好

放学回家，孩子经常看到你什么表情的脸？

2. 抓快乐游戏

我今天很快乐，遇到快乐的你们！我很想问一下大家，今天你快乐吗？生活中总会遇到一些意想不到的事情，有时烦恼，有时快乐！在今天快节奏的生活中，让我们记住境由心生的道理，因为快乐是可以选择的。

觉察内心是什么感受？抓到几次？被抓几次？是否还愿意做？

3. 经验唤起

（1）在孩子刚刚学走路的时候，摔倒了，我们是怎么想的？有没有可能是这样想，这孩子怎么这么笨，我都教了多少次了，都练了好多天了，还不会走路。

（2）我们还怎么做？请家长说一说。

我们一起来看看一项能力是怎么形成的。

能力的基础是经验，经验的基础是尝试，尝试的基础是感觉。

没有想要去尝试的感觉，不会去做第一次的尝试，因此不能有任何的经验积累，也因此不能发展出做事的能力。经验不一定是成功的，成功的经验固然很好，但是失败的经验也能给我们知识和能力。因为成功与失败从来都不是全白或全黑式的两极模式，而是包括在一起、不可分割的两个点。

我们从婴儿到成年，从走路到说话，从打球到看书，每一项能力都是凭着不断失败、不断积累经验才学会的。这是唯一的，也是无法避免的成长之路。偏偏就有很多成人不容许自己失败，不容许孩子失败。

一个人，当他对某件事充满正向的感觉，如好奇心、成就感等，他就会去尝试，多次尝试后，就会形成经验，有了各个角度的经验后，就会升华为能力。所以能力形成的四个步骤就是：感觉—尝试—经验—能力。感觉是自信心形成的源泉。感觉可分为正向的感觉与负向的感觉。正向的感觉包括：新鲜、意想不到所产生的好奇心、证明自己有能力的成就感、得到他人接纳与认可的归属感、帮助到别人而产生的愉悦感等。如果孩子有机会得到这些感觉，他就会愿意不断地尝试。负向的感觉包括：多次失败后的挫败感、被他人嘲笑而产生的羞愧感、担心做不好而丢丑的恐惧感等。如果孩子产生了这些感觉，他就不愿意再去尝试。

（3）在孩子学习走路的时候，我们做什么让孩子感觉好？做什么帮助孩子学会走路？

支持、鼓励、指导练习。

原来我们都是天生的教育家，都是一等高明的教练！

（二）新征程

（1）二年级的学生已经走过一年级的懵懂期，现在进入了一个较为平静的时期，但却是孕育变化的造茧期。一、二年级，很像破茧成蝶的过程，看似波澜不惊，实则孕育变化，到了三、四年级学段一下子百花齐放。

（2）特征：这段时期是孩子对外界的评价敏感、智力发展的黄金时期，他们不再喜欢窝在家里，他们关注自己的人际关系、强调自我、渴望赞许、时间观念增强。

情境1：

小米米今天的数学练习卷上，有5道乘法计算题和2道填空题做错了。

各位家长，当你劳累了一天，晚上回家看到孩子作业时，你会怎么想？会有什么情绪和行为？

有可能会认为孩子不认真学、不认真写，会指责孩子吗？

嗯，是的，因为我们从小到大接受的教育是，错误是不可原谅的，是羞耻的，所以一旦错了，我们会害怕，会不知所措，会生气。这几乎是一种本能的反应。

但是，回想一下，刚刚我们在讨论婴儿摔倒的时候，我们是怎么想的？

其实这都是孩子在成长中遇到的自己不能熟练解决的问题而已。认知图（图1）帮助我们明白，直接决定我们情绪和行为的不是事情本身，而是我们对事情的认知、看法。所以，改变了对事情的认知，就可能改变情绪和行为。这里的认知与看法、认识的意思相似。套用埃利斯的ABC理论的表达方式，A是指事件，B是指对事件A的认知和看法，C是相应的情绪和行为。

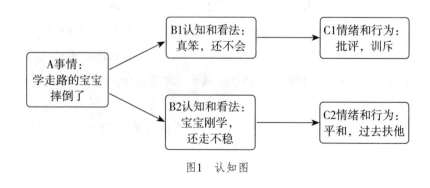

图1　认知图

换一种思路，可否这样想：真好，发现错题是最好的学习机会。

在座的各位有没有做错事的经验，都有吧，其实错误的经验也是我们形成能力的基础。

所以我们可以带着好奇、淡定、憧憬、平和的心态来面对错误，这样的心态直接给到孩子的就是勇气，不怕面对困难的勇气，错了再来的勇气。

给大家讲个故事，我有个朋友的孩子去年上小学二年级，碰到的第一个拦路虎就是口诀。对于背乘法口诀表就是背不下来。有一天，有人送来一袋大枣，爸爸就用这袋大枣给孩子演示了口诀中乘法的运算过程，孩子跟爸爸一起摆放这些大枣，搞清了什么是 2×3，什么是 5×4，8×3 和 4×3 又有什么区别。一旦明白了这些关系，孩子就清除了之前知识与计算之间的阻碍，乘法口诀表也就顺利地背下来了。

这个阶段孩子思维的一个重要特点：难以理解抽象的内容，认知方式仍然是具体的、形象的，对单纯出现的文字、数字或字母的理解能力还是欠缺的。某些事情孩子到了三年级甚至五年级后才能较好地完成。把现实转化为符号再让符号回到现实，是一件需要技巧的事情。

对解释的错觉，也可能是所有人被一种惊人的错觉牢牢控制着。我们以为自己能够把经过长期体验和熟悉的东西，在脑子里形成它的图像、结构以及运转方式，然后转化为语言，再把它植入另一个人的脑子里。但大多数时候，解释并不会增加理解，甚至可能使之减少，但当有共同经验出现的时候，可能一听就懂。

当然，有时候教了，孩子也好像还不明白，这取决于当时家长的情绪状态是否给到孩子安全感。大家回想一下自己是否有过这样的经验，一个手机的功能不会用，同事一直告诉你很简单，就是这样做，并且还操作一遍给你看。你越不会，同事越说简单。这时你会很紧张，巴不得快点逃离。其实，面对看起来几乎全能的爸爸妈妈，孩子就有压力了，只是没有人催促或者没有被迫感到羞愧或者害怕。但是还是不会，其实这时最好的办法就是先放下，留给孩子时间和空间，等他自己探索。可能有一天再玩的时候，孩子就把这个事给弄明白了。

难者不会，会者不难。

情境2：

19：00开始写作业，19：30你看到一开始就拿出来的生字抄写还没有写好，晚上还要完成数学一张小练习和英语的跟读作业。

看到这种情况大家怎么想？很多父母经常为孩子写作业磨蹭而生气、发火。很多人会认为是孩子的磨蹭造成了父母发火。没错，如果孩子不磨蹭，父母生什么气，发什么火呢？但是为什么有的父母面对孩子磨蹭，就能不发火呢？区别就在于对事情的看法。

如果父母认为孩子磨蹭是因为捣蛋、不懂事、不上进，那么自然会生气发火。如果父母理解孩子磨蹭是有原因的，可能是因为没有兴趣、觉得困难、还没有养成习惯、没有意识到作业是自己的事；也可能是父母造成的，如父母的高标准、严要求破坏了孩子学习的兴趣，父母的吼叫干扰了孩子写作业的心情，孩子并不是无理取闹，而是不由自主。有这样的认知，父母的情绪会平静得多，发火的行为也会少得多了。事情没有变，但认知改变了，就改变了情绪和行为。

因为我们都知道作业的重要性，所以对这个事很重视，但是孩子并没有系统地学习如何做好家庭作业这件事，好像没有某一个机构、某一个人去教这件事，天经地义地认为，孩子一上学就一定会做这件事一样。

我们来看能力形成图（图2），看看如何借鉴这个图来帮助孩子掌握完成家庭作业的能力。

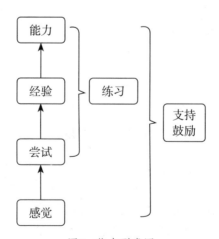

图2　能力形成图

当下最好的方式就是陪伴，假如是孩子注意力不集中，家长就直接拿本书在旁边读。

过后，家长要另外安排时间，专门指导孩子练习。

步骤：

（1）头脑风暴作业流程，记录下来。

（2）分类排序。

（3）游戏化练习。

（4）实施。

（5）反馈。

必须强调：整个过程必须是家长和孩子一起做，以孩子为主，不是家长帮孩子做了流程表，孩子照着做就行，这样没有效果。

准备阶段：

（1）喝水（吃水果）。

（2）上厕所。

（3）洗手。

（4）准备文具。

（5）清理书桌（与学习无关的物品清除）。

（6）摆放文具和作业本、课本（只拿出准备写的一项）。

写作业阶段：

（1）读题：手指、眼看、脑想、画关键。

（2）分析题（按先易后难，先做会做的，后做难做的，实在不会做，做好记号，其他题目完成后才能问）。

（3）答题。

（4）检查。

完成阶段：

（1）课本、练习册装入书包。

（2）文具装入书包。

（3）检查是否有遗落。

（4）拉上书包拉锁。

以游戏的方式再进行训练。

情境3：

老师发来信息，说孩子总写错字，写的字也歪歪扭扭。希望家长多关注孩子书写。

一系列研究表明，加工汉语时激活的许多大脑皮层区域在加工西方语言时很少被发现。

汉语的字形结构要求对笔画和偏旁部首的视觉—空间位置做精细分析。在完成汉字的语义（语言）加工任务时，需要在视觉—空间分析和语义（或语音）分析之间进行认知资源的协调分配。

在《汉语加工脑神经机制研究的新进展》中，研究者认为，汉字的特征可能会导致大脑对字词加工的分离，即右半球加工单字词，左半球加工双字词。

在2018年10月21日进行的世界教育前沿论坛中，深圳市神经科学研究院院长谭力海做主题《脑科学研究对语音学习的启示》发言中，表明汉语阅读与书写正相关。

在当天的论坛上，美国伯克利加州大学第十任校长杜宁凯指出在小学三年级没有培养自主阅读，孩子可能远远跟不上同龄人。

苏联著名教育实践家苏霍姆林斯基曾表示，我们想减轻学生的学习负担，那么就应当让他所阅读的东西比要求他记住的东西多2倍。到初中，学生所阅读的东西则应比要求保持在记忆里的东西多4~5倍。

阅读的重要性，大家都知道了，特别是在新中考、新高考的背景下，阅读更加重要。

一位同事的故事，他的孩子二年级时字迹比较潦草，家长想到以后考试要吃亏，所以决定要重视这个问题，但是很少批评他的潦草，也不惩罚他重写，因为重写是一件很烦人的事，会破坏孩子写字的兴趣。家长决定先好好跟孩子谈，说明了为什么写字要认真，然后在他写作业时经常找到他写得相对好或者有进步的地方，给予真诚的赞美，让他体验到认真书写的愉悦，这样他对家长的要求也欣然接受。逐渐，孩子的字迹越来越工整。

每个人都有被肯定的需要，特别是在孩子认真了但还没结果的时候，更需要被肯定。

（三）结语

抓住敏感点，保护好感觉，让兴趣一直在发生，让动力越来越足！

如何抓住四年级孩子的学习关键点

曾巧燕

【课例简介】

在孩子成长的每一个阶段，都会面临新的挑战。到了四年级，孩子的观察水平、理解能力、合作水平、责任担当意识、情绪调节能力显著提高，学科兴趣、学习优势分化更加明显。因此，孩子的学习敏感点相应地就集中在学习兴趣、学习成就、生活积累、学习方法、学习动机等方面。家长了解四年级孩子的学习敏感点，可以更好地助力孩子的学业发展，间接地促进亲子关系的和谐发展。本课程从家长的期望和孩子的问题切入，让家长体验正面管教的方法，了解四年级孩子的生理、心理、学习发展特征及各学科的学习敏感点，从而掌握指导孩子学习的正确方法。

【教学对象】

小学四年级学生家长。

【教学目标】

（1）帮助家长了解四年级孩子的生理心理发展特征。

（2）指导家长了解孩子学习能力发展的规律和学习内容的变化。

（3）指导家长运用工具，做孩子学业支持的坚强后盾，帮助孩子做好应对五年级分化的心理、知识与能力准备。

【教学过程】

开篇语：各位家长，大家下午好！很高兴今天能有机会跟大家一起交流关于孩子学习的话题。今天我作为教师站在这里，并不是说我的经验和方法就一定比您的好，我们只是希望通过一个这样的活动来促进彼此的交流和探讨，希望能引起一些思考，能让大家得到一点帮助和启发。

（一）现场调查与体验活动

1. 家长期待与学习问题

亲爱的家长朋友们，对于孩子的学习，我们心中肯定有一些期待。您希望孩子在学习方面有哪些品质？要掌握哪些技能？我需要一个志愿者帮我板书一下关键词。（家长说，志愿者板书关键词）

这是理想中的孩子，在现阶段，你觉得孩子在学习方面有哪些问题呢？（家长说，志愿者板书关键词）

今天，我们要在这些问题与期望之间架起一座桥梁，使孩子能更接近我们期望中的样子。让我们先来玩一个游戏。我需要17个志愿者，愿意的请举手。首先要表扬举手的家长，因为他们是很有勇气的。请这几位举手的家长先上台来。我先来采访一下不举手的家长：你为什么不愿意做志愿者呢？不知道是什么游戏？不知道自己能不能胜任？害羞？对玩游戏不感兴趣？是的，对于一个不确定的任务，我们自然会产生心理压力。这是很正常的。我们的孩子面对新的学习任务的时候，也会产生类似的想法和行为。因为面对未知的学习内容，他们也会有压力。

2. 体验活动：问与告诉

目的：

让家长体验如何将问题行为作为一个机会，教给孩子他们（指父母）期望孩子具备的学习品质和技能。

步骤：

（1）让1名家长扮演"孩子"，另外16名家长扮演家长角色。

（2）将"家长"分为两列，8人一列。其中一列"家长"告诉孩子去做什么，另外一列"家长"问孩子问题。

（3）让"孩子"逐一走过告诉的"家长"队列。这个"孩子"站在每位"家长"面前，听他说，而不做任何回应。这个"孩子"只需要注意自己的想法、感受和决定。

告诉的话：

①你知道你应该在上学前将你的书和家庭作业准备好！

②放学回来后，马上开始写作业！

③如果你没有在课堂上完成作业，你课间休息时不能出去，直到做完为止。

④写完作业，把你的书包收拾好，把资料书放回书架，收拾干净书桌！

⑤你为什么不能像子涵那样安静地坐着呢？

⑥别再发牢骚和抱怨了！

⑦好啊！这是谁引起的？

⑧因为你在课堂上说话，老师发信息给我了。

（4）"孩子"听完这些话之后，让这个"孩子"说说自己的想法、感受和决定。然后，让这个"孩子"看看板书上的学习品质和技能清单，并问他是否学到了清单上的任何品质。

（5）然后，让"孩子"逐一走过问问题的"家长"队列。这个"孩子"站在每位"家长"面前，听他说，而不做任何回应，只需要注意自己的想法、感受和决定。

问话：

①上学之前，你要做哪些准备？

②如果你要每天按时完成作业，你该怎样做？

③你打算怎样在下课之前完成课堂作业？

④要收拾好你的学习用品，你需要做些什么？

⑤专心写作业的样子是怎样的？能让我看看吗？

⑥你要怎么对我说话，才能让我听清楚你在说什么呢？

⑦你们两个怎么解决这个问题？

⑧我们是怎么约定在安静时间不能打扰别人的？

（6）"孩子"听完这些话之后，让这个"孩子"说说自己的想法、感受和决定。那些注意听的家长会知道问话对于帮助孩子学习品质和技能的养成会有效得多。然后，让这个"孩子"看看板书上的学习品质和技能清单，并问他是否学到了清单上的任何品质。

总结：刚才大家有了一个叫作"问与告诉"的体验，这是"正面管教"里的一个活动。当被告诉该怎么做时，可能听话的孩子会照办，有个性的孩子会产生逆反心理，但他们都学不到任何品质；如果我们采用了启发式的提问，就会引起孩子思考,调动起孩子解决问题的兴趣与能量,效果是明显不同的。感谢志愿者们,请大家回到座位。接下来,我们来了解一下四年级孩子的发展特征。

(二)四年级孩子的发展特征

1. 生理发展

四年级孩子的生理发展处于青春期来临之前的一个平稳期,但即将进入青春期了,他们正处于青春期前期。

2. 心理特点

在这个时期,孩子有了心事更愿意跟同伴分享,很看重同伴对自己的评价,需要有亲密的伙伴,希望能和朋友平等相处,孤独感会对孩子造成很大的伤害。孩子首先要保证有朋友,然后才是尽量要求"多益友"。

为了维持个人在群体中的地位和良好形象,四年级孩子喜欢承担责任、乐于合作、看重同伴关系与集体利益,对班级有认同感与归属感。这是培养孩子亲社会行为和利他情感的好时机。

在与成人(主要是老师和家长)的关系方面,他们已经初步形成批判思维和同理心,希望得到公平的情感对待。他们通过观察成人调节情绪的方式来逐步学习如何调节自己的情绪,我们要注意引导他们用较小自身损耗的方式来调节自己的不良情绪。

案例呈现:

小桐爸爸因工作繁忙较少关心孩子的生活起居。有一天,他提前了一个小时下班,回家后看见屋里很乱,小桐却在看课外书。爸爸严厉地批评了小桐。小桐对爸爸的批评感到茫然而不知所措,因为她和妈妈约定在写作业、看课外书的时候东西可以乱一些,完成后马上收拾。今天爸爸早到家了,小桐刚写完作业,被爸爸误会了。妈妈过来解释后,爸爸会怎么做?

爸爸说了句"刚才我也不知道啊",就准备去吃饭。这时他突然听到小桐倔强地问:"为什么您不听我解释就批评我?我又没做错什么!您得给我解释。"如果您是这位爸爸,您会怎么做?如果您是妈妈,您会怎么做?

爸爸对孩子"翅膀硬了"的言行大为惊讶。妈妈特地找爸爸聊了一次,他们一致认为孩子长大了,不能再像小时候那样随意训斥了。后来,爸爸给小桐写了一张纸条,说明了发火的原因,承认自己当天的情绪有问题。小桐很快就和爸爸和好了。

四年级的孩子早已接触了平等、自由的思想。当被别人误解、受到不公平待遇时，他们会争辩、质疑，会要求平等的情感回应。他们具备了初步的批判思维，只是他们还不能恰当地进行归因，遇到令人气愤、伤心的事情时情绪会有较大起伏。家长不妨给孩子一个一平方米的情绪树洞，放一些减压玩具（抱枕等），也可以准备纸笔让孩子记录当时的心情。

3. 学习特点

学习的分化大约从三年级开始出现，到四年级逐渐明显，在此期间，孩子的成绩可能会有较大波动，到高年级分化现象加剧，会出现明显的学习梯度。四年级处于学习分化的初期。

（1）学业难度增加——语文作文要求高、阅读难度大，数学具体、简单的运算方式被抽象的推理、公式代替，英语要求拼写单词、阅读短文并开始学习语法。

（2）学习志趣分化——四年级的孩子对知识的选择更有倾向性，对自己想要学习的知识或技能，他们会尽最大努力去实现。

（3）学习品质——要有较长时间的耐力和迎难而上的品质，要学会应对考试焦虑，避免"破罐子破摔"的无助感，放下"好学生光环"带来的心理压力，等等。

（4）学习方法——需要综合学习能力，学习方法的发现与总结变得重要，"错题集"不够用，还需要"总结本"，要发散知识点，订正、总结与发现、拓展同时进行。

（三）四年级学习的敏感点

1. 语文

阅读：爱读故事情节精彩的长篇文字读物，内容涉及文学类、人文类、科学类，开始真正意义的广泛阅读，出现明显的阅读偏好，已经可以完全独立阅读。

作文：初步具备了欣赏和评判文本的能力，开始有意识地积累和应用成语，初步掌握和运用文法，主动追求文采。

2. 数学

从形象思维向逻辑思维过渡，熟练掌握数的计算，理解简单的公式定理，爱探索题目背后的公式和定理。

3. 英语

初步认识英语单词拼读规律，可以识记少量单词与句子，开始认识简单语法，能在生活中学习应用英语，可以有意识地从英语影视中学习。

4. 其他学科（科学、体育、美术、音乐、信息）

出现比较明确而持久的兴趣偏好。

（四）巧借敏感点改变学习方法

1. 打通"生活—学习"通道

情境：单词听写记得慢、忘得快，孩子总觉得记单词是个苦差。

头脑风暴：有什么方法可以让孩子记住单词、爱记单词？

——英文地图

区域地图：社区（community）、报摊（newspaper stand）、电影院（cinema）、超市（supermarket）、广场（square）、医院（hospital）。

——英文名称

以卫生间为例，常用为toilet\washroom，抽水马桶（flush toilet）、白色（white）、按钮（button）、盖子（lid）。每天使用时扫上一眼，一个月也就记了几十遍。

总结：死记硬背不是四年级孩子记忆的唯一办法，浸入生活中去学习，营造英文氛围，天天见、天天说、天天用。

2."授之以渔"，重塑学习成就感

由于四年级孩子的词汇量非常有限，再加上中英文语序上的差异，导致孩子较难理解英语短文的意思。面对英语短文阅读题，很多孩子失分很多，屡战屡败，失去信心。多次考试失败后，孩子的学习成就感会被破坏，从而失去了学习的兴趣和信心，成绩一落千丈。

当孩子遇到困难时，家长不责骂、更不羞辱，而是跟孩子探讨解决的办法，把每一次犯错都当作一次学习的机会。这是正面管教里面提倡的。

词汇量是很难一下子上去的，语法也刚学了点皮毛，怎么办呢？对于应试，我们还是有方法的。例如，我们可以引导孩子根据题目去文中对应着找句子，八九不离十可以找到答案。这一招在小学阶段普遍适用，到了初中以后，接触同义词组、同义句后，才会有不能直接找到答案的情况。

"我能行"是正面管教里面帮助孩子在学校和人生中成功的三个信念之

一。要形成对自己能力的信念，孩子需要一个安全的环境，使他们能够在没有成败评判，没有责备、羞辱或痛苦的氛围中探索自己的选择和行为的后果。

3. 开阔视野，丰富生活

案例呈现：

写作文写不出来、没文采、没条理

小诗是个乖巧的女孩子，家庭条件异常优越，父母经常带着她到国内外旅游，参加各种高大上的活动。但是每次写作文，小诗都是头脑一片空白，写不出几行来。你叫她写一篇游记，她就写：

昨天爸爸妈妈带我去一个地方玩，那里有一些树和花，我们玩了一些游戏，吃了一点东西，我们很开心。

然后就再也没有其他内容了。你叫她写具体一点啊！她咬着笔头憋了半天，只在"花"前面增加了"美丽的"三个字。你问那个地方叫什么名字？看到了什么树，什么花？玩了什么游戏？一问三不知。甚至你问她吃了什么？她也说不上饭菜的具体名称。

这是一个严重缺乏观察力的孩子，什么东西都不入脑。她不好奇、不观察、不提问、不记忆。这种"视而不见"的习惯是很糟糕的，这让孩子对生活没有体验，她虽游历过很多地方，但她的见识一点儿都没长。那么，我们该怎样引导孩子去观察、去发现呢？

情境：假设这个周末你打算带孩子去市民中心游玩，该怎样做攻略？

大家开始头脑风暴、分享、综合总结。

你准备带孩子去哪个地方？（莲花山公园、博物馆、少年宫、书城、市民广场……）

你准备重点让孩子体验什么？（自然美景、人文风景、历史文物、科学知识、阅读与书籍、坐地铁……）

为了让孩子的体验更深刻，我们要跟孩子一起提前做些什么准备？（查邓小平与改革开放的故事、查看地图了解经典位置、查阅资料了解深圳历史、了解书城图书分布、策划游戏活动、了解地铁路线、了解可就餐地点……）

业余时间带着孩子离开书桌，走出书房。世界那么大，让他去看看，生活那么好，深入去体验。

4. 有效陪伴，用耐心和时间纠正坏习惯

情境：不爱阅读，写不好作文，阅读理解题失分多。

小龙从一年级开始，语文成绩就不太好，到了三年级，成绩已经在及格线以下。最要命的是，他根本不爱看书，有空了就各种玩耍。面对这种情况，家长该怎么帮助他？

家庭会议商定家庭阅读时间，家长和孩子各自看对自己成长有利的书，适时做适当交流。家长坚持陪伴而不监视，纠正坏习惯需要付出较大精力。

5. 赋予孩子价值，激发正向学习动机

孩子本来对世界充满好奇，他们本来有学习的原动力的，可是有些成人（包括教师和家长）总是喜欢用物质奖励孩子，消耗了学习的原动力。还有的家长不忍心给孩子一丁点儿的压力，甚至对孩子说："我们老了不用你养，你只要好好学习，别的事你都不用管！"这句话很让人费解，既然孩子什么都不用管，甚至不用给父母养老，那他还好好学习干什么？

要想孩子努力向上，我们一定要给他的行为赋予价值，让他感觉到被需要，确定自己的存在和努力是有价值的。其实，我们的孩子可能是一个平平凡凡的人，但对我们来说，他就是唯一或者二分之一。所以我们应该告诉孩子的是：你也许不伟大，但你很重要。

（五）结语

进入四年级，孩子的身心正悄悄地变化着，并且正在酝酿着一场轰轰烈烈的巨变。"山雨欲来风满楼"，我们感受到了孩子的改变，这是正常的。孩子渐渐独立，需要被尊重，四年级是孩子立志的好时机，家长要开始跟孩子谈理想。

如何抓住五年级孩子的学习关键点

彭 丹

【课例简介】

家有孩子升入五年级，家长将面临新的挑战：伴随着叛逆和浮躁、自我发展加速度的一年，孩子呈现出与四年级截然不同的状态。本课例通过对11岁孩子心理、生理、学习方式的发展变化及分析，让家长清楚地认识到孩子升入小学五年级后所面临的挑战，帮助家长悦纳小学五年级学生家长角色，梳理情绪，明确小学五年级阶段需要关注的要点。在孩子教育中能更新理念、改进方式，以适应孩子的成长。掌握小学五年级孩子的正确打开方式，做沉着智慧的小学五年级学生家长。

【教学对象】

小学五年级学生家长。

【教学目标】

结合小学五年级孩子身心特点帮助家长悦纳小学五年级学生家长角色，在孩子教育中能更新理念、改进方式，以适应孩子的成长。同时帮助家长掌握五年级孩子的学习智力发展情况及学习特点，掌握对孩子学习习惯培养和学习方法训练的有效方法，为孩子的学业与生涯发展做好充分的准备。

【教学过程】

引言：描述五年级学生家长现状。

（一）五年级孩子跟之前有何不同

1. 开始叛逆

孩子的成长是一个混乱—成长—平衡发展不断循环的过程，在这个过程中孩子会有相对平静的阶段，也会有浮躁不安的时期。五年级的孩子就处于后一个时期，他们的自我意识增强了，不是父母说什么就做什么了……

一位妈妈在其名为"东海小鲨"的博客里这样描述：这个学期开始，你似乎叛逆了很多，每每看到你磨蹭、缺乏时间观念时，我的声音就不自觉地提高了；看到你嘴到而行动不到时，就忍不住开始了"贵在行动"的唠叨……不少时候我们在"唇枪舌剑"中通红了眼睛，哽咽了声音。

这里是否也有您的孩子的影子？

2. 精力旺盛

五年级的孩子开始进入青春期前期，精力旺盛，加上情绪上的浮躁，导致他们不仅嘴不闲着，身体运动的频率也很高，也就是父母们常说的"没个老实劲儿"。他用一切行动向成人宣布：我已经是一个大孩子了。但他身上出现的成熟与幼稚兼有的行为常常让父母哭笑不得。

3. 关注内在品质的评价

五年级的孩子对于父母的哄骗式表扬开始不屑一顾了，他们对评价的要求更高了。小的时候，孩子通过成人的认可和肯定来确认自己是个好孩子，此时表扬的作用特别大，即使它是空泛的、很不准确的，孩子也会欣然接受。现在孩子能意识到，父母对他的肯定、评价与自己的感觉不符，他就会表现出不屑。例如，一位母亲想鼓励自己的女儿，就表扬她说："你今天的琴弹得真好。"女儿斜了妈妈一眼说："你可真行！我故意弹错几个地方你都没听出来！"

孩子的关注点也会从对行为的评价转向对内在品质的评价。他对一些具体行为的表扬，尤其是过分夸张的表扬，往往看不上了，认为很幼稚。

4. 关注自我形象

当邻居和闺密都在夸自己的孩子素质好、有礼貌的时候，一位妈妈困惑了：跟父母在一起，儿子说起话来可没什么耐心，总是说着说着就急了，或是没什么话说，自己看手机。妈妈意识到：孩子在外面与在家里确实不一样了。

五年级的孩子愿意遵守社会规范，他们的眼光开始更多地望向社会，关注自我形象，想做个被社会认可的好孩子，想给交往的人尤其是成人留下好的印象。

5. 开始排斥父母

五年级这个时期可以说是孩子排斥父母时期的开始。他慢慢地发现父母不是全能的，身上也有许多的缺点，对父母的评价、要求，他都要以挑剔的眼光看一遍。

6. 喜欢被尊重

外人对于孩子年龄的变化更具敏感性，经常会说："都这么大了""是个大姑娘了"，而父母却说，"就是傻长个儿了，心眼儿一点儿都没长，还是个孩子"，这往往瞬间扑灭了孩子眼中的光芒。

五年级这个年龄段的孩子需要更多的是一个以平等身份对待他的人、一个建议者，而父母往往没有及时调整身份，经常摆出一副权威的面孔。

7. 喜欢竞争

五年级的孩子特别喜欢竞争，无论是在学习上还是在生活中都不甘落后。

他们努力学习的目的是为了不输给自己的同学。他们的竞争不局限于语文、数学、英语、科学的学习，还表现在其他方面，如体育、活动等，甚至在斗嘴中取胜也会给他们带来成就感。

（二）五年级，我们准备好了吗

1. 每周开一次10—20分钟的家庭会议

会议内容：（全体家庭成员参加）

（1）从致谢开始。

（2）宣读议程上的第一个问题。

（3）如果问题还没有解决，就按顺序传递发言棒，让大家发表意见和建议。

（4）把每条建议都"原汁原味"地写下来。

（5）宣读所有建议。

（6）头脑风暴列出解决方案，达成共识，选择一个实际的、尊重各方的建议，实施一个星期。

家庭会议的注意事项：

（1）记住你的长期目标：教会孩子有价值的生活技能。

（2）在方便的位置放一个议程表，这样，家庭成员可以把自己的问题写在上面。

（3）以致谢开始，让每个人都用语言表达出对彼此的感谢，营造一种积极的气氛。

（4）头脑风暴列出解决方案，达成共识，选择一个实际的、尊重各方的建议，实施一个星期。

（5）专注于解决方案，而不是责备。

（6）每周计划一个家庭娱乐活动。

（7）根据孩子的年龄特点，让家庭会议尽量简短（10—20分钟），每次都以一个家庭娱乐活动结束会议。

家庭会议的好处及家庭会议教会孩子：

（1）倾听。

（2）头脑风暴。

（3）解决问题。

（4）互相尊重。

（5）先冷静，再解决问题（将问题放在家庭会议的议程上本身就提供了一段解决问题的冷静期）。

（6）合作（避免权力斗争，关注解决方案）。

（7）在安全的环境里承担责任（让孩子知道承认错误不会受到羞辱和责备，而是大家一起帮助他寻找解决方案）。

（8）如何做出一个尊重所有人的解决方案。

（9）归属感和价值感。

（10）群体意识（关心家庭、他人、环境）。

（11）错误是学习的好机会。

（12）和家人一起欢度愉快时光（属于一个家庭特有的美好记忆）。

2. 创建学习型家庭

教育是一门学问，仅凭热情与爱是不够的，还需要学习科学的知识、正确的策略。

做父母不能放弃自我成长。家庭教育的特点在于身教重于言教。父母"执着地栽培自己"本身也是对孩子最好的教育。父母对待工作的态度影响孩子对待学习、生活的态度。父母的工作与孩子的学习有许多相通之处。父母想让孩子热爱学习，首先自己要做一个爱岗敬业的人。父母可以用自己对待工作的态度去注解对孩子学习上的要求，如面对困难的勇气、努力做到最好等，把一些不可言说的东西通过行为示范给孩子，使这些要求生动起来，让孩子更好地理解。

学习型家庭以提高家庭的社会适应能力和生活质量为目的，是家庭成员共同学习、相互学习、自我改变、自我完善、共同成长的家庭。学习型家庭拥有一种积极的生活方式。

学习型家庭要树立终身学习的理念，家庭成员之间要共同学习、共同成长，不仅要向生活学习，更要互相学习。做父母的要经常向孩子学习。在学习型家庭里，父母会用平等心对待孩子、尊重孩子。他们经常和孩子交流，倾听孩子的想法；他们和孩子一起阅读，因为这样他们才有共同的语言、共同的密码。父母和孩子的互动是双向的，孩子向父母学习，父母也要向孩子学习。向孩子学习非但不是成人的无能，反而是睿智的表现。学习型家庭更容易培养出让父母崇拜的孩子。

3. 如何抓住五年级孩子学习的敏感点

五年级孩子教育目标：增强学习技能训练，培养良好的智力品质；引导孩子树立学习苦乐观，激发学习的兴趣、求知欲望和勤奋学习的精神；培养正确的竞争意识；鼓励孩子参与社会实践活动，提高做事情的坚持性，建立进取的人生态度，促进自我意识发展。

（1）如何激发五年级孩子的学习动力？

随着年级的升高，学习动力的强度是逐渐下降的。学习难度大，学习动力减弱。自我意识增强，外部学习动力也随之减弱。

① 和孩子一起订立近期小目标，让孩子为理想和目标自觉学习。

② 家庭心愿清单可以帮助孩子加快学习节奏。

（2）如何激发五年级孩子的学习兴趣？

① 让孩子不断体验成功的感觉，可以让孩子在困难面前有勇气面对，不断增强学习的动力，提高学习兴趣。

② 父母跟孩子共同阅读、共同学习，能大大提高孩子的学习兴趣。

（3）如何抓住五年级孩子学习的敏感点？

① 要让孩子学会独立学习。

小学高年级学生已初步形成了一定的学习态度，并且随着主体意识的觉醒，自我意识、自我主张、自我控制能力进一步加强。五年级孩子的学习能力已经加强，自己有能力独立进行课前预习和课后复习，这样可以很好地掌握所学习的知识。只有在理解的基础上，知其然而知其所以然，所学的知识才能内化为本人的东西，学到的知识才能牢固。

② 要让孩子学会融会贯通。

五年级孩子要养成综合地考虑问题和融会贯通各科知识的习惯。当今综合各科知识的题型层出不穷，需要学生能综合地融会各种知识。

③ 要让孩子学会总结和举一反三。

五年级孩子需要从三、四年级"听课+完成作业"的学习方法和习惯基础上进一步提高，总结知识点便成为一个"法宝"。总结老师讲过的知识点，总结做过的题型，在总结过程中找到知识点或者题型之间的联系，并注意它们的区别（难度上的不同、做题思考的角度不同等）。这样，面对考试难度的增加和知识点的综合，总结得越多，思考得越多，应对就越自如。

（4）怎样激发孩子的学习自觉性？

北京师范大学发展心理研究所陈会昌教授所做的"儿童社会行为与家庭教养方式"的研究发现，每个孩子的心中都有"两颗种子"："第一颗种子"的核心是自我控制能力，简单地说，就是做好别人让做的事，听话其实就是自我控制；"第二颗种子"可以概括为主动性，就是做自己喜欢的事，有自己的主见。

父母往往更看重第一颗种子，希望孩子听话，为了完成老师、父母布置的任务，能够克制自己内心的欲望，用顽强的毅力去学习。但是孩子成长的最理想状态是"两颗种子"都得到发展，并且达到和谐与平衡。

① 父母想让孩子发展主动性，需要给予孩子主动权。

除完成老师留的作业外，孩子的学习时间如何安排、看哪些课外书、练习题需要做多少道，父母应该只是提建议，决定要让孩子自己做。

如果父母总是独断专行，用自己的要求把孩子的时间占满，孩子总是被控制的。这样一方面会强化孩子"学习是为了父母"的意识；另一方面也不能培养孩子的主动性，因为他压根儿就没有机会自己做主。其结果，或是学习没了动力，或是与父母对抗。让孩子自己做主，家长只是加以正确引导，才能激发孩子的学习自觉性。

② 父母要不断鼓励、肯定孩子的进步。

（5）五年级孩子的考试成绩下降了怎么办？

① 冷静观察、了解孩子：是上课没有认真听讲？还是作业没有认真完成？是分心迷恋手机游戏？还是专注看课外书籍了？是孩子学习兴趣降低了？还是学习方法没有更新？家长应找到问题症结。

② 家长要联合老师，共同解决问题，让孩子静下心来，以书面形式写出反思，改变现状。

（6）如何扩大五年级孩子的中英文阅读量？

一个人的精神发育史就是他的阅读史！五年级孩子需要海量中英文阅读，怎样让孩子坚持阅读？

① 孩子是否会经常看到你捧读一本书？

② 家里是否会就一本有意义的书进行讨论或者写感悟？

③ 孩子有自己的书架或书柜吗？

④ 家里藏书有200本以上吗？

⑤ 家里有英文原版著作吗？

⑥ 他的阅读环境安静、舒适吗？

⑦ 作为家长，你是否有一颗谦虚的心去请教专业人士为你做一些及时的推荐？

如果您的回答为"是"或"有"，那么恭喜您，您的孩子一定会热爱阅读！

如何抓住六年级孩子的学习关键点

涂南萍

【教学目标】

通过本课的学习，帮助家长了解六年级孩子的身心变化特点，并帮助家长更好地去引导孩子适应青春期的发展变化，同时从知识能力、学习方式等方面为升学做好准备。

【教学对象】

六年级学生家长。

【教学目标】

帮助家长了解六年级孩子需要具备的知识能力有哪些，要为升初中做哪些准备，帮助孩子做好小初衔接的知识准备和能力准备。

【教学过程】

六年级对小学生来说是一个回望和总结的阶段，六年级是小学毕业班，是整个学习生涯中的第一个小结。六年级的特点是对小学所学知识来个全面的"回头看"，梳理知识，知道什么知识点掌握了，还有哪些没有掌握，更为关键的是对学习核心能力的评估与训练，为上中学做好能力准备。

（一）关注核心能力是否养成

苏霍姆林斯基认为，升入高年级以后，许多学生成绩跟不上，很可能是知识与能力失调的结果。原因在于学生在学习知识的同时没有形成相应的能力，就像没长好牙齿的人，食物没能好好咀嚼就被囫囵吞下，吃的东西越多，越容易造成消化不良，最后就生起病来。他所说的基本能力有十二种，其中最主要的有五种：读、写、算、观察、表达。"观察"可算作广义上的"读"（对意义的感知和理解），"表达"可视为广义上的"写"（内部思维的外显）。也就是说，"读"和"写"是学生最重要的能力，是发展智力的重要工具。如果这两种能力没有得到及时、有效的发展，就会造成学生学习越来越难。

刚开始学自行车的时候是什么样子？两手紧握车把，动作僵硬，内心紧张，一心想着怎么骑车，专注于骑车本身，无暇顾及周围的风景。一旦学会了，动作娴熟了，就可以不用专门想着怎么骑车，而是一边自如地骑着，一边随心所欲地欣赏周围的风景。

二者的根本区别在哪儿？其区别在于骑车的时候关注点是骑车本身的动作还是周围的风景。

如果骑车时关注于动作本身，就是没有完成骑车的自动化。如果骑车非常熟练，动作已经变成一种习惯、一种潜意识，不用特别关注就可以自动发挥作用，这样就实现了骑车自动化。

学习也是如此。学习的自动化是指人的知识和技能已经变成一种习惯，一种潜意识，遭遇类似问题时可以自动发挥作用。自动化的实质是知识或者技能已经成为一套解决问题的程序，当遇到相关问题时能自动启动并发挥作用，并处于运动之中。这也是经验的实质。

1. 自动化阅读

自动化阅读（或写作）就是一边阅读（或写作），一边思考，同时，关注点不在读写（或写作）本身，而在于思考。

在阅读的同时能够思考，在思考的同时能够阅读，用视觉和意识来感知，所读材料是一种结构化的阅读，阅读材料是以词、短语甚至句子为单位整体进入意识的，意识快速反应上来的是一幅完整画面，而不是一个个单字逐一呈现。

有的孩子把全部精力都用在阅读活动本身上了：全身紧张，脸上冒汗，生怕把哪一个字读错，碰到多音节的词就读得结结巴巴，实质上不能把这些词作为统一的整体来感知。他已经没有剩余的精力去理解所读内容的含义，他智慧的全部力量都消耗在阅读过程本身上了。

能进行流利的、有理解的阅读，一下子能用眼睛和思想把握住句子的一部分或整个较短的句子，然后眼光离开书本，念出所记住的东西，并且同时进行思考——不仅思考眼前所读的东西，而且思考与所读材料有联系的某些画面、形象、表象、事实和现象。在六、七年级，学生应当一眼看下去就能把握住一个长句的完整部分的意思。不掌握这些能力，思维就会变得迟钝，思考力好像在许许多多的死胡同面前停了下来。如果不能一眼看下去就把握住一个句子的完整的、逻辑上的、独立的部分的意思，不能再把一个句子没有读到底的时候，就猜出其中一部分的含义，那么，反映在目前学业上的表现就是成绩跟不上去，既不善于阅读，也不善于思考。

没有完成自动化阅读的种种表现如下：

（1）指读。指读是指平均化分配注意力。一年级或幼儿期指读，具有聚焦的作用，可以帮助幼儿建立字音与字形之间的联系，这是一种过渡性的、不得已的方法，不可以过度依赖。

（2）吼读。吼读是指缺乏理解的出声读，往往是读字，如齐声朗读、读经等。

（3）唇读。唇读其实也是一种出声读，只是被压抑住了，没发出明显的声音；或者，让孩子朗读的同时，画出与之相关的彩色图画。如果孩子在朗读时一刻也离不开书本，直到结束时还来不及看这幅图画，没有注意图画中的细节，说明他不会阅读和思考。

自动化阅读的核心是什么？

自动化阅读即边读边思考，在这种状态下，孩子关注的不是文字本身，而是文字背后隐含的意义、关系。也就是说，孩子在看到文字的时候，心中显现的是文字想要表达的情感、画面、形象、场景等。就像人熟练了骑车，因为本身非常熟练，不用特别关注，可以自动完成，这样就可以腾出心力来，一边骑车，一边欣赏周围的风景。

值得注意的是，自动化阅读是一个没有止境的过程，阅读现代小说可以自动化了，读起哲学来，就无法实现自动化。小学六年级自动化阅读是一个相对稳定的低线水平，它的标志是学生能够完成一般读物的顺利阅读。例如，一个小学毕业生应该具备顺利地读完一本中等水平的图书的能力，这里面的"顺利"指的是阅读这本书的时候能够忘记文字背后的含义，注意的是故事，是一个个生动鲜活的形象。

2. 自动化书写

前面已经说了非常多关于自动化阅读的例子，自动化书写是同样的原理，就是边写边思考，关注点不在文字本身，而在于思考所要表达的含义。对于六年级孩子来说，自动化书写必须达到能在课堂上边听课边记笔记这样的水平。

要实现书写自动化的目标，首先要对孩子的小肌肉进行练习，同时也要有数量的保证，小学期间不少于1400—1500页。

之所以要训练孩子的小肌肉，是因为人的成长发育是从大肌肉开始的，手指部的肌肉发育最晚。所以，经常看到一年级的孩子无力掌控铅笔，写不出富有变化的漂亮的笔画，书写时间稍长就会感觉很累。

边听边记，讲清楚其中的逻辑和细节，这是在三年级就要学会的。当然，就像自动化阅读一样，字词本身必须要熟练掌握，这样，在书写的时候就能够自动联想出它隐含的意义。

自动化书写更高层次的要求是心灵性的写作能力。也就是说，自动化书写是指能够轻松地用书面语言表达自己的思想与感情。这样，自动化书写的过程就是将内部心灵语言（思想与感情）翻译成书面语言的过程，这种翻译能力就是写作能力。

在这种情况下，书写的自动化与非自动化的区别在于聚焦点的不同，聚焦在所要表达的思想与感情（意）就是自动化，聚焦在字词（言）就是非自动化。非自动化书写说明他缺乏将内部语言翻译成书面语言的能力。这种情形并非他没有思想或者情感，他所缺乏的主要是表达能力，词汇量对他有一定的限制，但根本原因却是缺乏恰当地运用语言的能力。

当然，与自动化阅读相类似，自动化书写并非指写作水平，而是指一般意义上的写作能力。一般自动化书写能力的实现应该比自动化阅读晚一年。如果在三、四年级完成阅读的自动化，那么在四、五年级就应该完成书写自动化。

当然，要想更好地完成自动化书写，就要教孩子学会观察、学会体验。

要写出好的作品，必须能感之、能写之，表达的根本处在于生命存在的深度。不过，对于一般人来说，基本的技巧也很有必要，需要学会怎样把内部语言恰当地转化为书面语言，毕竟内部语言只是满足个人需要，转化为书面语言的时候，需要把相关的背景、情态一一表达清楚。否则，自己心里明白，别人却看不懂。这就增加了表达的难度，不仅需要丰富的词汇，还需要表达的技巧，否则可能会出现词不达意的现象。

自动化读写的核心是思考。从脑科学方面来说，就是尽可能实现大脑神经元之间的连接。自动化读写是孩子必须掌握的能力之一。小学的主要任务就是教会孩子使用工具，一个人在他的一生中就是借助这个工具去掌握知识的。这是发展智力的重要工具。

（二）学科知识查漏补缺

数学学科主要是帮助孩子在计算和思维上过关。有些孩子在数学题上卡住，或者遇到难题就做不下去，可能的原因是没有达到已经无须在基本的东西上再动脑筋，而把自己全部的智慧力量用到抽象思维上去的那种程度。正如孩子如果没有几千遍地读过那些组成各种词的音节，阅读就不能变成一种半自动化的过程一样。如果孩子不记住人们在日常生活中永远牢记、不假思索就能回答的几十个、几百个试题，那么抽象的数学思维对他来说就是完全不可及的事。

六年级孩子的计算要达到什么水平？

一般地，一年级，20以内进位加法和退位减法以及连加连减；二年级，100以内两位数加减法，表内乘除法，万以内简单加减法，加减混合的两步计算题；三年级，较简单的两三位数乘一位数，较简单的小数、同分母分数加减法等；四年级以后，熟记一些特例，如 25×4、125×8、10 到 19 的平方等，以及运用运算律进行口算；五年级，小数、分数计算等。

这个标准就好像梳子，帮助孩子把计算能力梳理一遍，查漏补缺。

要使孩子会算，需要加强对运算法则及算理的理解，正所谓"知其然知其所以然"，然后就是多加练习。另外，孩子在做计算题的时候，不仅要注重计算的结果，还要尽量思考如何简便计算，"学会偷懒"。孩子掌握简便计算的方法，是提高计算速度和正确率的重要途径。

估算是保证计算准确的重要环节，也是提高计算能力的手段。孩子的估算意识和估算能力的强弱，直接关系到孩子计算能力的强弱。因此，作为家长，在平时的练习中，要经常提醒孩子养成估算的良好习惯。

英语的主要学习任务：突破词汇关、语法规范化、阅读习惯，词汇和语法为口头表达和书面表达即英语的说和写打下坚实的基础。尤其建议单词默写出现较大漏洞的孩子，抓紧时间弥补记忆、阅读习惯，是上述词汇和语法任务能够实现的必经之路，也是终身学习的必备能力。为完成任务需要家长协助孩子养成阅读习惯，如课外阅读每天不少于20分钟。特制了阅读监控表，请家长一定确保孩子真实地完成了阅读过程，阅读时间考虑孩子基础，词汇量不足读起来会很困难，所以建议孩子还是以课本和课内阅读课程为主，六年级课本是很好的阅读教程。

（三）了解初中学习变化

学习规划建议，小学升初中后在学习上应做以下转变。

1. 学习方法：从传授性到理解性

提前改变：多提问、多思考、多总结

进入初中以后，学生的学习由直观的、感性的、零碎的知识点变成了更为完整、系统的知识体系，并更加突出能力要求。因此要求学生在学习方法上相应做出调整。

小学生的学习主要是眼看、手写、记住，而进入初中，要求学生对知识充分理解，并学会用思维去分析这些知识点。

由于小学本身知识量少，且时间充裕，因此小学教师的教学进度较慢，讲解也更详细具体。但初中科目增多，每个教师的讲课时间都是规定好的，教师必然要改变授课方式。因此建议家长，从现在开始就要培养孩子多提问、多思考、多总结的学习习惯。

2. 学习要求：从指令性到计划性

提前改变：学会预习，提高学习主动性

从小学升入初中，对学生的学习要求也有很大的不同。小学阶段的学习主要依赖老师的安排，学生只要完成老师下达的这些简单学习指令（写字、造句、背课文）就行。但初中则要求学生自觉主动并且有计划地学习。

一般的学生只是单纯地完成学校和老师布置的作业就觉得完成了学习任务，而优秀的学生基本上都有预习课本的学习习惯。从小学升入初中，要求学生的学习态度实现从"要我学"到"我要学"的转变。

3. 学习行为：从随意性到目标性

提前改变：培养孩子做一周学习安排

进入初中以后，由于学习内容和学科的变化，原先的学习方法和习惯要随之改变。原本可能通过短计划就能完成的学习任务和目标，到了初中之后则要求学生有一个"长安排"的计划，才能完成。

现在就开始培养孩子制订一周学习计划和安排一周学习任务的习惯。

4. 学习时间：从短时性到长时性

提前改变：择校也要考虑路途因素

现在小学生的学习时间安排基本上是"6+2"，即在学校花6个小时学习，在家里花2个小时学习。而升到初中后，学习时间就要变成"8+4"。到校时间提前了，下课时间又推迟了，家长要做好学习时间调整的准备。

家长如果要为孩子择校的话，要将路途因素考虑在内。另外，学习时间增加了，家长也要对那些比较好动的孩子进行习惯上的纠正。例如，之前孩子只能在位置上坐10分钟，现在可以开始训练孩子安静地坐上15分钟，甚至20分钟。

5. 学习内容不同：从单纯性到多样性

提前改变：别偏科，多看看基础学科

小学和初中面临的任务与学科学习的内容差异很大。总体来看，小学的课堂教学容量小、作业量小，注重基础知识的学习和巩固，主要是语文、数学和英语三大学科的学习。

到了初中，多出了物理、化学、生物、历史、地理等几大学科，而且知识系统性比较强，需要孩子课后花时间去消化，不然很容易使成绩下降。

小学阶段的学生如果偏科现象过于严重，现在就应开始纠正孩子的偏科习惯。

（四）关注升学规划是否合适

小学升初中的入学原则是免试就近入学，严禁组织统一考试。但是由于教育资源的不均衡，父母想让孩子接受优质教育的心情迫切。同时，名校为争夺优秀生源，也变相举行各类考试进行选拔，导致小升初择校氛围紧张，父母焦虑，孩子疲惫。

小学升初中是孩子自然成长的一个过程，父母要厘清自己对教育的理解和认识，在孩子升学的转折时期，避免给他们造成毫无意义的危机感。

六年级是小学生活的最后阶段，父母要鼓励孩子做最好的自己，尽自己最大努力完成学习任务就好，轻松愉悦地迎接初中生活。

父母首先要给自己减压，理性看待升学这件小事。合适的就是最好的。父母应把关注点放到孩子是否具备相应的知识和掌握相应的能力上。如果孩子已经达到目标，那父母适当指导孩子做初中的学习准备，预习相应的科目。如果孩子距目标还有距离，那父母就尽可能静心陪伴孩子，或者请专业的老师，帮助孩子做好知识上的查漏补缺和专项的能力训练。

每个接到初中入学通知的孩子，都会产生一种自豪感和渴求上进的意愿，即使在小学不爱学习的孩子，这时候心里也会有强烈的一切从头开始的愿望。因此，家长要抓住这一契机，保护孩子要求上进的意愿，树立孩子的自信心。在升初中前的暑假，父母应尽快让孩子完成小学生到初中生的角色转换，可以利用暑假帮助孩子总结小学的优点和不足，根据孩子的心理特点，有意识地激励孩子，让孩子满怀热情、高高兴兴地做好升初中的准备。

如何抓住七年级孩子的学习关键点

闫 玙

【课例简介】

升入初一年级，是孩子学业发展的里程碑，本课帮助家长掌握七年级孩子的学习智力发展情况及学习特点，掌握对孩子学习方法训练的内容与要求，为孩子的学业与生涯发展做好充分的准备。

【教学对象】

七年级学生家长。

【教学目标】

结合七年级孩子的身心特点，帮助家长悦纳初中学生家长角色，在孩子教育中能更新理念、改进方式，以适应孩子的成长。同时帮助家长掌握七年级孩子的学习智力发展情况及学习特点，掌握对孩子学习方法训练的内容与要求，为孩子的学业与生涯发展做好充分的准备。

【教学过程】

（一）七年级学生的特点

1. 新生关键词

A面：兴奋、自豪、好印象、满怀希望、重新做起。

B面：焦虑、胆怯、压力大、丢三落四、情绪波动大。

2. 身心剧变期

（1）生理发育步入第二个高峰：身体外形改变、内脏机能成熟、性成熟。

（2）大脑神经网络面临重塑：信息加工、注意、记忆、计划、整合能力提高。

（3）认知能力进入新阶段：抽象思维、创造思维、批判思维能力增强，但思维具有矛盾性。

（4）自我评价和情绪波动较大：内心敏感，和父母的矛盾增多。

（5）社会身份由儿童向少年过渡：独立性、责任感、权利意识更强，由对父母的依赖转向对朋友的依赖。

3. 学习上可能出现的困惑

（1）考试科目增多，精力分配不均。

（2）课堂进度较快，跟不上节奏。

（3）作业种类繁多，没有按要求完成。

（4）试卷资料杂乱无章，不会整理。

（5）过度依赖课外辅导，颠倒课内课外。

4. 可能出现的问题

（1）不愿意和父母沟通，甚至有些叛逆。

（2）不能处理好同伴关系，情绪波动大。

（3）第二性征发育，性意识萌发，内心矛盾。

（4）过度重视个人形象，喜欢攀比。

（5）过度迷恋网络和游戏，耽误学业。

（二）初中学业的明显变化

1. 课程设置和要求

考试科目多，考试形式多样。深圳采用了"4+4"方案，即语文、数学、英语、体育与健康4门学科，加道德与法治、历史、物理、化学4门学科，并且将物理和化学合卷，道德与法治和历史合卷，中考总分为610分，其中语文满分120分；数学满分100分；外语满分100分，其中25分为听说考试分值；体育与健康满分为50分，其中平时成绩15分、《国家学生体质健康标准》测试成绩3分，体育项目考试成绩32分；物理、化学合卷满分120分，其中物理70分，化学50分；历史、道德与法治合卷120分，其中历史70分，道德与法治50分。物理、化学、生物实验操作考试成绩不计入录取总分，但以等级呈现成绩。

综合素质表现评价等级是高中阶段学校招生的重要依据之一。在学业考试成绩同等情况下，综合素质表现评价等级高者优先录取。自主招生学校要将综合素质表现评价等级作为录取的主要条件之一。

课时数量增加，课程容量增大，课程难度加大。进入初中以后，每天正课七节，还有早读、午读、下午自习，住校的孩子还需要参加晚自修。初中学习的时间明显比小学长，而且知识点密集，难度也加大。

初中语文侧重培养孩子的理性认识能力。所谓理性认识就是"知其然，并知其所以然"，也就是说，我们不仅能够知道某个事物是什么，还能理解它背后的深意，并且能够分析、欣赏并综合运用这个事物。

初中数学学习与小学有很大的不同，在初一取得优异数学成绩的关键是良好的习惯和严谨的计算逻辑，这对在小学阶段成绩优秀的学生是挑战。想在初中期中、期末取得优异排名，要在直升和中考取得优异成绩，那么养成良好习惯，做到计算精准无误是最好的保障，数学成绩更依靠学生培养的良好习惯。

初中英语知识体系大幅度转变，词汇量的大量增加，系统语法知识的庞大，短语搭配的增多，课文文章的加长，这一切都让孩子感到不知所措，很茫然。

2. 成绩得分

有不少家长发现，家里的孩子上初中后成绩大幅下滑，尤其是有些在小学成绩很优异的孩子，有一部分孩子存在畏难情绪，将心思用在学习之外，成绩迅速下降，对学习失去兴趣，自暴自弃，从此一蹶不振。同一班的同学，小学成绩可能很接近，但是初中成绩可能就是天差地别，同一次考试，有的依然90多分，有的不合格，甚至更低。

3. 讲课方式

初中教师的授课也减少了教具、挂图等直观教学手段，注重概念推理、分析演示、启发引导，由形象思维向抽象思维过渡，由趣味性向知识性过渡。

（三）培养良好的习惯

1. 制订目标和计划的习惯

一个明确的目标，能让孩子始终保持一个积极向上的心态。建议家长指导孩子规划自己的长期目标、中期目标、短期目标。

长期目标要尽可能长远，要不断强化它，因为它可以激起孩子为之奋斗的雄心。在学习中遇到困难和挫折的时候，孩子一想到它，就会瞬间动力十足。

长期目标为孩子指引奋斗的大方向，中期目标则应该高于孩子现状一个档次，那将使孩子能够拥有足够的提升空间和不竭的动力。中期目标是长期目标的分解，也是实现长期目标的阶梯，让孩子更加明确实现长期目标需要做什么。

短期目标应该限定在孩子力所能及的范围内，能够迅速付诸实施，孩子可以通过一个又一个短期目标的实现来获得成就感。

"凡事预则立，不预则废。"有了目标后，要制订好一个计划，然后按照计划执行。

计划要固定不变，也要灵活运用，学习计划一定要固定时间做固定的事情，慢慢地养成良好的学习习惯，这样才能达到制订计划的目的。制订好的学习计划，因为一些突发的事情或者是一些外界原因，没有办法按照计划走怎么办？这时要做出相应的改动，而不是一成不变，调整执行的时间或者调整内容都是可以的，但是不能频繁地改变。

变成行动的计划才叫计划，而没有落实到行动的计划只能叫想法。学习是一个既快乐又辛苦的事情，快乐是因为我们可以不断地收获新的知识、增长新的才干，辛苦就是因为要长期地执行学习计划。研究发现，大部分学生的学习计划都大同小异，有的孩子的计划得不到很好的执行，有的孩子100%按照计划走，最终一个学期下来，100%按照计划走的孩子，成绩一定会非常好。

2. 听讲、预习和复习的习惯

（1）要有正确的态度。学生一天的时间绝大多数是在课堂上度过的，如果不充分利用，不在课堂上老师的指导下学会知识、提高能力，那就等于丢掉了最重要的学习时间。通过调查发现，许多优秀生都是寄望于课堂，而不是到课下再努力。所以我们一定要端正学习态度，明确学习目的，通过课堂学习来减轻课下负担，提高学习质量。有了这种认识，课上就不容易走神了。

（2）注意课间活动。有的学生在课间看小说，有的下棋，有的争论问题，还有的又追又闹。这就会使学生上课后不能马上安定下来，头脑中还在想小说中的情节、下棋的胜负……这就干扰了正常的听课。所以课间10分钟最好离开教室，散散步，呼吸一些新鲜空气，也可以做一些适当运动使身体和头脑的疲劳即时消失，上课后马上进入状态，做到专心听讲。

（3）课前加强预习。上课前如能把学习内容预习一遍，就可以摸索到难点所在，到正常上课时，就等于学第二遍了，听讲就会更有针对性，并且能做到专心听讲。因此课前一定要养成良好的预习习惯。通过预习，思考并发现问题，再把问题带进课堂，力求从老师的讲课中去寻求问题的答案。如果听课后仍然不明白，一定要找老师、同学帮助，直至得到正确的解答。

（4）积极参与，选择性记笔记。在课堂上我们一定要当课堂的主人，积极参与课堂内全部活动，不当旁观者。具体来说，首先，积极思考老师提出的问题，认真观察老师的演示实验，大胆提出自己的看法，认真地讨论。其次，选择性地记笔记，笔记不必追求多，书本上有的可少记，没有的可多记，但也不要抄录老师的原话，而是要抓住老师的思路。这样由于积极参与了课堂的学习活动，专注于课堂学习的中心活动，自然就会专心听讲了。努力做好课堂笔记，也是集中注意力的好方法。一般教师授课，重点、难点都集中在每节课的前20分钟左右，所以这一时间段，你一定要让自己做好笔记。

（5）不钻牛角尖。上课时，如果一个问题没有听懂，不要在课堂上停下来死钻牛角尖，而是先记下来，接着往下听，把问题放到课下去研究。这可以保证听课的连续性，不然，等你从钻牛角尖中醒悟过来时，老师可能已经讲得很远了，你的思路就接不上了，你就会掉队。所以我们上课时要紧跟老师的思路，有问题记下来，千万不能上课走神。

平时可以制订科学合理的学习生活计划，并严格执行，以此来锻炼个人的自我控制能力。课后的复习、练习一定要把当天学习的内容弄懂，如果似懂非懂就听老师讲新的内容，知识连接不上，肯定难以理解新的内容，听课就难免会分心。

3. 书写的习惯

初中语文课标要求，学生要在使用硬笔熟练地书写正楷字的基础上，学写规范、通行的行楷字，提高书写速度。所有中考试卷都会在书写规范方面做出要求，只是要求的程度不一样，有的地区不仅在作文规范上有分数体现，还在基础上考查学生的书写能力。

具体的做法如下：

引导孩子归纳他们作业中的优缺点，书写大小合适、字体方正、整体布局合理等，都及时予以表扬，写得太小或太大、整体效果不好看地给出具体、恰当的建议，要求做到横平竖直，大小合适。

试卷作答时，如果空格间距小，字却写得大，不美观，空间也不够；空格间距大，写得过小，过密则显得答题未完。作文中字的大小、位置也会强调，以占方格3/4，居中为宜。在试卷讲评时应把出现的具体问题再做分析。例如，涂画，自己写的答案太长，写到密封线以内等。

个别孩子长期习惯不好，一时难以改变，应趁暑假专项训练，提高书写能力。俗话说："字如其人。"书写是一个人的脸面，是伴其一生的门面，所以我们每个人都要认真对待、认真写字。

4. 整理错题的习惯

一本好的错题集就是自己知识漏洞的题典，平时要注意及时整理与总结，在复习时，错题集就是最重要的复习资料。

将所有的错题分类整理，分清错误的原因：概念模糊类、粗心大意类、顾此失彼类、图形类、技巧类、新概念类、学科思想类等，并将各题注明属于某一章某一节。这样分类的优点在于既能按错因查找，又能按各章节易错知识点查找，给今后的复习带来简便。另外，也简化了错题集，整理时，同一类型问题可只记录典型的问题，不一定每个错题都记。

试卷评讲时，要注意老师对错题的分析讲解、该题的引入语、解题的切入口、思路突破方法、解题的技巧、规范步骤及小结等，并在该错题的一边注释，写出自己解题时的思维过程，暴露自己思维障碍产生的原因及对其根源的分析。

对于每一个错题，还必须要查找资料或课本，找出与之相同或相关的题型并做出解答。如果没有困难，说明这一知识点你可能已经掌握了，如果还是不能解决，则对这一问题的处理还要再深入一点。因为在下一次测试中，在这一问题上，你可能还要犯同样的错误。

活页装订，将错题集按自己的风格，编好页码，进行装订，由于每页不固定，故每次查阅时还可及时更换或补充。通过整理错题集，你将学会如何学数学、如何研究数学，掌握哪些知识点在将来的考试中会犯错误，真正做到吃一堑，长一智。

5. 广泛阅读的习惯

坚持做到每日20—30分钟的阅读积累，每周500—800字的优美摘抄，每月一次书城深度游，每学期5—10本文学作品精读。

中考改革凸显了语文的"王者地位"，我们要时刻关注语文学科最新的改革趋势，要跳出中考看语文，研究国家新一轮教改的趋势，关注高考的改革动向，关注高中语文新课标的修订内容，从更高的立足点来培养孩子的语文能力。

由于总分提高，语文题量会相应增加，这对学生的阅读速度、阅读的广度和深度都提出了新的挑战，这要求学生在平时的学习中要做好阅读积累，培养好阅读理解能力。新方案强调"增强应用性，注重与学生生活、社会实际的联系，注重考查学生综合运用所学知识分析问题、解决问题的能力；增加探究性和开放性试题的比例，培养学生创新精神和实践能力"，考虑到语文作为工具学科的实用性以及考虑到中考在初高中的衔接测试方面的功能，孩子要关注非连续性文本的阅读，要重视加强文本信息的筛选与整合能力。

无论各类考试如何改革，写作都是语文考试的半壁江山。部编新教材的一个重要变化，就是对文学文体、实用文体写作的指导更加明晰、系统。在新中考方案"实用性"的指导思想下，在抓好以往考试常见文体写作训练的同时，要适当关注应用文的写作训练，关注语文与日常生活的关联。

（四）做科学的心理调适

1. 切实了解初中生身心发展的特点

虽然我们家长也经历过青春期，但是因为年代不同，社会状况不同，现在的孩子各方面环境与家长的青春时代相比有着很大的区别。我们家长也要尽可能做好准备，提前了解这一阶段青少年的身心发展特点，避免当孩子出现情况时感到不能理解、不接纳或者措手不及。我们可以从以下三个方面着手：

（1）好经验的分享——优秀家长经验介绍、教育类微信公众号、家庭教育书籍。

（2）小细节的关注——穿着打扮、情绪变化、放学到家的时间。

（3）好榜样的示范——家长要做好孩子的榜样，尽可能少在孩子面前抽烟、打牌、谈论名牌。

2. 调整身份定位：既是家长，也是朋友

（1）作为家长，则要明确自己对孩子负有引导、督促的责任。不能因为孩子是家中的"一孩"或者感觉孩子小学时各方面习惯养成尚可，就完全放手、疏于监护。孩子初入新环境，前期依然需要父母的提醒和监督以巩固适合新学段的学习和生活习惯。

（2）作为朋友，则要努力用民主、平等的方式来与孩子相处。这不是代表你对个人权威地位的放弃，而是意味着你自身能为孩子做出榜样的示范作用，愿意与孩子共同成长。这个阶段的孩子更愿意与朋友交心，只要孩子愿意与你真诚沟通，就不怕孩子遇到困难、出现问题而你全然不知；只要你用对待成人的方式对待孩子，就一定能向孩子传达你的尊重、理解，用更多的鼓励和支持帮助孩子真正成长为一个独立自主的大人。

（五）结语

每个孩子都不是十全十美的存在，他们的成长都是不断犯错、不断纠错的过程，让我们一起耐心地探索正确走近他们的方式，做好他们成长路上的引路人。

如何抓住八年级孩子的学习关键点

涂南萍

【课程介绍】

八年级是一个转折点，如何帮助家长顺利度过这一转折时期，是我们本节课要解决的问题。本节课，我们将帮助家长建构发展型思维，帮助家长了解八年级孩子自我意识发展的需要以及在学业上可能遇到的问题，指导家长综合运用三种心理学原理，帮助孩子成功度过八年级分化期。

【教学目的】

（1）帮助家长建构发展型思维。

（2）帮助家长了解八年级孩子自我意识发展的需要。

（3）帮助家长综合运用心理学原理，指导孩子成功度过八年级分化期。

【教学对象】

八年级学生家长。

【教学程序】

故事导入：

2017年5月24日，世界排名第一的围棋手柯洁大败给机器人AlphaGo，一时热闹无比。有人在柯洁的微博下留言讽刺："哟，当时你那嚣张劲儿哪儿去啦？"一年前，柯洁曾放言，AlphaGo赢不了自己。

一般人在面对讽刺和连续失败时，大概会觉得颜面无存，柯洁却欢迎大家看笑话："大家可以把我当一个笑料来看。这也是围棋给大家带来的一种快乐。"在决战之时，柯洁被逼到房间角落痛哭十多分钟，表情包也流出了。这样的世纪级的失败，会让嚣张的他消沉一段时间吧？并没有。战败当晚，他跑去喝酒散心，只睡了两个小时就飞去韩国比赛，隔天轻松战胜了韩国一位九段顶级高手。他确认：还是跟人比赛更好。

（一）解决信不信的问题

我们关注一个19岁的孩子在面对那么受瞩目的失败时，为什么能很快收拾起心情重新开始。而我们身边却常常看到这样的孩子，他们遇事易放弃、输不起、听不得批评，最终，智能发展也停滞不前。

面对困难有成长型思维模式，也有固定思维模式。美国斯坦福大学研究了一些考试不理想的孩子。固定思维模式的孩子会逃避困难，甚至去作弊。科学家监测了这些孩子的脑电活动图像，他们的大脑几乎没什么活动。成长型思维模式的孩子积极地应对错误，积极地剖析错误，并从中学习，他们的大脑在高速运转。大脑就像肌肉，越训练它，它越会生长。大脑神经元连接的形成与加深大多数是在我们做一些困难的事或犯错的时候，而不是在我们一次次重复做简单的事情时。所以，当孩子遇到困难的时候，我们要坚定地与他一起去面对，帮助他坚定信念。八年级许多孩子会面临成绩下滑的挑战，这也是锻炼成长型思维的关键期。

（二）解决行不行的问题

古希腊哲学家苏格拉底说，去认识你自己。现代心理学认为，自我意识的发展会影响到个体发展的方方面面，并影响到人生的各个时期。一个人的自我意识即我是什么样的人，会很大程度地影响到事实上成为什么样的人。

孩子从初中到高中阶段的青春期的核心问题是自我意识的确定和自我角色的形成，孩子青春期的任务是获得自我同一性和克服角色混乱的冲突。八年级的孩子恰恰处于青春期的中段，正是形成自我意识最为关键的时期，他们会更加积极主动地探索自我。

八年级孩子经常考虑自己是怎样一个人，也从别人对自己的态度中，从自己扮演的各种社会角色中，逐渐认清自己。同时，他们开始认识自己的现在与未来在社会生活中的关系，对自己的过去、现在和未来产生一种内在连续性认识。

八年级孩子的自我认知处于重大的调整变化期，孩子的身体特征、心理感受、外在环境都有巨大变化，面临更多挑战和困难，孩子的自我认知、体验和评价会出现矛盾混乱的状态。由于自我调节的能力有限，孩子在应对各种问题时，可能对自我产生不同的认识和评价。有的孩子在小学优秀，认为自己聪明，但到了初中，努力一年后还是无法形成自身优势，会降低自我评价，产生自卑心理，如果没有及时得到支持，可能会放弃努力而自暴自弃。

八年级孩子的自我评价会有较大的波动性和矛盾性，这时候他们更需要父母的理解和尊重，需要父母及时伸出援助之手，帮助他们更加准确、清晰地认识自我，更加积极、正向地发展自我。

（三）解决做不做的问题

卡罗尔教授提出了一种"建设性的批评"的说法，当孩子的行为不令你满意时，你要做的不是批判，而是帮助孩子修理、建造更好的东西，或者更出色地完成工作。

央视一部关于"乒乓大魔王"张怡宁的成长纪录片，其中有一段记录了她的妈妈造访她在国家队的宿舍。

看到胡乱堆放的衣物，一般家长都会脱口而出："你看看你怎么弄的，怎么这么脏？""你都多大了，还干不好这些事！"于是一边唠叨一边收拾，孩子还不念你的好。

可是张怡宁的妈妈没这么做，女儿回来，看到整洁的宿舍，"哇"的一声叫起来。妈妈说："你看，我这么一收拾，你的房间还挺像回事儿吧？"张怡宁马上撒娇："那你教教我怎么做的呗。"这就是建设性的批评，有效的示范和充满希望。

（四）解决怎么做的问题

武志红在他的一本书中记录了他高中时的故事。高二下学期，他考了全班第二十九名，按照这个成绩，连一般本科都考不上。当时他下决心自学化学，力求不放过一个知识点，同时也买了一本很棒的题集，学得非常投入，结果期末考试，他的化学成绩全年级第一名，总成绩是全班第十一名，这是重大突破。

进入高三后，他将物理当成第二个突破口，两个月后，在高三上学期的期中考试中，他的物理成绩也取得飞跃，基本考了满分，那是高一以前的物理最高分，同时，他的化学成绩仍然在年级名列前茅。到了高三上学期的期末考试，他的数学也有了巨大进步，高一没打好底子，同桌建议从他高一开始扫漏洞，力求不放过任何一个难点和疑点。在攻克化学和物理时，他一直将数学当作第二重点，做好了持久的准备。经过半年的努力后，扫漏洞工作终于宣告结束，在高三下学期，他的数理化成绩在班中排名前列，整体第十九名，这证明下苦功有效。这是由点到面，逐步突破。

心理学上有一个名词：自我实现的预言。意思是，如果相信自己行，你最后就能行；如果怀疑自己不行，你就会退步。

武志红在书中这样写自己："以前，最好成绩也是全班第十一名，但各科成绩平均，没有一个优势科目。我给自己的定位一直是，我是一般好的学生，那些优秀学生，一定有很多地方比我强，是我难以超越的。我跟班里的所有成绩优秀的男同学关系都不错，在他们面前，我一直有一种自动思维，他们比我强，这次的化学成绩改变了我的自动思维，我发现，我可以比他们强。"

按照自我实现的预言理论，这种信念就相当于改变了武志红的预言，以前，预言自己不如优秀学生，结果这个预言实现了，现在预言自己会比他们强，而接下来这个预言开始不断实现。

预言要有基础，简单地说，如果抵达过某种境界，再做这样的预言，你自己就容易相信，在化学成绩上取得年级第一，由此开始憧憬其他科目也去争取类似的成绩，这种憧憬是扎实的。

现实中，初二的孩子不一定能够拥有武志红的学习毅力，但是他的方式却可以给我们启发。如何在初二帮助孩子再进一步？这里介绍一个三方支持法，参与者有学生、家长和教师。

首先，在某一次阶段性考试后，三方分别就学生的某一科做如下分析，并以书面形式呈现。

（1）哪些方面做得好？

（2）要鼓励和支持学生做得好的那些方面，需要怎么做？

（3）哪些方面做出改进会更有益？

（4）要支持这些改进，需要做些什么？

然后，再召开三方会议，一起讨论支持行动计划和措施。

（1）开会时对每个问题逐一进行讨论。

（2）学生先说自己哪些方面需要改进，教师和父母认真倾听。

（3）一起头脑风暴提出鼓励和支持学生需要做的事情。

（4）让学生选择哪些建议最有帮助。

这种方式，孩子感受到的是支持与鼓励，是团队作战而不是孤军奋战，同时有自主的选择权，也能有负担相应的责任。通过突破一科，先帮助孩子走出学习舒适区，实现新的自我定位。

（五）元认知策略

对于初中阶段的孩子来说，制订学习计划，根据计划对自己的学习情况进行监控和调整是一种非常重要的能力，即心理学中的元认知能力，由元认知能力引申的元认知策略，对初中阶段的学习非常重要。

元认知策略是学习者对自己的认知过程进行计划、监控、调节、评估等的策略，简单来说是指计划或学习方法。元认知策略是学习策略的一种，初中阶段是元认知策略发展的关键期，元认知策略发展的好坏极大地影响初中阶段的孩子的学习。

有研究表明，到了初中阶段，学业成绩和简单学习策略（如复述、背诵）相关不大，而和元认知策略呈显著正相关，即初中阶段的孩子使用元认知策略的水平越高，成绩越好。

计划是整个元认知策略的基础，在学习中占有非常重要的位置，计划策略是根据认知活动的特定目标，在一项活动之前进行具体活动策划。例如，预测完成作业需要多长时间、制订考试复习计划、制订学习计划等。一个完整的计划策略大致包括预测结果、确立目标、决策分析、有效分配时间和拟定细则等环节。

计划是自主学习活动的起始环节，决定着学习活动的效果。计划策略是其他元认知策略的基础，在整个元认知策略中占有非常重要的位置，没有计划也就谈不上监控和调整。

初中阶段的孩子自我监控能力较弱，需要重点发展监控策略，监控策略是指在认知活动进行的实际过程中，根据认知目标及时反馈认知活动的结果，正确估计自己达到认知目标的程度、水平。例如，考试时监控自己做题的速度和时间。

监控帮助学生在学习过程中不断主动地进行自我反馈，及时发现问题，从而做出相应的调整，减少学习的盲目性和不合理性，有利于学习效率的提高和学习效果的改善。但是，初中阶段的孩子的自我控制能力较弱，既缺少主动监控的意识，也缺乏监控自己完成学习任务的毅力。因此，对于初中阶段的孩子来说，监控策略是元认知策略中相对不容易养成的策略，需要重点培养初中阶段的孩子辩证思维能力提高，自我调节能力得到发展，调节策略是指根据监控的结果，找出认知偏差，及时调整或修订目标。例如，在阅读困难或不熟悉的材料时放慢速度，考试时跳过某个难题、先做简单的题目，等等。调节是监控的下游行为，在监控的基础上调节，选取最佳的学习方法，对学习要素进行合理配置。初中阶段的孩子辩证思维能力提高，能够在发现问题的时候及时进行调节，从而使学习方法更灵活、学习效果更有效。

计划、监控和调节三者相互联系，成为一个整体，影响初中阶段学习活动的效果和质量。

初二是学生学习的关键时期，是初中的重要转折期，在元认知策略的应用上需做好以下两项。

1. 安排好常规学习时间和自由学习时间

学习时间可以分为两部分：一是常规学习时间，主要用来完成当天教师布置的学习任务，消化当天所学的知识。二是自由学习时间，是指完成了教师布置的学习任务后所剩下的时间，这部分时间一般可以用来补课或进行深造。学习较差的孩子，随着学习水平的提高，常规学习时间逐渐减少，自由时间逐渐增多。凡是体会到因为抓住了自由学习时间而给学习的全局带来好处的孩子，就会努力去提高常规学习时间内的学习效率，以便增加自由学习时间，使学习的主动权越来越大。

2. 看教科书和做笔记

看教科书，尝试回忆后应从头至尾地看教科书，要一边看书、一边思考。因为这时已不是初次看书，而是在预习、听课和回忆的基础上进行的，所以可以全面过目、重点思考，要在那些回忆不起来、思考不连贯、理解不深的地方多花些时间，直到彻底弄懂记住为止。看书时，可用彩色笔把书上的重点、新概念、关键地方、容易忽略之处勾画出来。在书的空白处可以记上一些自己的简要体会、高度概括课文内容的语言以及有利于记忆、带有提示性的语句。如果书上写不下，也可以写在一张纸上，贴在书眉或边角上，以便今后看书时，从这些地方迅速得到启示，回忆起书中的主要内容和关键之处。

整理笔记，主要是把上课时未记下的部分补起来，把记得不准确的地方更正过来，把次序颠倒、逻辑顺序不清的地方进行整理。笔记的内容应当简练明白，提纲挈领，详略得当。

如何抓住九年级孩子的学习关键点

涂南萍

【教学对象】

九年级学生家长。

【教学目标】

通过本课的学习，帮助家长了解孩子从八年级到九年级面临的变化，内心可能受到的冲击和可能遇到的困难，以及在平时的生活中，懂得如何去观察，识别孩子发出的信号，从而帮助家长更好地理解孩子，给予孩子最合适的支持，帮助孩子稳健度过人生的关键一步。

【教学难点】

帮助家长寻找自身优势及资源，不过度介入，情绪放松，给予孩子需要的帮助。

【教学过程】

现象一：孩子变化

激情期：8月至11月

九年级开学是一个新的起点，绝大部分孩子对自己的中考怀揣希望，积极努力地投入学习，经常迟到的也不迟到了，爱玩手机的也不玩了，上课听讲效果好了，提问的情况多了。

高原期：12月至第二年2月

期中考试（基本安排在11月）后，成绩上升的孩子心里松了口气，稍微有些懈怠；而成绩无起色的孩子则疲惫烦躁，情绪低落，积极性大受打击。在考试的压力下，多数孩子还会坚持下去，但是细节上会表现得不如前一时期。

怀疑放弃期：3月第一次模拟考试

在第一轮复习基本完成后，大部分孩子的成绩趋向稳定，但是第一次模拟考试的成绩会使一些失利的孩子受到打击，甚至让一些孩子产生放弃的念头。同时，部分具有一定优势的孩子也会因不再进步而怀疑自己。

恐惧焦虑期：第一次模拟考试至中考前

中考一天天临近，无论成绩好坏，孩子多多少少都会产生一定的焦虑或恐惧，有的踌躇满志，却患得患失，担心不能考取理想的高中；有的则升学无望，却也恐惧马上就要面对的就业压力。因此很多时候，焦虑会表现在每个孩子身上。

现象二：家长变化

（1）缺乏自信

初三学生家长在陪考过程中，会逐渐发现自己有越来越多的不足，有越来越多的事情自己不能帮忙解决，特别是当得知其他学生家长能够提供更加优越的备考条件而自己无能为力或者自我感觉陪考方法出现纰漏时，容易产生自卑心理。

（2）过分攀比

很多初三学生家长总喜欢打听其他孩子的备考情况，总喜欢拿其他孩子的成绩跟自己孩子的成绩进行比较，总觉得别的孩子有的备考条件自己的孩子也必须有，等等。这些比较其实都没有必要，而且会对孩子产生不良影响。

（3）极度敏感

初三学生家长往往容易对很多事情过分在意。例如，孩子放松一会儿会不会影响学习？孩子天天学习，但成绩反而下降，会不会是因为他们并没有真正努力而只是装装样子给父母看？孩子最近跟异性同学接触频繁，这么关键的时刻早恋了怎么办？

策略一：摆对位置

孩子0—3岁时，作为完全无行为能力人，父母需要做的是带孩子"认路"，让孩子坐在副驾驶上，看着前面的路，看着前面的风景，了解不同的路况、交通情况应该如何处理。

孩子慢慢长大到3—12岁时，孩子慢慢学习"向外走"。这时孩子可以尝试用教练车慢慢学习驾驶技术，但此时孩子的驾驶技术真的非常不好，所以当孩子发生不测之时，父母可以运用手上的副方向盘等装置，把孩子拉出危险的境地。如何把握其中的度，就看父母的智慧了：既不能看之不理，以免发生车祸，也不能干涉过多，以免影响孩子的驾驶心态及驾驶技术能力的培养。孩子成长的过程就是父母慢慢放手的一个过程。

当孩子长到12—18岁时，孩子拥有更多自主的能力，这时父母可以让孩子学着"开车上路"，只陪坐在副驾驶上做指导。这时不仅考验父母的智慧，更考验父母的心态、宽容和耐心了。我们可以安心地坐在副驾驶上，在孩子累的时候说说话解乏，在孩子需要帮忙的时候帮忙，在孩子看不到的角度提醒一下，在特殊的情况下还可以下车帮忙指导，等等。但大部分时候，一个合格的

"副驾驶"就只是安心、安静地坐在他的位置上陪伴而已。但生活中这样的副驾驶太少了，我见得最多的是滔滔不绝、指点江山、唠唠叨叨、说别人这样不行那样不对、应该这样应该那样、情绪随着路况惊叫不已、反应过度的"副驾驶"。他们恨不得帮孩子开车。但即使他们这么使劲，还是无法改变孩子开车的事实，无法改变孩子开车的风格。而且我相信基本上所有的孩子有这样一个"副驾驶"，都恨不得把"副驾驶"的那张嘴封上。而现在我们也深深地体会到，孩子在生命中想做自己的事情时，对父母的唠叨和不放心是多么的讨厌和无奈。

孩子初三阶段，父母最合适的位置就是"副驾驶"。

策略二：练好"内功"

（1）控制压力"传染源"

家长的中考压力仿佛"传染源"，会通过种种途径传染给孩子，并转化为影响孩子正常复习与临场发挥的重要压力源。请记住，家长调整好心态，就是对孩子最大的帮助。

（2）练好气球呼吸

想象你在吹气球，然后想象慢慢放出空气直至气球瘪下来的画面。过一会儿，我们将假设你的肚子就是那只气球。你要深深地吸入一口气，让这口气一路下到你的下腹部，屏住这口气几秒钟，然后把它轻柔地呼出。

准备好将手放在肚子上，大概在肚脐下5厘米的地方。花几分钟想想自己的呼吸，慢慢地呼吸，让肚子和手一起一伏。

让我们更慢地吸气……一……二……三……

现在，同样慢慢地将气呼出……一……二……三……

花几分钟练习……

准备好了的话，请将注意力放到你的手和脚上。它们在哪？它们接触到的东西是什么？

现在，慢慢睁开眼睛。

（闭上眼睛，想象将一道爱的彩虹吸进自己的肚子，然后想象用这道彩虹充满自己的整个身体）

（3）记住一句话

控制第一反应，等待第二反应。

策略三：探好路子

（1）初三阶段的孩子已进入紧张的学习状态，无暇顾及招生考试的相关信息。

（2）家长可以提前收集中考志愿填报资料、招生资料等，以便提前进入角色，准备报考。

（3）帮孩子定位志愿学校，最主要的依据就是手中积累的权威、准确的数据资料。

混圈子和平台：

（1）教育行政机构官方信息。各地教育考试机构网站，官方的资讯最为权威，尤为重要，家长一定随时关注。

（2）当地社会报纸的教育栏目。

（3）参加中招说明会、学校开放日和中招办网上咨询会等活动，每年4月份后这样的活动接踵而至。

（4）参加一些专业升学规划机构举办的中考讲座，自主招生、志愿填报讲座。

（5）初三家长会非常重要，班主任会随时把中招资讯、考试内容和孩子的学习情况等内容反馈给家长，方便家长更好地把握孩子的情况积极配合学校。

（6）中学发放的官方资料。

信息收集专员：

（1）统计孩子期中、期末、第一次模拟考试、第二次模拟考试四次大考的成绩以及排名，看与往年中考相比是在什么层次。

（2）了解现阶段孩子的学习能力、知识结构掌握情况及心理素质，以判断未来的成绩走势。

（3）确定孩子是否能得到一定的政策性加分。

（4）了解本校往年同位次学生的大致中考去向，以便作横向参考。

策略四：给出建议

（1）根据孩子第一次模拟考试和第二次模拟考试的成绩，和高中录取线来划定学校范围，并且要留有一定的余地。

（2）报志愿之前，一定要与班主任和主要科任老师沟通。因为他们最了解孩子的状态，如果孩子是发挥型的，志愿可以报得高一些，而有些孩子，心理负担比较重的，志愿可以相对保守一些。

小故事：

故事1：9月份开学前，依然的妈妈选择了辞职，打算全程陪考。尽管依然并没有这样要求，爸爸也不同意，但妈妈还是做了这样的决定，在她看来，只要依然能上一个好高中，有一个好前途，一切是值得的。从此，依然生活上的一切都被妈妈包办了，连爸爸也要靠边站。初三一年，妈妈起早贪黑、关怀备至、一心一意陪考。尽管如此，依然的成绩并不出色，这让他感到十分愧对妈妈的付出。

没有父母不希望孩子前途光明、事事走在人前，但是每个孩子性格不同，天资各异，很难完全达到父母的要求。更何况，中考本就是选拔性考试，本身就有一定难度。

竞争的增强，导致不少孩子和父母的期待值增高，影响孩子的心理健康。调查发现，与低期望值的考生比较，期望值过高的孩子容易出现焦虑、敌对、恐惧等心理问题。当父母的期望过高时，孩子会产生心理压力，如果他们没有达到父母的期望，就往往会有一种挫败感。

在很多家庭中，面对中考，父母表现得比孩子还要紧张，陪着孩子熬夜，无微不至地照顾孩子的生活，帮孩子选学校，替孩子填志愿，只是，这样做的效果并不见得就很好。有的孩子对父母的过度关注、包办代替极为反感；也有的孩子跟依然一样，愧疚给他们带来了新的压力。

故事2：在他人眼里，我的父母只是两个平平凡凡的教师，而对于我，他们的点点滴滴却足够让我受益终身。他们对我17年的教育，让我拥有了端正的学习态度，学会了自制，懂得了勤奋。他们在生活中为我树立了榜样。父亲曾经对我说，无论做什么，都要无愧于心。他们不用言语，只用实际行动，用生活中的点点滴滴，影响着我、感召着我，教会我如何学习、如何做人。

父亲是一个勤奋、追求上进的人，数学专业毕业的他，自学英语，已经能够做到双语教学，听BBC、进英语聊天室聊天，他那每天高涨的学习热情让我深有感触，也在潜移默化中，感召着我更加勤奋地去学习。

他们充分理解我，是我的精神支柱，毋庸置疑，备考冲刺是辛苦的，甚至在某种程度上是痛苦的，高三的学生难免会出现情绪波动。这个时候，作为父母哪怕是一句小小的鼓励或者安慰，都有助于我们平复心情，以便更好地学习。

学得烦躁时，他们耐心地听我发牢骚；考试考砸时，他们细心地安慰我。父母能做的或许只有这些，但这些却足够让我感受到父母无微不至的关爱，感受到在我背后有两个强大的精神支柱，助我在备考的之路上，坚持，坚持，再坚持。

结束语：

父母要打好太极，接住孩子的出招，将其转化为积极的能量，再推回去，做好"定海神针"。

如何抓住高一孩子的学习关键点

叶胜林

【课程简介】

孩子升入高一，进入了一个全新的学习阶段。需要适应的不仅是孩子，同时还有家长。通过本课的学习，帮助家长了解孩子从初三到高一面临的变化，内心可能受到的冲击和可能遇到的困难，以及在平时的生活中，懂得如何去观察、识别孩子发出的信号，从而帮助家长更好地理解孩子，给予孩子最合适的支持，帮助孩子稳健度过人生的关键一步。

【教学对象】

高一学生家长。

【教学目标】

帮助家长做好自身角色的定位和孩子入学适应的定位，带领家长预先了解孩子上高中后可能遇到的问题并了解相应的对策。

【教学过程】

（一）高一阶段孩子的困惑

1. 放不下的心理定位

一个孩子进入高中，对他来说第一个问题就是他的心理定位，他在高中里找不到自己的位置。我们知道高中是分流的，有重点高中、普通高中以及职业高中。一是进重点高中，孩子原来是班级前几名，现在一下子要落到年级中等甚至偏下，此时家长一定要放低期待。二是进普通高中，因为大家都是以很接近的分数考进来，孩子会找不到榜样，突然间不知道怎么做。三是进了职业高中，孩子会觉得自己是个失败者，这时，我们要思考，在这次受挫中怎样让他恢复，冷静帮助孩子摆正自己的位置，让他重新起步。

2. 住地的改变

初三在家：享受"无微不至"的照顾。

高一住校：寝室里有6个人，有的同学睡觉时可能打呼噜，生活习惯六人六样，公用洗手间诸多不方便——相互包容、彼此适应。

饭堂排长队打饭，但总会有饭吃的——不要太急躁。

自己洗衣服，从洗不干净到洗干净——生活需要磨炼。

早锻炼是规定动作，下午课外活动时间，可锻炼也可参加学校的社团活动，那是可以自选的——把身体养得棒棒的、头脑填得满满的，这很重要。

有点感冒发烧，自己去校医室看看——学会坚强。

内心有苦水，知道找同学、老师好好去吐一吐，心里有愁结，可以找心理老师聊一聊，学会寻求帮助——合适的帮助能让孩子顺利地走出困境。

总之，学会自己照顾好自己。

小结：集体生活诸多滋味，有时不免伤心，甚至落泪，但这都是成长！孩子在快乐与烦恼并存的情境下健康成长！

3. 完全不一样的班级

进了重点高中的孩子如是想：

初三：众星捧月。

我：学习成绩在班上数一数二，甚至在全年级都是名列前茅，我骄傲、我自豪。

同学对我：羡慕嫉妒恨。

老师对我：刮目相看，经常会投来赞许的目光。

高一：新班级里，高手如林。

我：班级里的普通一员，稍不努力，不要说名列前茅了，甚至……

同学对我：我不再是受捧的月，我成了捧月的星，其实不是我不优秀，而是这个新班级有更多优秀的小伙伴汇聚到了一起。

老师对我：不再投来赞许的目光，而是鼓励的话语，让我加油的目光。

小结：优越感没了，倒是有点小小的失落，何去何从？颓废沉沦不可取，静下心来勤奋努力是正道！用勤奋来创造实力，用实力来发展自己。

而进了普通高中或是职业高中的孩子呢？

情况又不一样了，这就需要孩子静下心来想，脚踏实地做。

4. 跨度太大的课堂

初三：传授知识，知识点分步讲解，不懂就问。

高一：学科思维越来越抽象，注重传授获取知识的方法、对问题的深度思考和思维品质的培养。没有思考不去问，抛开答案做练习。

5. 课后作业怎么回事

有人做过这样的比喻：

初中：

一节课教你和面，作业：和面；

一节课教你擀皮，作业：擀皮；

直到教会你包饺子，考试：包饺子。

高中：

一节课教会你包饺子，作业：回家蒸包子；考试：烙馅饼。

小结：你要学会举一反三，找到不同和相同的规律。高中靠思维吃饭。

在课堂十分专注的前提下，课后3个小时的学习时间如何保证？早上起来早一点，晚上睡得晚一点，闲散时间抓紧点。

温馨提示：智能手机，对于高一阶段的孩子来讲，虽然带来一点点小小的方便，但总体来讲，它就是个让人玩物丧志的"物"。

6. 新高考带来的冲击

实行统一高考和高中学业水平考试（以下简称高中学考）相结合，考生自主确定选考科目，高校确定专业选考科目及其他选拔条件要求，综合评价，择优录取。

必考科目：语文、数学、外语3门。

选考科目：考生根据本人兴趣特长和拟报考学校及专业的要求，从历史、物理中选1科，从思想政治、地理、化学、生物中选择两科作为高考选考科目。

如何应对：

（1）静下心来扎实学习每一门课。

（2）自我发现兴趣和专长。

（3）做点生涯规划的文章和职业取向的探索。

（4）慎重选科。

（二）给家长的建议

1. 认可

（1）对孩子现状的认可。

（2）对孩子遇到困难的认可。

（3）对孩子努力细节的认可。

2. 关注

关注点1：孩子在新环境里（新学校、新老师、新同学）的人际交往

礼貌——对人的尊重。

坦诚——心与心的交流。

己所不欲，勿施于人——修养。

与人沟通——不要把什么都压在心底，这很不利己；沟通是化解矛盾的最有效方法；沟通可以学人所长，并交到知心朋友。

关注点2：孩子的生活自理能力

积极的生活态度（内心充满阳光）：

（1）良好的生活习惯（表现出来的就是一个人的精神面貌）。

（2）料理自己生活的能力（基本能够管理自己的吃喝拉撒睡）。

（3）关心、体贴、帮助他人（我为人人）。

（4）生活的抗挫折能力（跌倒了，自己爬起来，继续前行）。

关注点3：学业

生涯规划和未来职业取向：

（1）近期目标、远期目标。

（2）学习态度（积极与否、原因所在）。

（3）学习方法（能否成功适应高中的课程学习、借必要的力量予以帮助）。

（4）学习能力（自学习惯、专注度、思维深度及思维品质）。

（5）学习成绩（水到渠成的结果，它折射学习过程中的经验和问题）。

关注点4：情绪与心理

3. 心理特点

（1）情绪容易脱缰。

高一阶段的孩子，理智的结构基础（大脑皮层）依然发育稚嫩，年少亢奋的情绪，容易脱离理智的控制，适度的宣泄，可以缓解内心矛盾的冲突，可以降火，可以平抑冲动。

（2）心理容易闭锁。

我们常常看到一个现象：当我们在课堂上提出一个问题时，小学生没太明白问题的，也会积极地举手回答，初中生明白了问题的，可能才会举手回答，而到了高中，孩子即便明白了问题，除非你点到他，否则他不会那么积极地举手回答问题。从这个角度可以看出进入高中的孩子更愿意自我关闭心理的门扉，这样造成了别人更难走进他的内心世界，这也让教育进入一个困难期。

（3）认识容易偏激。

有句俗语："一桶水不响，半桶水晃荡。"高一阶段的孩子，已经经过九年义务教育，具备了一定的知识储备，积累了一定的经验。然而，他们所掌握的知识和积累的经验还比较肤浅，跟不上他们活跃的思维和幼稚的自信，结果会导致他们在一些问题的认识上存在片面性，甚至偏激，并在一定程度上显得执拗，听不进同伴的言论，甚至对老师和家长的话语往往也是将信将疑。

（4）行为倾向独立。

个别男孩儿扎着小辫子，追求外在的标新立异；少数女孩儿，描眉毛涂口红，把自己打扮得与众不同；有些孩子，参与网络上的一些商业活动以获取一些小的利益；还有一些孩子早恋；等等。这些现象客观地反映，进入高中的孩子，独立意识开始增强，他们慢慢开始追求思想的独立和行为的独立。一方面他们渴求获得老师、家长和同学的尊重；另一方面他们又经常性地自作主张，变得不是那么的"唯命是从"。当然，相当一部分孩子在追求独立方面，如果没有制度或他人的约束的话，可能会产生较大的偏差。

如何帮助高二孩子缓解考试焦虑

周 德

【课例简介】

高二是一个容易出现动荡和茫然的时期。一旦遇到挫折，特别是考试中受到打击，孩子就会自我怀疑，产生焦虑。其中部分孩子感到在学习上两极分化日益明显、偏科现象严重，孤独感和焦虑感较强。在这种情况下，家长摆正心态，有效引导非常关键。本课从家长篇和学生篇两个视角，指导家长如何帮助孩子。

【教学对象】

高二学生家长。

【教学目标】

高二是孩子学业成绩分化明显的年级，面对孩子成绩的起伏，家长需要有平常的心态和有效的辅导方式，本课通过具体的分析与实际操作指导，让家长掌握有效的方法帮助孩子缓解考试焦虑。

家长篇：

（一）为什么会焦虑

有学者有这样的观点：蒸汽机时代来临，变革了生产方式，人类焦虑了几十年；电动机时代来临，再一次变革了生产方式，人类再一次焦虑了几十年。当前，信息、数据、人工智能时代来临，人类再次陷入了焦虑期。当前是人类历史的第三次焦虑期。焦虑的来源在于这种巨大的变化，带来的直接感受就是对一切的不确定。

此前我们对孩子的人生轨迹基本上有一个预期，但是现在，这个社会变化太快了。对于将来，到底什么样的孩子才能够更好地适应这个社会，大家心里都没底，所以这个让大家特别焦虑。假如不确定性让我们有了焦虑的底色的话，那接下来的几种情况有可能就是让家长感受深刻的教育焦虑源。

1. 向上流动

改革开放四十多年来，中国社会取得了巨大的成就。社会各阶层习惯了这种向上流动的速度，教育是这种向上流动的路径依赖。在我那一代人的成长故事中，社会结构是开放的，有一个比父母更好的未来是一个自然而然的事情，很精准的比喻，那一代人就好像踏上自动上升的扶梯，站上去就能自动往上升。而现在孩子这一代还是这样吗？

2. 不允许失败，不接受平庸

独生子女家庭或者少子女家庭，教育是唯一的期望，不允许失败，甚至不接受平庸。教育筛选功能大于培育功能。教育过分强调"最好"。"最好"意味着存在"位置性的商品"，物以稀为贵，拥有者越少，它的符号效应越强，它能让"好"变得糟糕。操心的父母，化身成教育经济人，以爱的名义帮孩子构建最优课程组合。这真是孩子需要的吗？

3. 贩卖焦虑

你的同龄人正在抛弃你。总会有一些培训机构宣称今年增加了多少考生，录取变得多么难。然后家长和考生都按捺不住，报补习班，买试卷，竭尽所能。辅导机构完全无视学校的存在，竞争成了主旋律。但这是真相吗？

各种教育迷思，让我们很费解。赋予教育太多的功能，赋予孩子成绩太多功能了，当所有的这些功能最终落脚点在一次次考试成绩表现的期待上，于是我们发现，焦虑了。

我必须强调教育的有限性，不能强迫教育去解决社会结构的问题。教育与社会之间的关系如同月亮从属于太阳一样，社会结构决定了教育制度，教育很难去解决社会的根本问题。正确认识教育的限度，才能明确教育的真正作用，教育使人安其所、遂其生，奠定一个社会内在的秩序与团结，不应该被异化为利益分配的工具、阶层逆袭的杠杆。

（1）学以致用——用以致学

居里夫人和牛顿学什么专业？从事什么职业？马云和任正非学什么专业？

从事什么职业？以前的很多经验、很多路径依赖和习惯，也许在今天的挑战面前，都要被重新思考。我们发现：人是被问题激活的，以个体的生命历程为纬，以真实的生活空间为经，在一个个迫切且具体的问题的解答中不断积累成就。因此，终身学习已贯穿人的一生，学习成为终身的操练，不再只是青少年的前期装备。

（2）人力资源——人格资本

之前，我们相信人力资本这个概念，它更多的是看你学什么，你能做什么。今天，我们相信的是人格资本这个概念，它更多的是看你是谁，告诉我们你的故事，用你的简历、履历呈现一个立体的你。你是谁决定你能做什么，它更多的是你的驱动力，你的进取心，你的个人特质、个人兴趣。有非常敏锐的观察力，明白在什么场合可以非常微妙地融入，不卑不亢，得体大方。这是教育中育人的部分，其实教育当中最难的远远不是知识的习得，而是人性的培植。人格资本的内涵不止于学历加核心技能，而是一个自我、权力、社会资本与地位冲突等多重逻辑的建构。

（3）客观标准——主观感受

注重体验，即主观感受，淡化主观的、横向的成功标准，在对差异的承认与尊重的基础上，肯定每一个人的进步。教育最重要的功能是认识自己，自知者明，自胜者强。在内省的个人目标和社会标准之间选择前者。

教育有它独特的功能，教育培植人性、安顿人心、奠定社会基本的秩序，教育是专业领域。如果教育不再有专业的门槛、专业的权威，而成为一个各种力量均可博弈的场域，如果教育听任各种舆论、意见、冲突的民意，那么教育内部的逻辑会被搞乱，我们家长的内心也会被搞乱。

学生篇：

（二）焦虑的原因

1. 心理控制源

父母焦虑会经常表现出给孩子过多的压力以及表现出好像这个事情做不好就要大难临头一样，这样很容易把焦虑这种情绪传递给孩子，让孩子也觉得是不是自己以后也经常出问题。所以他也会焦虑，过得战战兢兢。

父母过于焦虑，经常会判断出错，会把一个小的威胁当成一个大的威胁来应对，把生活中更重要的事情给忽略掉了。举个简单的例子，就是会过多看重那些可以比较的指标，如孩子的成绩或者钢琴弹得怎么样。不可比较的指标就会被父母直接忽略掉了，如交朋友的能力，这个对孩子将来的发展至关重要。

2. 考试动机和自我期望

高中生自我意识逐渐增强，随着年龄的增长和知识的增加，对当前生存、择业的竞争已有一定的认识，同时也能感受到目前的学习成绩会直接影响到将来的竞争力和发展机遇。但是这种自我意识有时候又不明确，容易对自己的能力估计过高，这样就容易导致自我期待过高。这种过高的期待会使高中生对一些重要的考试过分看重，因此会过于担心考试失败带来的可怕后果，从而造成情绪高度紧张、焦虑。

3. 知识准备和应试技能

如果考生没有扎实的基本功，对考试的难度和自己掌握知识的程度没有足够的认识，考前没有合理安排好复习计划，准备不充分，盲目应试，再加上对自己的期待过高，这样在考场上就会紧张。

（三）考试焦虑表现

在考试之前、考试过程中或考试之后出现的生理心理反应，导致学习效率降低，阻碍考试正常发挥，影响身心健康的不良情绪就是考试焦虑。高度考试焦虑的学生在考试之前、考试过程中、考试之后出现如下反应。

1. 在考试之前

第一种，只顾发愁，自己整个人都被忧愁吞噬了，书看得少，题做得少，但忧愁一点儿都不少。焦虑是压力前的最常见情绪。

第二种，情绪上体现为没劲，或者说惰怠。不想学、学习没动力，也有的出现各种逃避行为（拖延、逃学、上网等）。

第三种，紧张、心神不宁、失眠健忘，无缘无故地愤怒、腹泻、发烧等症状。

2. 在考试过程中

进考场之前提心吊胆、惶恐不安、频频上厕所，有的还因过度紧张而忘记带考试所需的证件、文具等；进考场后心慌气短、呼吸急促、浑身出汗、大脑一片空白、思维肤浅、判断力下降、看不清题目、看错题目、丢题落题、手脚冰凉、手不听使唤、发抖、动作僵硬、多余动作增加、出现笔误。

3. 在考试之后

由于考场发挥不好，深深陷入惋惜和自责之中，不能从考试的状态中解脱出来，直到考下一科还在后悔上一科不该错的题，影响了其他科目的考试。有许多高度考试焦虑的学生高考结束之后并不轻松，不敢出门、不愿见人，严重者长时间闭门不出，甚至导致抑郁、自杀等意外事件发生。

（四）如何帮助孩子放松

1. 正向的语言引导

考前紧张非常常见，家长往往会告诉孩子别紧张，但却是正确的废话，不说还好，说了往往让孩子更关注自己的紧张，越告诉自己别紧张，反而越紧张，就好像打开紧张开关，一发不可收拾。放松和别紧张，二者有点区别，第一，家长不带上那两字，不提醒孩子紧张，家长自然放松。第二，更重要的区别是，家长只让孩子别紧张，可没有教给孩子方法，而教孩子如何放松，这些方法简单易学。

2. 腹式呼吸

紧张一个明显的生理症状就是心慌气短，做几个深呼吸，立刻能缓解，因为心慌气短就是心跳加快，呼吸变得急促，那就是交感神经兴奋，而做深呼吸是副交感神经兴奋，立刻就把它抑制了，既简单又管用。做几个深呼吸，不但呼吸会变匀，心跳也会减慢。

3. 数绵羊

数数其实就是让你的意念集中，排除杂念。最好数自己的呼吸，让呼吸慢下来，数数也慢下来，每喘一口气，一个数，1、2、3、4、5、5、4、3、2、1，这么反复数，慢慢就入睡了。如果把数字不停地数下去，数到几千几万，当然会越数越兴奋，越数越着急。数来数去就用五个数，既不用脑子，也不会着急，慢慢就静下来。数羊时脑子里一定要浮现出羊的形象。

4. 接纳失眠

如果躺下睡不着，不要老翻身，要平静地面对，既来之则安之，没有睡着就没有睡着，人有时候会失眠的，没关系，特别是青少年，偶尔的失眠，根本不影响第二天的状态。很多人说整夜睡不着，其实断断续续还是睡了一些，只不过迷迷糊糊睡不实而已。人的潜能很大，偶尔一夜不睡觉，对考试成绩不会有太大影响，我们调查过，高考状元在考试那几天也有失眠的状况，但依然考得很好。

如何做好高三学生填报志愿的指导

张 丽

【课例简介】

填报志愿是高三学生的一个考验，也是一个家庭的挑战。家长理应当好参谋，注重收集、整理、分析各种招生录取信息，多与孩子沟通。当家长与孩子的观点发生冲突时，家长应该用自己丰富的社会经验、人生阅历甚至失败的教训去说服孩子，引导孩子正确认识自己、正视现实，扬长避短，选择适合孩子自身发展的院校和专业。

【教学对象】

高三学生家长。

【教学目标】

根据当前学生家长填报志愿的迷茫状态，结合当下新高考及生涯规划的大视域，帮助家长了解高考志愿填报的基本信息，厘清高考志愿填报的基本逻辑，让家长首先树立生涯规划的意识，并能有意识地将生涯规划与学生当前的学业规划和家庭教育有效地结合起来。

【教学过程】

（一）引言

亲爱的各位家长，今天非常荣幸与各位一起分享"基于生涯规划视域下的高考志愿填报"的话题。在讲座开始之前，我们先看看广东省2019年普通高校招生考生志愿填报日程表。

广东省2019年普通高校招生考生志愿填报日程表展示：

广东省2019年普通高校招生考生志愿填报日程

高考分数线公布：6月24日10：00

放榜时间：6月24日11：30—12：00

填报志愿时间：6月25日—7月2日

从日程表可见，从高考分数线公布到志愿填报结束，仅仅9天时间，时间紧迫，留给学生和家长的时间与空间都是极其有限的。这个时候将会出现如漫画一样的境况：学生满脑子关于志愿填报的想法，但是一团糨糊，没有章法；家人围在孩子周围，虽然想帮忙出主意，但是发现脑子是空白的，没有任何的指导方向。

（二）基于生涯规划视域下的高考志愿填报逻辑（图1）

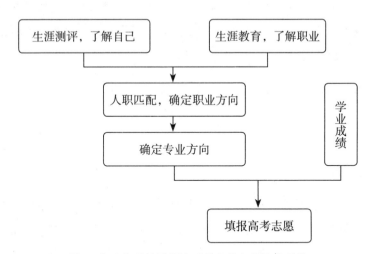

图1　基于生涯规划视域下的高考志愿填报逻辑

（三）讲解生涯规划视域下的高考志愿填报逻辑各要素

1.生涯测评，了解自己

生涯测评的主要工具和主要测评方向如下（图2）：

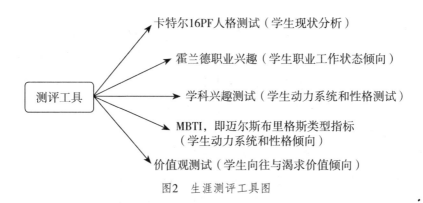

图2　生涯测评工具图

测评工具的作用是测评，我们需要对测评的结果进行客观和辩证的解读，多个测评工具的使用是多角度考量学生的需要。多个测评结果和测评解读的相互校正，能有效地提高每个测评结果的信度和效度。

测评的目的能够有效地了解学生的兴趣倾向、能力倾向和价值倾向。

2. 生涯教育，了解职业

学生了解了自己的兴趣倾向、能力倾向和价值倾向后，还需要了解职业。学生和家长需要一定的时间与空间去了解相关职业。现提供几条操作性较强的途径（图3），学生和家长可以尝试：

1. 职业体验夏令营、冬令营

2. 学校组织，走进企事业单位

3. 通过媒体了解传统职业的新发展及新兴职业

4. 利用家庭资源，了解职业的真实状态

5. 单位的公众开放日

6. 职业体验中心

图3　生涯教育参考图

3. 人职匹配

学生和家长了解了职业之后，并不是一定要确定某个职业，但是可以确定职业的发展方向。在变化频率快速的时代中，会出现需要不断调整职业的状况。因此，开放的职业观和终身的学习观才是职业生涯的正解，拥有了这两项意识和能力，才能在职业生涯中不断地实现自我价值和社会价值。

4. 专业方向

学生和家长了解高校专业的路径主要有两个：第一条途径是查阅各高校官网对专业的详尽介绍。通过高校的官网，我们能对专业的历史、前景、师资、培养模式、课程设置、学习环境及社团等有全景式、权威式的了解。第二条途径是实地考察，学生和家长可以通过到大学去，跟大学相关专业的学生聊天了解更真实的专业学习情况。

目前具有前景的专业有如下几类：

（1）农业类专业。

（2）IT、通信、动力、汽车工程及材料学。

（3）环境类专业。

（4）人工智能、工业设计。

（5）国际贸易相关专业。

（6）经济、金融类专业。

（7）土木工程类相关专业。

（8）教育类相关专业。

（9）医学类相关专业。

（10）新闻传播类专业。

大湾区的前景专业有如下几类：

（1）人工智能、物联网、互联网、数据分析。

（2）法律、财会、金融、商业分析等专业服务。

（3）高端服务业：旅游、酒店、娱乐、医疗、体育。

（4）物流行业、国际贸易、供应链、交通运输。

（5）教育、心理学、社会学、文化产业。

5. 院校选择

院校的选择也需要学生和家长花费一定的时间与空间去了解。在选择院校的时候，有如下几个因素可供大家参考（图4）：

历史与名气	地理位置	校园人际关系
● 校友关系圈 ● 师资 ● 社会关系	● 视野与信息量 ● 实习机会 ● 人脉关系圈	● 大学适应能力 ● 未来精英人脉圈 ● 大学生活愉悦度
师资配备	校园环境	校园文化氛围
● 研究项目获取 ● 实验设备配置 ● 社会关系圈	● 学生适应能力 ● 生活质量 ● 安全性	● 学生软素质培养 ● 积极性和活跃度 ● 人际关系圈子

图4　因素参考图

6. 志愿填报关键词

（1）一个官网/官微：广东省考试院。

（2）两本书：《广东省2019年普通高等学校招生专业目录》（文科艺术版或理科体育版）、《广东省2019年普通高等学校志愿填报指南》。

（3）两个分数线。

投档线：以院校为单位，按招生院校同一科类（如文科或理科）招生计划数的一定比例（投档比例1∶1.2以内），在对第一志愿投档过程中自然形成的院校调档最低成绩标准。每一所院校都有自己的投档分数线，简称投档线。

录取分数线：招生院校按计划录取完成后的最低分数线或分专业最低分数线。

举例：

一高校某专业计划招生30人，省招办按招生计划数的1.2倍（30×1.2）需投档36份，计算机将报考考生按招投总分从高分到低分排序，排序在第36位考生的招投总分即该专业的投档线。择优录取其中30人，这被录取的30人中，排名第30位的考生的分数即录取分数线。

（4）两种志愿。

平行志愿：在所填的志愿范畴之内，可以有多个高校，它们都处在同一个批次，都处于一个平等的地位。平行志愿在投档的时候，遵行的规则有三个：分数优先、遵循志愿、一次投档。

顺序志愿：先录取第一志愿，然后在第一志愿没有录取完的情况下，再录取第二志愿。顺序志愿遵循的是志愿优先。

举例：

一名考生，志愿填报了6所高校，在招生录取的时候，首先按照分数优先的次序来排，高分考生被排在前面，低分考生被排在后面，进行一次性投档。如果你的成绩在系统检索的时候，刚好才检索到第一所高校，你就达到了这所高校的投档条件了，而且，这所高校刚好还有招生计划，系统就会把你的档案投递给这所高校。如果第一所高校不符合，系统会继续检索，只要达到投档线又有名额，系统就会把你的档案投出去。只要你已经被投档了，系统就会停止检索。

一名考生将清华大学作为第一志愿，把北京大学作为第二志愿，但是并没有被清华大学录取，与此同时，北京大学录取第一志愿的时候，就把所有的名额都录取满了。在这种情况下，哪怕该考生的分数达到了北京大学的录取分数线，也没有办法被北京大学录取。

（5）两个梯度。

①同一批次内各院校录取分数之间的差距。

②同一院校的几个志愿专业录取分数之间的差距。

（四）志愿填报需要处理好的几组关系

（1）学生的兴趣倾向、能力倾向、价值倾向是基础。

（2）家长的物质资源、职场资源、人脉资源是助力。

（3）最关键的因素是高考成绩。

（五）新高考下的录取变化（《广东高考综合改革实施方案解读50问》）

1. 录取方式有什么变化？

从2021年起，普通本科高校招生主要安排在夏季进行，夏季高考依据统一高考成绩和高中学业水平选择性考试科目成绩，参考综合素质评价进行录取，以"院校专业组"方式实行平行志愿投档，即按照物理、历史科目，分别编制专业招生计划，分开划线、分开投档、分开录取。

2. 招生录取志愿设置有什么变化？

高考综合改革后，普通高校招生录取志愿设置将主要采用"院校专业组"的组合方式，实行平行志愿投档录取。具体志愿填报方式和投档录取模式于2021年公布。

3. 什么是"院校专业组"的志愿组合方式？

院校专业组是指将一所院校选考科目要求相同的若干个专业合成一个组，每个组内可包含数量不等的专业，一所院校可设置多个"院校专业组"，以"院校专业组"为单位进行投档录取。

以A大学为例，有20个招生专业，现行高考只有1个院校代码，只是文、理科分开。按新高考方案，A大学首先是按照物理和历史分开，假如要求选考历史的有8个专业，选考物理的有12个专业，分开之后，再根据思想政治、地理、化学、生物学4门选考科目要求来组合，选考科目要求相同的为1个组。

如果8个历史专业中有3个专业要求选考科目为历史+政治，另外5个专业要求选考科目为历史+地理，那么8个选考历史的专业就有2个院校专业组。

以此类推，假如12个选考物理的专业分成3个院校专业组，那么A大学20个招生专业就一共分成5个院校专业组，也就是说A大学是有5个院校志愿单位，提供5个院校代码供考生选择填报。

4. "院校专业组"的志愿填报有何优势？

自2021年起，夏季高考采用"院校专业组"的志愿填报和招生录取方式，与现在有所不同。以A大学为例，假设有20个招生专业，现在的高考模式录取方式是A大学就是1个院校志愿单位，提供1个院校代码，当你填报了A大学且达到了分数线，你就可以进入A大学，在A大学里面你还可以填6个专业及1个是否服从专业调剂选项。改革后，实行院校专业组志愿组合方式，如果A大学20个招生专业分成了5个院校专业组，就是有5个院校志愿单位，有5个代码供考生填报，录取时，A大学就有5个分数线，不像现在1个院校只有1个分数线。由上可知，"院校专业组"意味着考生可以按照自己的兴趣特长，优先从专业角度选择高校并填报志愿。与现在的志愿填报和录取方式相比，它的主要优势是扩大学生选择权，提高志愿满意度和满足率。

（六）结语

高考志愿的填报与学生的职业发展有直接的关系，也是学生生涯规划的重要组成部分和关键节点，值得每位学生和家长尽早了解，尽早落实与高考志愿填报相关要素的内容。愿每位学生都能选对专业，选择合适的院校，走好职场的第一步。

如何培养孩子独立写作业的习惯

【课例简介】

本人从多年的教育教学实践中，发现父母包办代替的做法很严重，导致低年级孩子的责任意识很薄弱，已经上学快一学期了，还不会收拾整理文具，不能独立完成作业，经常丢三落四。本课例以案例导引的方式针对孩子存在的问题剖析导致孩子问题的原因，并提出改进策略。

【教学对象】

小学一、二年级学生家长。

【教学目标】

改善低年级孩子由于家长包办代替、过度溺爱造成的不良学习习惯，如不自觉写作业、忘带作业、自理能力差等。通过生动的案例、实操的指导，使家长改变教养方式，培养孩子良好的学习习惯和自理能力。

【教学重点】

启发家长反思自己的教育行为和缺失，学习有效地培养孩子良好学习习惯的途径。

【教学过程】

（一）情境导入

（1）展示孩子上学、父母焦虑以及耐心培养孩子好习惯的画面。

（2）问题调查并现场统计：①孩子每天的作业是自觉完成的，还是需要你提醒才做呢？②孩子每天的作业是独立完成的，还是需要父母在旁辅导才能完成呢？③孩子每天做完作业是自己检查，还是交给父母检查呢？④孩子的文具是他自己收拾，还是父母帮忙收拾呢？⑤每个问题都是现场统计。

（二）案例分析

案例呈现：

明明是一个聪明活泼的孩子，但他有个毛病，就是经常丢三落四并总爱找各种借口为自己辩护。例如，作业没完成，老师问原因，他就说昨天妈妈很晚回来没告诉他要做什么作业。每当老师把情况告诉家长，家长马上说："对不起，老师，是我不对，我昨晚回来晚了，没有告诉孩子作业……"

问题分析：像明明这样习惯在别人身上找原因的孩子非常多，这类问题在于家长包办太多，导致孩子没有责任心。

（1）父母过于宠爱，培养了孩子的自我中心意识。

今天的少年儿童是新世纪的一代，是我们每个家庭的希望，更是国家的未来。这代孩子是在国家经济高速发展、物质条件优越与父母过于宠爱的家庭环境中长大的。他们凡事以自我为中心，缺乏主动承担责任的意识，对集体不关心，甚少考虑他人，遇到困难容易退缩、推责，对自己要求不高。

（2）父母包办代替过多，孩子依赖性强。

孩子任性自私，不懂关心父母、他人及班集体的荣誉，责任感差，不爱护环境，破坏公物，纪律意识薄弱，生活自理能力差等。

父母从小事事包办代替，孩子就是家里"小皇帝""小公主"。孩子上学后，家长更是忙于孩子学习上的各种事情，如每天替孩子整理书包、削铅笔、辅导作业和检查作业、背书包、拿水壶等。不管是学习上还是生活上，家长能做的都做了，就像全职保姆，忙得不亦乐乎。可以说，我们的家长极其负责。但孩子渐渐就感觉学习好像是父母的事，缺乏学习主人翁的意识。父母、祖父母宠爱有加，孩子没有义务可尽，从小就缺乏锻炼、承担的机会，责任感缺乏。

难点是孩子从小就习惯什么都由父母做，认为父母做是应该的。

（3）几种让孩子养成依赖性和惰性的错误做法：

① 家长与孩子缺乏有效的沟通，习惯于简单的唠叨、提醒，孩子缺乏规则意识。

② 家长给孩子提供依赖的条件。

③ 家长不坚持原则，孩子的懒惰习惯难以改变。

难点是父母已经习惯简单唠叨的教育方式，明知道对孩子不好，也难以改变。

责任心是人格的重要组成部分，一个有责任感的人会勇敢地承担起对父母、对他人、对社会的责任，并会尽最大努力把应该办的事情办好。而一个没有责任感的人，则会逃避自己的责任和义务，遇到问题找借口脱责，容易随波逐流、无所事事。

（三）指导建议及操作方法

要培养孩子的责任感，必须从小或从小事就培养孩子的责任意识。要培养孩子的责任感，可从多方面入手，如学习方面、生活自理方面、交通安全方面、社会行为方面以及公共道德方面等。今天，我们首先谈谈如何培养孩子对自己学习任务的责任意识。

1. 家长积极引导孩子认识学习任务是他自己的分内事

（1）心理准备。

入学前，家长要与孩子交流，引导孩子认识入读一年级将会面临哪些学习任务，让他对自己将要面临的学习任务有一定的心理准备和认知。

（2）鼓励孩子独立承担。

入学后的一两个星期，家长应根据对学校学习任务及孩子对学校的学习生活的适应情况的了解，及时跟孩子沟通，引导孩子进一步对各项学习任务的认识与承担，鼓励孩子认真完成学习任务，让孩子渐渐认识到学习是他自己的事，要努力成为学习的小主人。

引用美国"心理学之父"威廉·詹姆斯的名言："人性最深刻的原则是渴望得到赏识。"

小结：孩子需要鼓励，就像植物需要水，缺乏鼓励的孩子缺乏安全感与归属感。

难点是父母没有意识到孩子对于新学习任务的心理准备及认识的重要性。

（3）忽视对孩子进行学习任务的了解与承担的教育所产生的不良影响。

① 孩子入学后，对所面临的学习任务没有任何了解和认识，难以进入学习主人翁的角色。

② 懵懵懂懂地跟着家长的指令做，被动参与。

③ 缺乏主动性，难以培养责任感。

因此，让孩子熟知学习任务与认识自己的学习责任是孩子入学前期的第一要事。

难点是孩子缺乏对学习的认识和学习的主动性。

2. 培养孩子责任意识，从四个方面进行训练和指导

（1）指导孩子学会整理书本及文具。

家长应教会孩子整理书包及书桌的学习用品，学会有条理地做事。

① 指导孩子将书桌或书包里各科书本按照大小和类别进行有序摆放（语文、数学、英语书相对集中；音乐、美术、科学书相对集中）。

② 指导孩子将书桌上的作业本按照大小和类别进行有序摆放（如语文用的生字本、田字本、练习册相对集中；数学用数学本、练习册相对集中）。

③ 指导孩子将书包或书桌上的文具有序摆放在文具盒内（如铅笔、橡皮、尺子等）。

④ 指导孩子将书桌上已经归类的学习用品、书、本子等文具有序放入书包。

⑤ 向孩子展示书桌、柜筒、文具摆放整齐与凌乱的图片。

难点是孩子从小缺乏动手操作及整理文具的技巧训练，必须经过父母持之以恒的指导。父母没有认识到让孩子自己整理学习文具对培养孩子责任感的重要性。

教孩子整理书包"三步教学法"：①家长先做一次示范表演，让孩子在一旁仔细观察；②家长和孩子再一起做一遍，发现孩子做得不对时及时予以纠正，必要时要手把手地教些复杂的动作；③放手让孩子独立去做一遍，大人在一旁观察指导。如果孩子做得好，家长要及时鼓励。如果孩子总做不好，家长切不可性急，更不能谩骂或挖苦，要以鼓励为主，肯定他做得好的方面，在此基础上指出不足之处，使孩子感到自己再加把劲就可以做好。这样的教育方法不仅可以锻炼孩子的自理能力，而且极大地增强孩子的自信心，对促进孩子身心发展将产生积极作用。

难点是父母要有耐心并持之以恒地训练孩子整理书包，不随便包办。

（2）培养孩子自己抄作业的习惯。

几种常见的现象：①孩子每天不抄作业，都等着回家看家长的信息；②家长每天拿出手机信息，告诉孩子今天的各科作业是什么。

孩子不能养成自觉抄作业的原因：①家长本身缺乏原则性，觉得完成作业比严格督促孩子履行责任重要；②家长忽视了从小事做起的重要性，导致家长的行为经常"越位"；③家长本身都不重视培养孩子抄作业的习惯。

难点是父母本身就不认为孩子应该自己抄作业。

引导认识，让孩子理解抄作业是自己的分内事。①分清责任，坚持原则；②让孩子接受自然的惩罚。

小结：抄作业这个行为看似小事，但可以看出孩子对学习任务的承担及学习习惯的养成问题。

（3）鼓励孩子独立完成作业。

从孩子入学后，家长就应该规定孩子在家的学习时间和规则，鼓励孩子独立完成作业。

① 固定做作业的时间，使孩子每天一回到家就能自觉做作业。

② 要求孩子遇到不懂的题时，自己先读题三遍，经过思考确实不明白，再请教父母。

③ 引导孩子再读题、再思考，最终还是让孩子自己解决问题。

④ 家长要及时肯定孩子爱思考的精神，让孩子有成功的体验，树立独立解决问题的意识，也增强学习的信心。

难点是刚开始实施时，家长必须抽出时间陪伴，遇到孩子不懂时不能提前告诉孩子。

（4）培养孩子自己检查作业的习惯。

第一，明确责任，不越位。

为了让孩子养成对学习负责的习惯，教师、家长应从孩子入学学习开始，要求孩子每天做完作业后自己检查。

第二，教会孩子一些检查作业的方法。

恰当的做法是，首先，家长应该明确告诉孩子，检查作业是他自己的责任，做完作业后应自己检查完再找父母签名；其次，家长应教会孩子一些检查作业的方法：

①重读题目，理解题意，查看答案是否与题意一致。举例说明并图片展示。

例如，数学方面：题目是求总数，但求出的总数却比部分数还少，说明解题方法错了，这时就要重读题目，理解题意，重新解答。

②重读题目，检查是否有看错或抄错的地方。

第三，父母注意查看已批改的作业，了解孩子是否已把错题订正及对错题是否真正理解。例如，让孩子说说他是怎么想的，为什么这样解答。

这样做的好处：

① 让孩子自己承担检查作业的责任，当教师评讲错题时，孩子也会认真听。

② 让孩子讲讲错题解答的理由，培养了孩子认真思考的习惯，并锻炼了孩子的表达能力。

引导父母思考：父母每天在辅导孩子学习时要常思考，自己的行为是要给孩子不同的途径和机会，让他们找到自己的强项和长处，还是阻碍了孩子发掘自己的能力和优点呢？

难点是刚开始时孩子检查作业的能力还比较弱，经常没检查出错误来，需要父母指导。

作业七步法：

① 了解孩子每天做作业的大体时间，然后告诉孩子今后用定时响铃的闹钟去管理自己。

② 与孩子商量家庭作业是饭前做还是饭后做，定下之后就坚决执行，无论有什么诱惑都不改变。

③ 作业前三先：先大小便，先喝水，先洗手。做作业时不再处理任何琐事。

④ 做作业前把桌上的无关物件一扫而光放在预备好的纸箱中，不使孩子分心。桌上只放课本、字典、本子、尺子、圆规、铅笔等有关文具，做作业时不再因找东西、削铅笔而耽误时间。

⑤ 准备好台灯放在左侧，打开窗户让室内空气流通，家中保持安静，孩子做作业时不受干扰。

⑥ 告诉孩子先做会做的，不会做的先放下，等其他题目做完再攻克，实在不会做的才可以问家长或打电话问同学。一般先做数学作业，再做语文作业，最后做英语作业，每做完一种作业便收拾起来，闭目养神一分钟准备做第二种作业。

⑦ 要求孩子做作业前端正坐在桌旁，检查握笔、坐姿，然后让孩子闭目深呼吸一分钟使氧气顶到大脑，并自我暗示：一定要按时做完，一定能按时做完。

（5）定期小结与鼓励。

要培养孩子对学习负责的态度，家长除了认真学习并按照以上四点去实践外，还应该进行定期小结与鼓励。

①定期跟孩子一起小结在一段时间内的整理文具、抄作业、做作业、检查作业四个方面的表现，指出哪项任务做得最好，哪项任务做得还很不够，今后如何改进。

②根据以上四项任务列个表格，每天做得较好的、达到要求的，给孩子贴红花或星星等贴纸，贴纸总数达到几个就可以换个奖励。

③家长可以把这个做法与孩子的好表现告知班主任老师，争取家校合作，让孩子的好表现同时得到家长、老师及同学的肯定，将会大大地增强孩子的自信，使孩子的好习惯得到巩固和强化。

难点是父母坚持每周小结考验父母的耐性和根据孩子实践表现做出调整的能力。

孩子书写马虎怎么办：

①父母不能着急代替把错误擦掉。

②在作业中寻找写得漂亮的字进行鼓励。

③仔细观察，抓住孩子书写中的认真态度进行鼓励。

拍下孩子认真做作业的样子发给老师或家人朋友看看。

（四）结语

低年级是养成习惯的重要阶段，家长切不可大意，良好的习惯是孩子健康成长的基石！

如何激发孩子的学习动力

严怡婷

【教学目标】

了解孩子学习的动力从哪里来，家长如何激发、呵护，帮助孩子学会保持，让孩子化动力为实质行动。

【教学对象】

小学生家长。

【教学过程】

（一）案例呈现

小健每天上学迟到，上课不专心听讲，不按时完成作业，在家经常跟母亲顶撞，在校不接受老师、同学的建议。每当老师或同学指出其错误行为或缺点后，他回到家便告诉妈妈，说老师为难他，同学欺负他。这位妈妈也常认为是老师错怪孩子，同学欺负其儿子，并处处袒护孩子。小健慢慢变得心灵脆弱，并无心学习，成绩一落千丈，后来发展到放弃学习，经常上课没书、没笔，也不参与课堂的学习活动。

案例分析：学习动力是激发、维持学生学习行为并使之指向一定学业目标的一种动力倾向，是推动学生进行学习的一种内部动力。学习动力包含外在动力和内在动力。进入小学高年级后，如果孩子缺乏内在的学习动力，学习会显得吃力，而家长也会因此而心烦、焦虑。

案例中影响小健学习成长的因素有两个：一是家长教育方式不当，二是小健自身缺乏学习动力。小健妈妈对小健出现的一些不良行为习惯，不是引导孩子发现自身问题，而是把责任推给他人；不是引导孩子培养良好的学习习惯，树立人生目标，而是一味地惯着孩子。小健对自己没有要求，没有养成良好的学习习惯，更没有树立学习目标，所以学习成绩一直没有起色。因此，小健对学习便提不起兴趣了。为了改变小健，家长不仅要改变教育方式，还要激发小健的学习动力。

家教支招：为了激发孩子的学习动力，家长应尽量做到以下几点。

1. 构建和谐的亲子关系

亲子关系是影响孩子发展至关重要的因素，孩子不仅需要家长的关爱和呵护，更需要家长的理解与尊重。但有些家长望子成龙、望女成凤心切，一味地向孩子灌输知识，强迫孩子学习，而不善于和孩子沟通交流，不懂得在谈心、游玩中加以引导教育，做到寓教于乐。良好的家庭教育是建立在和谐的亲子关系上的。作为家长应该给予孩子足够的爱护、关心、理解和信任，促进良好的亲子关系。只有这样，才有利于培养孩子健全的人格，陶冶孩子的情操。

2. 对孩子的期望值要恰当

哪个家长不希望自己的孩子能成才？哪个家长不希望自己的孩子能健康成长？每个家长对自己的孩子都寄予很高的期望，家长的期望水平对孩子的学业水平和成长会有所影响。适度的期望有利于增强孩子的自信心和进取心，也可以成为孩子前进的动力。可是有许多家长没有根据孩子的实际情况来制定目标。如果你的孩子平时最多只能考70分，你却要求他考90分；孩子平时最多考80分，你却要求他一定要考95分，这可能吗？这是不切实际的。还有的家长望子成龙、望女成凤心切，不考虑孩子的天赋以及兴趣爱好，一厢情愿地下血本培养，指望孩子长大后能出人头地，成为科学家、舞蹈家、企业家……如果家长过高的期望脱离孩子的实际情况，不仅不能起到积极作用，反而会起到消极作用，只会僵化孩子的智力发展，阻碍孩子的健康成长，此乃揠苗助长之举。

实际上，每个人都有各自的天赋和兴趣，有的人喜欢摆弄文字，而不愿演算数学题；有的人擅长动手实践而不愿抽象推理；有的人能歌善舞却对体育望而生畏。这也是多元智能理论所倡导的。每个人都应以自己独特的方式去把握自己，实现自己的人生价值。当然，家长对孩子寄予期望是一种信任与鼓励。但力戒"高、大、全"，力戒"强扭的瓜"，力戒"重压"。父母对孩子的期望值一定要恰当！

3. 别把孩子当成"学习机器"

经常听到孩子抱怨："我每天晚上写作业写到10点或11点！""写完老师布置的作业，还要写爸妈给我另设的作业。唉，真累呀！"还有的说："为了不被加作业，就只能悠着点做，要不太早做完了，还要'加餐'。"这都是孩子真实的心声。

很多家长抱怨孩子做作业磨蹭、拖拉。家长有没有考虑孩子是否因为以上原因而故意拖延。还有一些家长一味地给孩子灌输知识或做一些机械性的练习，把孩子当成"学习机器"。这样不仅不能提高孩子的学习成绩，反而会让孩子厌倦学习。机械性的一些练习，或许对某次考试有明显的效果，但对孩子的长远发展是不利的。家长应该鼓励孩子多发问、思考，多阅读、积累。只有良好的学习习惯，科学的学习方法以及一些生活技能，才是孩子受益终身的财富。

4. 为孩子树立良好的榜样

英国教育家托马斯·阿诺德指出，父母的言行就是无声的老师，自觉或不自觉的榜样，强有力地发挥着潜移默化的作用。所以，要想取得理想的教育功效，父母一定要以身作则，时时、处处、事事都严格要求自己，成为孩子人生的好榜样。

做父母的不是天生就懂得如何做好父母，但无论父母现在处于什么状况，只要愿意为了孩子不断改变自己、提升自我，就会在无形中奠定孩子一生不可磨灭的德行基础。正如俄国作家列夫·托尔斯泰所说："教育孩子的实质在于教育自己，而自我教育则是父母影响孩子最有力的方法。"所以，我们一定要从自己做起，从小事做起，为孩子撑起健康成长的生命之帆，为孩子点亮人生道路的明灯。只有我们端正了自己的言语行为，孩子身上才会产生"随风潜入夜，润物细无声"的良好教育效果。

（二）方法指导

家长可从以下四个方面来帮助孩子激发学习动力。

1. 指导孩子树立人生理想和学习目标

理想是一个人在学习、生活、事业中所追求的最长远、最高的目标。理想对一个人的成长及发展意义重大，托尔斯泰曾说："理想是指路明灯，没有理想就没有坚定的方向，而没有方向，就没有（正确的）生活。"高尔基也曾说："一个人追求的目标越高，他的才能发展就越快，对社会就越有益。"反之，一个人如果没有理想，就会失去前进的方向和动力，就会浑浑噩噩地混日子，大多数人甚至会毫无作为地虚度一生，丧失生命的价值和意义。

（1）要帮助孩子认清现状

家长要详细分析孩子的学习特点，是善于记忆，还是遗忘太快；是做题认真细致，还是经常粗心大意；弱点在哪里，强项又在哪里；哪些学科学习得较好，哪些学科还有进步的空间。然后，和孩子分析存在的问题，认识自己需要改进的地方。

（2）要尊重孩子

让孩子明确了学习现状后，家长不要立即给孩子提要求、订计划、列目标，而是要先听听孩子的想法，了解孩子心目中的努力方向是什么。因为学习目标是给孩子定的，目标定好之后也需要孩子来具体实施，所以要充分尊重孩子自己的意愿，启发孩子自己确立学习目标，尽量不要越俎代庖，这样才能激发孩子学习的自觉性和主动性。

（3）指导孩子制定切实可行的目标

在指导孩子制定学习目标时，一方面要充分考虑孩子的基础和能力，尽可能从孩子的实际水平出发，让孩子"跳一跳，就能摘到桃子"，激发起孩子的内在潜能；另一方面目标要明确，要求要具体，操作性要强，如让孩子在某一学科进步几分，每天记忆几个单词，作业出错率控制在什么范围内等，以便家长和孩子对照检查目标落实情况。

除此之外，家长还要引导孩子根据学习情况修正学习目标，并鼓励其把目标坚持到底。

2. 激发孩子的好奇心和学习兴趣

"兴趣是最好的老师。"激发孩子的好奇心和学习兴趣，是有效激发孩子学习动力的重要途径。

例如，某生物老师教孩子养小球藻，在一个广口瓶里放上自来水，每天往水里吹气，慢慢水的颜色变绿了；还让孩子把蚯蚓剪成若干段后埋入泥土里观察它们如何慢慢长成一条条蚯蚓……孩子觉得像变魔术一样，因此很多孩子都有长大后要做生物学家的想法。可见，激发孩子好奇心和兴趣的重要性。

其实这些动手的小实验，家长也可以带孩子做，这对于培养孩子学习兴趣、动手能力、探究能力非常有用。

此外，家长还可通过闯关或游戏的方式来激发孩子的学习兴趣。低年级段，可用游戏学数学，如小一点的孩子搭积木，从中不仅可以了解三角形、长方形、圆、半圆等图形概念和红、绿、黄等颜色概念，还能养成观察、记忆、想象、合作等习惯；对于大一点的孩子，家长可以引导孩子写观察日记或社会调查等。

3. 引导孩子掌握科学的学习方法

"工欲善其事，必先利其器。"如果我们想做好一件事，重要的一点就是拥有精锐的工具、科学的方法（手段）。由此可以看出，掌握科学的学习方法也是非常重要的。那么，作为家长，要掌握哪些科学方法呢？

（1）科学合理地安排学习时间。

引导孩子根据自身的情况制定一份作息时间表。

（2）做好课前预习、课中专心、课后复习的三个环节。

很多家长忽略了课前预习环节，觉得不预习没关系，反正第二天老师上课会讲的。有的孩子对待预习也只是形式，没有要求，不知如何预习。其实预习是学习过程中非常重要的一环，孩子在预习中了解学习内容、提出疑问，课堂上就会带着问题进行思考、学习。例如，语文的预习可按"预习五部曲"进行预习。"预习五部曲"，即读（读课文三遍）、认（认生字）、标（标自然段、生字、好词佳句）、思（思考课后习题，提出疑问）、写（有感触的地方写下感受，做标注）。除此之外，家长还要引导孩子上课专心听讲，认真做笔记，课后及时完成作业，巩固消化等学习方法。这样可以有效提高孩子的学习效率。

4. 让孩子体验成就感

家长在孩子的学习上不要大包大揽，但在孩子自信自强方面就要有意识地培养。

莫言为什么会喜欢写作？他自己回忆说，就因为小学三年级的语文老师很喜欢他，把他的文章当作范文读出来。

相信很多家长都有过类似的经历。这给了我们一个启示：孩子需要鼓励，要给他成功的体验，培养孩子的成就感。有成就感才会有兴趣。

作为家长，培养孩子的自信心有一点是可以做的，就是让孩子做家务，自己的事情自己做；还可让孩子参加社区活动，让他们多一些锻炼、多一些体验。或者联系几个志趣相同的朋友，不定期地为孩子组织小型演奏会、音乐会、交流会、登山、踢球等活动，为孩子创造展示自己的机会，为孩子取得的点滴进步点赞。让孩子体验成就的同时树立自信，激发其学习动力。

有效激发孩子学习动力的几个小妙招：

（1）指导孩子制定科学的作息时间表。

（2）指导孩子制订学习目标与计划。

（3）给孩子开具"成功证明"或"推荐表扬单"。当孩子取得进步或某方面表现突出时，家长可开具类似这样的证明，让老师在班级给予表扬和鼓励。这样有利于激发孩子的学习动力。

（4）在家设置"家庭鼓励墙"或"光荣榜"。可把孩子获得的奖状、优秀作业、成绩突出的试卷、进步表现（写在便签纸上）等张贴在"光荣榜"上，以此鼓励。这样可时刻激励、鞭策孩子积极向上。

（5）家长可根据孩子的表现，自设一些创意奖项，如学习能手、小小书法家、劳动之星、文明之星、爱心大使等。当孩子在某个方面取得进步时，可适当给孩子颁发这样的奖励，以此树立自信，激发孩子的学习动力。

如何帮助孩子树立理想

彭 丹

【课例简介】

从孩子呱呱坠地到他走向社会、独立行走在这个世界上，父母是需要做好顶层设计的。如何设计好孩子一生的发展方向？如何帮助孩子做最好的自己？本课例用真实的教育故事，向家长阐述了家庭教育的核心内容——在不同阶段，一定要和孩子一起设定人生目标！因为目标决定人生！当然，目标的设定需要尊重孩子内心的想法，家长需要结合孩子的能力和兴趣，不同年龄阶段需要设定不同的目标，并且目标设定后是可以修正和完善的。既能让孩子追随自己的内心，又能将孩子的梦想与国家伟大复兴的大目标结合的人生目标是最有价值的。围绕如何设定目标，如何帮助孩子实现目标，本课例展示了详细的操作步骤。

【教学对象】

小学生家长。

【教学目标】

引导家长和学生掌握先进的家庭教育理念，树立明晰的人生规划意识，并让家长和学生熟练地掌握共同规划人生的操作步骤，并约定共同执行。

家庭教育关键点：帮助孩子拥有梦想，家长要和孩子共同规划人生。

【教学过程】

（一）视频、问题、活动导入

亲爱的各位家长朋友、各位同学，大家好！

首先，让我们来看一个视频，主题是"招聘会"。

看着这些在风雪中排长队去求职的年轻人，同学们一定会联想到自己，家长们也一定会联想到自己的孩子，若干年以后，我们是不是其中一员？我们读书的最终目的是走向社会，做一个对社会有用的人。

我们怎样在每年700多万大学毕业生的求职者中脱颖而出？我们现在该怎样准备，才能在若干年后走向社会时成为最受欢迎的人才？

在今天，我们共同来做一件十分有意义的事情，我们来设定一个中、短期人生目标。

提问1：亲爱的家长朋友，您的孩子是否告诉过您，3年后他想进哪所高中？6年后他要进哪所大学？10年后他想从事什么职业？请大家举手告诉我。谢谢！（统计人数）

对于已经和孩子谈论过这个话题的家长朋友，我表示衷心的祝贺，因为您的孩子有了明确的目标，他已经在为自己的理想奋斗了！

对于还没有谈论过这个话题的家长朋友，我也要祝贺您！因为今天您的到来，也许会改变孩子乃至整个家庭的命运。

下面我们来做一个活动。请大家闭上眼睛，想一想，家里客厅里有哪些红色的物体？想得起来吗？（点点想得起来的人数）

你的眼睛在哪里，你的资源就在哪里。你的心在哪里，你的目光就会投向哪里。如果你不喜欢这里，即使这里有你可用的资源，你也会熟视无睹。一句话，如果你不知道航船该驶向何方，那么什么样的风都不会成为你的顺风。

孩子也是这样，如果他的目标一直不在心中，那么他的人生就会不顺利。反之，有目标、有理想的孩子，人生会大不一样。"凡事预则立，不预则废。"

谢谢大家的配合。下面我跟大家分享一个网瘾少年和他妈妈共同成长的故事。

（二）目标男孩案例描述及分析

18年前，我也曾是一个初一学生的母亲。不过，那时的我却是一个极不

257

合格的母亲。我对于已经上初一的孩子没有明确的教育规划，只顾埋头挣钱养家，忽略了孩子的感受，忽略了处于青春期孩子的心理需求和情感需求。最后我的儿子从一个被建安小学保送进宝安中学的优秀孩子变成了一个网络成瘾、冷漠厌学、成绩很差的孩子。第一次考试化学只得了47分，总成绩排在全班倒数第七名。更可怕的是，孩子为了打游戏，晚上11点多偷偷溜出去，到凌晨4点才回家。他晚上打游戏，白天就趴在课桌上睡觉，作业不做，成绩一落千丈，身体也严重受损。就因为我的忙碌，就因为我没有和初一的孩子共同设定人生目标，所以，那段时间就成了我和孩子一生中最黑暗的日子。

就是在那个时候，我意识到了自己作为家长的失职，也曾为自己与孩子矛盾重重、无从下手改变的现状而烦恼不已。怎么办？是放弃吗？让孩子从此变成网瘾少年而荒废人生吗？决不！思考良久，我和孩子静下心来共同确定了一个短期目标，同时开始了跟学校老师联手挽救孩子的持久行动。每天我都会跟班主任通5次电话，严格掌握孩子的行踪；每天我都会抽出30分钟跟孩子谈谈心里话；每周我都安排好我与儿子共同活动的时间。我们去西乡铁岗村的敬老院看望孤寡老人和被遗弃的孩子，一起阅读《假如给我三天光明》《爱的教育》等世界名著，我们一起打羽毛球、乒乓球……经过一段时间的沟通，我和孩子的心灵终于靠近了，他告诉我："妈妈，你每天都在忙工作，回到家还要批改作业和试卷，没有时间理睬我，我觉得好孤独，一不开心就想去网吧打游戏。"为了转变孩子，我在这段时间阅读了很多家庭教育和心理学著作，我参加了宝安区家庭教育科研课题研究工作，在学习中，我慢慢改变了自己，同时也影响了孩子。在中考中，儿子给了我惊喜，考了宝安中学全年级第十三名；在高考时也出人意料地考了年级第二十七名，顺利进入了当年综合排名第七位的华中科技大学。在送儿子去湖北武汉读大学的前几天，我们母子俩又静心思考，设定了一个四年目标、八年目标以及今后的人生发展目标。本科毕业后，儿子按照我们设定的目标申请了洛桑联邦理工学院，在那里完成了硕士学位的学习，2014年4月又顺利考上了英国牛津大学物理学博士，因为心中一直有个要创办企业的梦想，他放弃了博士录取，去了上海超导科技有限公司工作。两年之后，他放弃了市场总监的高薪工作，开始了创业。为什么他做了这么多常人无法理解的事情？因为在他心中一直有一个目标：他想创办一家全球500强的企业！2017年7月20日，因为他在悬浮科技方面的锐意创新，儿子登上了福布斯中国30岁以下精英榜。

（三）目标的意义及目标的确定

回想儿子28年的生活、学习、工作的历程，我发现一条规律：什么时候人生有目标，什么时候人生就能顺利发展！什么时候孩子能持之以恒为目标不懈努力，什么时候他就能得到社会乃至全世界的认可！真可谓天道酬勤，目标决定人生！

美国哈佛大学曾做过这样一个长期跟踪的调查。

有一年，一群意气风发的天之骄子从美国哈佛大学毕业了，他们的智力、学历、环境条件都相差无几。临出校门前哈佛大学对他们进行了一次关于人生目标的调查。结果是27%的人没有目标，60%的人目标模糊，10%的人有清晰但比较短期的目标，3%的人有清晰且长远的目标。

25年后，哈佛大学再次对这群学生进行了跟踪调查。结果是3%的人，25年间他们朝着一个方向不懈努力，几乎都成为社会各界的成功人士，其中不乏行业领袖、社会精英；10%的人，他们的短期目标不断实现，成为各个领域中的专业人士，大都生活在社会中上层；60%的人，他们安稳地生活与工作，但都没有什么特别的成绩，几乎都生活在社会中下层；剩下的27%的人，他们的生活没有目标，过得很不如意，并且常常在埋怨他人、抱怨社会、抱怨这个"不肯给他们机会"的世界。

各位家长朋友，亲爱的同学们，从目标男孩的成长历程中，从哈佛大学的跟踪调查中，我们都知道，目标之于人生，犹如灯塔之于航船！在人生的整个旅程中，有目标的人比那些彷徨失措的人，起步就领先了几十步。

那么，我们怎样来设定自己的人生目标呢？目标是不是定好了就不能改变呢？是不是一开始就要设定一个25年目标呢？我们先来看看我和儿子彭楚尧共同设定的四次人生目标。

设定目标是分阶段来确定的。

1. 彭楚尧10岁目标

在10年内我想：考到英语六级，考上宝安中学，进我想进的大学。我会为我的目标不懈奋斗！

1999年5月14日

2. 妈妈最大的愿望

我要给孩子创造一个和谐宽松的家庭氛围，让孩子能快乐地生活、学习，我正在努力实现。

我要言传身教，给儿子树立一个活榜样，我自己也要拼命学习！我这样想也确实这样做了——从2月份开始，我报名参加了第三门外语——日语的学习课程，我相信耳濡目染的儿子会深刻领会母亲这颗自强不息的奋斗之心的！

我们共同设置明确的奋斗目标。终生奋斗，必成天才——这是我的人生目标，儿子近期目标是考上一流高中，争取在中考时考出700分以上的好成绩！

既志存高远，又脚踏实地。目标确定之后，我必须花一部分时间抓牢抓实孩子每一天的学习情况，同时又要合理控制他的作息时间，让他劳逸结合，精力充沛。

用爱铺就孩子成长的道路。我们母子间经常斗嘴、发生辩论，但更多时候我们会促膝长谈、坦诚相见，既是母子，又是朋友，还是诤友。在纪念儿子来深圳六年的日子里，我写了一封信回答儿子的心声，现在也一起与同学们分享。

2004年3月6日

彭楚尧2004年6月中考成绩：

语文：91　　　　标准分：769。

数学：95　　　　标准分：695。

英语：94.8　　　标准分：691。

理化：95　　　　标准分：640。

中考标准总分758，名列宝安中学2004届800多名同学中的第13名。

3. 彭楚尧16岁目标

老妈，以后的某个时候，在我经历了学习之路后，在我考取了一流的大学，积累了良好的人际关系后，我肯定会成功的，愿那时你与我同乐！

2005年8月15日

4. 彭楚尧4年（18—22岁）、8年（18—26岁）及将来事业计划（27—）

4年内：在华中科技大学争取到助学金、奖学金。将自己的专业修好，争取在学生会里担当职务，有机会的话争取学生会主席的位置，培养自己各方面能力。把雅思、托福、GRE考好，同时打好英语听、说、读、写基础，为出国留学并申请国外大学奖学金打好基础。

8年内：申请到国外名牌大学的奖学金，并在化学的基础上加修一门MBA课程。

彭楚尧未来发展方向：以专业技术为基础，向复合型人才方向发展，以一个跨国公司CEO的标准严格要求自己。在大学里面一定不能放纵自己，适当的游玩可以，但一定要控制在一个度内，时刻用自己的目标和理性来约束自己，吃得苦中苦，方为人上人！

尧儿："一言九鼎""一诺千金"都是我们家族的传统，我相信你能实现自己的理想。

母亲彭丹寄语

2007年8月30日

设定目标一定要结合孩子的兴趣和能力。

2017年8月31日，在宝安中学的1000多名高一学生开学典礼上，彭楚尧学长这样对学弟学妹们说：

"当你进入中学，我建议你要做的第一步，就是基于你的热爱和擅长，制定一个能让你从内心感到激动的人生目标和3年目标，并且去努力实现它！学习、思考、行动，每个人的成功都离不开这个闭环。"

"对我自己来说，打造一家世界500强企业的目标，一直引导着我做出各种别人看起来不太容易理解的决定。例如，放弃牛津物理系加入上海超导，然后在上海超导做得顺风顺水时又辞职自主创业，都是自己的终极目标在指引。"

目标是可以不断修正的：在初定目标时，很多孩子对于自己的擅长和兴趣了解不深，有可能会制定出不太合乎实际情况的目标，没有关系，在不断的实践中可以慢慢修正自己的目标。

家长怎样和初一学生共同设计目标：

（1）先了解孩子的性格特点和职业兴趣。

（2）根据孩子的实际情况确定阶段目标。

（3）确定各学科具体的成绩目标。

（4）初步确定未来职业目标。

（四）家长该如何帮助孩子实现订立的人生目标

（1）建立良好的亲子关系。

（2）与孩子共同设计自己和孩子的中长期人生发展目标。

（3）营造良好和谐的家庭氛围（多给予正面的影响）。

（4）培养孩子抗挫折心态，注重反思能力的培养。

（5）采用正确的沟通方式：①积极倾听；②正确引导；③适时闭嘴；④采用书信形式表达意愿；⑤家长认真学习，不断提高家庭教育素养和综合素养；⑥家长与学校统一教育思想，形成教育合力；⑦家长与家长之间增进了解和互动，结成互助小组。

舒伯是生涯辅导理论的大师，在舒伯职业发展阶段理论表中，他把人的职业发展划分为五个大的阶段：

（1）成长阶段（0—14岁）。经历对职业从好奇、幻想到兴趣再到有意识培养职业能力的逐步成长过程。萨柏将这一阶段具体分为三个成长期：①幻想期（0—10岁）：儿童从外界感知到许多职业，对自己觉得好玩和喜爱的职业充满幻想和进行模仿；②兴趣期（11—12岁）：以兴趣为中心，理解、评价职业，开始做职业选择；③能力期（13—14岁）：开始考虑自身条件与喜爱的职业相符合否，有意识地进行能力培养。

（2）探索阶段（15—24岁）。

（3）建立阶段（25—44岁）。

（4）维持阶段（45—64岁）。

（5）衰退阶段（65岁以后）

初一阶段的孩子正处于职业发展的能力期。在这段时间里，如果家长朋友能引导孩子进行各方面的能力培养，让孩子将来能顺利过渡到探索阶段和建立阶段，那么孩子在走向社会时一定是一个受欢迎的人才。

我们在引导过程中要特别注意以下几点：

（1）和孩子一起确立为人处世、学业成就、自我教育、工作要求目标。

（2）确立家庭教育系统目标。

（3）家长自己一定要坚持学习，不断完善自己。

（4）坚持做好10件事情：看、听、说、读、写、研、悟、仿、做、存。

（五）家长是孩子幸福人生的顶层设计者

培养八大商数：

（1）德商：品德高尚，孝顺父母，尊敬师长，友爱同学，胸怀天下，具有大爱，理想高远，诚实守信。

（2）情商：具有控制情绪的能力，能清楚地感知自己的情绪和他人的情绪，能与所有人和谐相处，在困难面前毫不妥协。

（3）逆商：具有在逆境、困难面前决不放弃的顽强意志力。

（4）健商：具有良好的保健意识和健身习惯，有科学的作息时间表，每天保证有充足的睡眠时间。

（5）智商：具有终身学习能力，知识结构完善。

（6）美商：具有审美能力，有发现美、欣赏美、感知美、创造美的能力。

（7）禅商：具有高度的专注力，具有在任何诱惑面前都能静心的定力。

（8）创商：具有创新能力和创造力。

提升十大核心能力：①思考力；②执行力；③领导力；④选择力；⑤沟通力；⑥欣赏力；⑦感恩力；⑧创造力；⑨学习力；⑩分享力。

（六）结语

孩子的教养，拼的是父母的功底。孩子的起点，是父母的肩膀。教育孩子的王道，是执着地栽培自己。我敬重那些勤奋好学、不放弃自我成长的父母。我们愿意活到老，学到老。

我始终相信：父母好好学习，孩子天天向上！

许多事实证明：人生需要规划！目标决定人生！让我们共同规划、共同执行！

参 考 文 献

[1] 苏霍姆林斯基. 给老师的建议 [M]. 杜殿坤，编译.北京：教育科学出版
社，1984.

[2] 尤敬党，吴大同. 生涯教育论 [J]. 江苏教育学院学报（社会科学版），
2003（1）：12-16.

[3] 孙云晓. 怎样做好父母 [M].北京：中国人事出版社，2004.

[4] 朱永新，孙云晓，刘秀英. 这样爱你刚刚好系列丛书 [M]. 长沙：湖南教
育出版社，2017.

[5] 彼得・C.布朗，亨利・L.罗迪格三世，马克・A.麦克丹尼尔.认知天性：让
学习轻而易举的心理学规律 [M].邓峰，译.北京：中信出版集团，2018.

[6] 边玉芳. 读懂孩子——心理学家实用教子宝典 [M].北京：北京师范大学
出版社，2014.

[7] 孔屏.牵手两代——好读又好用的亲子教科书 [M].北京：北京教育出版
社，2013.

[8] 胡萍.善解童贞5：防范性侵害 [M].江苏：江苏凤凰科学技术出版社，
2017.

[9] 劳拉・E.伯克.人格心理学 [M].陈会昌，译.北京：中国人民大学出版
社，2014.

[10] 维吉尼亚・萨提亚，约翰・贝曼，简・格伯，等.萨提亚家庭治疗模式
[M].聂晶，译.北京：世界图书出版公司，2017.

[11] 钟思嘉.开明父母大学堂 [M].北京：商务印书馆，2006.